⊙国家社科基金项目"《道德经》西传误译误释问题研究"11BZJ022 成果

⊙国家社科基金项目"《道德经》翻译史及影响力演进研究"19BZS143 阶段性成果

⊙合肥师范学院校级科研成果及外国语学院高原、筑基学科研究成果

⊙安徽省高校人文社科重点研究基地安徽新华学院大学生素质教育中心成果

⊙合肥师范学院学术著作出版基金资助出版

章媛 著

《道德经》西传之云变

中国社会科学出版社

图书在版编目（CIP）数据

《道德经》西传之云变 / 章媛著 . —北京：中国社会科学出版社，2021.7
ISBN 978 - 7 - 5203 - 8166 - 6

Ⅰ.①道… Ⅱ.①章… Ⅲ.①道家②《道德经》—研究　Ⅳ.①B223.15

中国版本图书馆 CIP 数据核字（2021）第 054349 号

出 版 人	赵剑英
责任编辑	宋燕鹏
责任校对	季　静
责任印制	李寡寡

出　　版	中国社会科学出版社
社　　址	北京鼓楼西大街甲 158 号
邮　　编	100720
网　　址	http://www.csspw.cn
发 行 部	010 - 84083685
门 市 部	010 - 84029450
经　　销	新华书店及其他书店
印　　刷	北京明恒达印务有限公司
装　　订	廊坊市广阳区广增装订厂
版　　次	2021 年 7 月第 1 版
印　　次	2021 年 7 月第 1 次印刷
开　　本	710×1000　1/16
印　　张	18.5
插　　页	2
字　　数	251 千字
定　　价	98.00 元

凡购买中国社会科学出版社图书，如有质量问题请与本社营销中心联系调换
电话：010 - 84083683
版权所有　侵权必究

目 录

第一章 绪论 ………………………………………………………… (1)

第一节 国内外研究现状述评 ……………………………………… (1)

第二节 《道德经》西传误解问题研究的意义 …………………… (3)

第三节 本书研究的重点和基本思路 ……………………………… (6)

    一 研究重点 ……………………………………………………… (6)

    二 基本思路 ……………………………………………………… (8)

    三 重点与难点 …………………………………………………… (8)

第四节 研究的新探索和结论创新 ………………………………… (9)

第二章 《道德经》西传概述 …………………………………… (11)

第一节 《道德经》西传译本概览 ………………………………… (11)

    一 《道德经》不同语种的译本统计 …………………………… (11)

    二 《道德经》译本依据的版本 ………………………………… (13)

    三 《道德经》译本的形式和体裁 ……………………………… (15)

    四 《道德经》西语主要语种版本简介 ………………………… (16)

第二节 《道德经》译本研究综述 ………………………………… (57)

    一 西方《道德经》译本研究状况概述 ………………………… (57)

    二 国内《道德经》译本研究状况概述 ………………………… (64)

第三章　多元化解读《道德经》的得与失……………………(69)

第一节　《道德经》西译本的四种类型……………………(69)
一　基督类解读……………………………………………(69)
二　哲理类解读……………………………………………(70)
三　语文类解读……………………………………………(71)
四　演义类解读……………………………………………(71)

第二节　《道德经》的基督类解读…………………………(72)
一　基督类解读的源头……………………………………(72)
二　归化翻译策略中的基督特性…………………………(75)
三　异化翻译策略中的基督特性…………………………(77)
四　基督性解读的代表性观点剖析………………………(79)

第三节　《道德经》的哲理类解读…………………………(92)
一　卡鲁斯的"原因"论《道德经》………………………(93)
二　巴姆的"自然智慧"论《道德经》……………………(98)
三　安乐哲和郝大维的"开路"论《道德经》……………(103)
四　结论……………………………………………………(108)

第四节　《道德经》的语文类解读…………………………(110)
一　拉法格"阐释学中"的《道德经》……………………(110)
二　阿迪斯和拉姆巴都"字斟句酌"的《道德经》………(122)
三　乔纳森·斯达"解剖刀下"的《道德经》……………(130)

第五节　《道德经》的演义类解读…………………………(138)
一　勒奎恩对《道德经》的解读"钟情大于忠实"………(139)
二　宾纳对《道德经》的解读"想象大于真相"…………(147)
三　马丁对《道德经》的解读"推理大于真理"…………(156)

第四章　《道德经》核心概念的翻译云变问题……………(191)

第一节　"道"如何翻译……………………………………(191)
一　"大道"如何归本——译本首个"道"概念迷失及修正……(193)

二　"可道"能否归真——译本第二个"道"的语法病句 ……（198）
　　三　"常道"是否对等——译本第三个"道"的文化丢失 ……（202）
　　四　结语 …………………………………………………（206）
第二节　"德"如何翻译 ………………………………………（207）
　　一　老子"德"之内涵 ……………………………………（208）
　　二　译者认知老子之"德"得失考 ………………………（210）
　　三　译者选词译"德"心理历程探析 ……………………（219）
　　四　结语 …………………………………………………（225）
第三节　"自然"如何翻译 ……………………………………（227）
　　一　原文中"自然"概念之意义 …………………………（227）
　　二　各类译本如何解读和阐释"自然" …………………（232）
　　三　结语 …………………………………………………（248）
第四节　"无为"如何翻译 ……………………………………（249）
　　一　老子"无为"概念本义求其真 ………………………（250）
　　二　译本"无为"概念考辨 ………………………………（252）
　　三　"无为"内涵英译云变异探析 ………………………（258）
　　四　结语 …………………………………………………（261）

第五章　《道德经》翻译与接受中的云变问题及解决途径 ………（263）
　　一　《道德经》西传翻译之云变问题 ……………………（263）
　　二　《道德经》西传接受之云变问题 ……………………（266）
　　三　《道德经》西传效果问题 ……………………………（268）
　　四　《道德经》翻译、接受问题解决途径的思考 ………（271）

参考文献 ……………………………………………………………（274）

后　记 ………………………………………………………………（288）

第 一 章

绪　　论

第一节　国内外研究现状述评

众所周知，目前译成异国文字的世界文化名著，除《圣经》外，以《道德经》的译本发行量最大。然而，作为中国古今一切著述中西译版本最多、发行量最大且长期持续增长的唯一著作，《道德经》的文本翻译却存在很多问题，这些问题不仅对《道德经》的翻译传播，甚至对中华文化的对外传播也产生一系列不良影响，亟待检讨修正。

与中文著述相比，《道德经》西文翻译之误多产生于对原文理解之差异，其根源在于对中国传统文化的认识与理解不够。西文译本虽不断增多，但大多只限于语言文字间的转换，或只是译者自己理解的《道德经》，没有做更多的如汉语研究者那样深入的解读、比较、研究、提升，因此造成西方译本数量虽逐年上升，但距离原本更近或者更靠近老子思想的译著却寥寥无几。

这些问题随着时间的推移呈现如下特征：首先，《道德经》的翻译肇始于基督教的比附；其次，经历两次世界大战创伤的西方人发现《道德经》乃是西方世界的救世良方；再次，20世纪50年代以后西方出现否定自身文化的思潮，如"垮掉的一代"在《道德经》中找到了"无政府个人主义"的支撑，"嬉皮时代"和"新时代运动"把道家广泛地视为禅宗之源；最后，自70年代以后，西方学者随着科学与人文的发展，再次发现《道德经》的永久性智慧和时代价值，如以卡普拉的《物理之道》为标志，出现了诸如《领袖之道》《心理学之道》《政治之道》等各类演义的《道德经》文本。从中可以看出，《道德经》翻译史实际上是顺应西方社会的发展史，《道德经》的原貌在这些译本中很难或根本就没有得到真实反映。

中外《道德经》研究的论著可谓汗牛充栋，但差距却天壤有别。西文翻译中普遍存在的对中文原文理解之差异，根源在于译者对中国传统文化的认识与理解不够，以致西译西传《道德经》有一显著的共性——"以他人瓶装自家酒"，借称"云变"。仔细研究这些译本，可以发现他们或缺乏对老子思想的深入研究，或缺乏对《道德经》翻译基本原则的认同，更深层次是缺乏对中国传统文化价值观的认同。

国内对西传《道德经》的研究起步较晚，且多是从语言学、翻译学的角度分析译文的优劣，比较说明几种译本（多者10余种）的选词、修辞、译文风格等，缺少从背景文化比较、中西哲学的差异，甚至译者的政治目的等方面去分析。幸有一些国内学者论及《道德经》翻译中文化背景的不同，以及跨文化传播中造成的译本差异，如辛红娟的《〈道德经〉在英语世界：文本旅行与世界想象》、李艳的《20世纪〈老子〉的英语译介及其在美国文学中的接受变异研究》、张娟芳的《历史解释学与〈老子〉的原始意义》等，对《道德经》的西传西译问题做了探索与思考。总体看，在译本搜集量的积累和面的广泛性上，还需要提升；在思想总结和结论论述上还需要加深，以进一步增强原著的权威性。

当然，也有一些学者开始关注《道德经》翻译中的历史文化以及误读和误译问题，如姚小平的《Logos与"道"——中西古代语言哲学观同异谈》、香港学者王剑凡的《〈道德经〉早期英译与基督教意识形态》、华裔汉学家张祥龙的《海德格尔理解的"道"》等，但这些文章更多的是以西方文化背景为依托来研究译本问题。

与此同时，我们不得不承认，相对国内的研究滞后，国外对《道德经》翻译的研究略走在了前面，也较全面一些。

首先，在译本方面，几乎所有译本的前言或后序，都对前人译本做了译者自己的评价或评述；其次，在书评方面，自20世纪70年代以后新译本一问世，一般都有相应的书评产生；再次，还有一些学者开始关注《道德经》翻译中的历史文化问题以及由此带来的误读、误译问题，如德国汉学家卜松山（著有《时代精神的玩偶——对西方接受道家思想的评述》）、Oliver Grasmueck（著有《〈道德经〉在西方和德国的接受》）以及美国学者科克兰德［Russell Kirkland，著有《中国人的道家（教）和西方人"对道家（教）的想象"》]、哈迪（著有《西方之道》）等，大多能从历史文化发展的角度，探究话语权、宗教等因素对《道德经》译本的影响，并对译者的观点进行评述，而不局限于从语言学角度分析译本的差异。这些著作虽然看到了译本的谬误并对其加以分析，但问题在于，由于作者受自身文化背景、思维模式的束缚，仍以西方文化概念为依托来研究，不能从中华文化的大背景考察、剖析《道德经》的深刻文化内涵和哲学精髓，其结果必然摆脱不了西译《道德经》的"西化"。其中典型的如Damian J. Bebell和Shannon M. Fera的《〈道德经〉英译本分析和比较》，作者从核心概念出现的多少和对某些词汇出现的频率，来分析译本的倾向和价值，落入了机械运用西方解构分析学的框架。

由此可见，对《道德经》的西译文本急需从更深层次、更广泛领域加以分析比较，而从中华文化的本源入手，不失为可行之举。

第二节 《道德经》西传误解问题研究的意义

从上文国内外研究的现状可看出，《道德经》的西传西译的确存在大量误解、误译，随着中国文化走向世界，随着《道德经》译本数量不断增加，就更加迫切需要厘清其谬误、发扬其正解。故此，对《道德经》西传误解研究的意义，主要体现在以下三个方面：

第一，研究具有的迫切性和必要性。2010年2月，荷兰尼梅根大学克努特·沃尔夫（Knut Walf）教授出版了《西方道教目录》（Western Bibliography of Taoism）第六版。据他统计，截至 2009 年年底，《道德经》西文译本总数达 643 种，涉及 31 种语言；相比 1989 年，前者高出近 2 倍，后者也增加近 1 倍。对《道德经》在西方传播中这么大的量、这么多的种类可以说是喜忧参半，喜的是《道德经》成为销量仅次于《圣经》的世界重要经典著作，其译本数量和影响面在不断扩展；忧的是其译文质量并未成正比提高，其翻译越多、传播越远，对《道德经》思想内核的误解误传就越深，纠正就越难。如卜松山就认为道家思想在西方的接受与传播是属于一种"创造性的误解"。还有学者认为："关于中国文明的错误观念由来已久，很难解除，因为我们的历史信念有一定的惰性，哪怕已经过时了好几百年，在抱独创见解的人没有认真提出疑问之前，它们会一直存在。"[①]

因此，当今《道德经》的西传研究已不仅仅是译本问题，而是迫切需要解决它在西方文化背景中的误译、误解问题，乃至中华文化在世界文化中的地位问题，故此，中华文化在西方传播的准确性、真实性和客观性问题已迫不及待地摆在我们面前，需要我们加以探讨解决。在 2010 年捷克首都布拉格召开的国际教育大会上，就曾辟出专门的单元讨论"老子研究的新问题：《道德经》要不要重译"。

2011 年，在葡萄牙首都里斯本召开的首次世界哲学大会，主题是"反思二十世纪西方哲学的误区"，笔者在大会上提出了 20 世纪西方哲学对中国古典哲学认识的一些重要误区：受自身文化背景的局限，从西方背景理解中国哲学，造成一种文化与另一种文化之间的异质性隔阂，不能开放地、全局地理解异质文化。哲学不能脱离现实，而 20 世纪特别是上半个世纪，中西文化交流的一个现状是：中国哲学原文本的话语权掌握在西方译者手中，他们的理解根植于自身文化，很难传承甚至了解中国哲学，导致近代中西哲学不能在对等的平面上交

[①] ［美］史景迁（Jonathan D. Spence）：《文化类同与文化利用——世界文化总体对话中的中国形象》，廖世奇、彭小樵译，北京大学出版社 1990 年版。

流、传播，这也导致西方哲学缺少了健康合理发展的基础。《道德经》译本中反映的 20 世纪西方对中国哲学概念的表面化、简约化理解的问题，为这次在西方召开的"反思会"进一步客观、准确地了解中国，为东西哲学、中西文化如何合理和谐地交流传播打开了一扇全新的窗口，受到与会学者的高度关注。

在这两次大会上，笔者都递交了论文，分别是《〈道德经〉英译本问题研究》和《原文到译本的变异》，获得大会组委的高度认可，被收入会议论文集出版。这两篇论文分别通过列举和阐释《道德经》西译传播中存在的严重问题，着重向世人说明重译《道德经》的重要性、紧迫性与必要性。

第二，研究具有的现实意义。《道德经》对西方有重大影响，第一是由西方本身的文化背景和时代精神所决定，这里包括西方标榜的"理性主义"的丧失，对所依托的宗教神性的怀疑；第二是《道德经》思想本身的魅力，《道德经》里一些自然辩证法的哲理被西方哲学家如斯宾格勒、海德格尔、尼采等认同并接受，成为启迪西方智慧和哲学发展的新动力；第三是《道德经》文本具有开放性特征，西方的译本、论著甚至将其扩展到社会生活各个方面，奉为圭臬。

纵观《道德经》在西方的传播史，呈现出一条清晰的轨迹，即西方始终在根据自己的需要解读它、理解它、传播它。这就需要中国的研究者通过客观梳理《道德经》在西方的翻译史，分析其在不同语境、不同文化背景、不同历史时期传译中存在的普遍问题，挖掘造成误译、曲解、偏译等背后的根源，还原一个真正的老子与《道德经》给西方，让他们领略其思想精髓。

第三，研究还具有较普遍的学术意义。纵观西方对中华文化的认识，不难看出其实不只是一部《道德经》被误译、误解，很多的中国传统典籍在西方的传播中都存在着不准确性的问题。因此，随着我国经济实力的增强，打造中华文化在国际文化中的软实力、提升中华文化在世界的传播力和影响力，已经上升为国家层面的战略部署，国家已从顶层设计上积极筹备一批传统典籍对外重译工作。《道德经》作为一部在海外具有重大且广泛影响力的中国典籍，通过对它在西方传播中误译、误释问题的研究解决，必将带动其他传统典籍翻译问题的解决。因此，本课题研究具有的普遍学术意义就在于，它不但会纠正西译《道德经》之谬误，使之在西传中努力回归《道德经》与道家文化之本源，而且必将给其他中国经典文本的西译研究提供借鉴。

第三节　本书研究的重点和基本思路

一　研究重点

《道德经》西传误译、误解研究，近年来国内外学者多有探究，本书作为国家社科基金资助的项目，研究重点主要包括：

第一，《道德经》译本概览。对英、法、德、俄等主要语种的《道德经》译本以及译本的已有研究尽力进行较全面的收集和梳理。

第二，《道德经》译者和译本研究。结合西方各个历史时期的特点，如基督新教传播时期的附庸，二战期间的殖民话语权的占有，战后的消靡、颓废及新生代渴望思想解放、对自由生活的追求等进行研究，对译者身份和文化背景进行调查研究。在多元化的《道德经》译本解读论述中，本书首次进行系统整合，将其归纳归整为基督宗教类、哲理类、语文类和演义类四类展现在读者面前，对其中问题的讨论更透彻、更具体、更具代表性。

基督宗教类译本比附严重，变翻译为附会，使域外经典的传播变为域内宗教文化渗透；哲理类解读各展哲理大观，是你非你都是"理"；语文类解读讲究字斟句酌，不惜变解析为"解剖"；演义类译本想象"丰富"，对译本的钟情大于忠实、想象大于真相、功用大于真实。论述中着力探讨多元化译本的不同之处、形成原因，以及道家思想在基督类、哲理类、语文类、演义类四类译本解读背后深层次的文化折射，厘清误读的事实，让西方译者、读者认识《道德经》的原色世界。

第三，对译本中的问题讨论，是论述的重点。翻开译本，问题俯拾即是，甚至触目惊心。

然而如何在众多译本中找出普遍性的问题，深入研究挖掘其背后的思想根源，透过现象看本质是目前摆在研究者面前的一个大问题。本书研究从老子核心概念"道""德""无为""自然"等入手，对几百种《道德经》译本中，几十种或上百种的翻译选词归类讨论，认为译者的选词、造句一方面深受译者本人的宗教信仰、文化背景、历史环境和政治背景的局限和影响；另一方面西方译者对"道""德""无为""自然"的解读缺乏共通的文化基础，以及缺乏对历史环境、东方文化和精神的体验，表面上看似乎是选词不准确，实际上是由背后深层次的原因造成。在表述中或借用西方文化宗教哲学语汇来解读东方思想，或只用音译或其他方式来代替，说明对于《道德经》的翻译，西方译者扮演的角色如"盲人摸象"，只是在自己所能触及的范围，或自己所愿接受的层次去选词翻译，从而导致由于跨文化、跨历史、跨东西思维方式的隔阂使《道德经》的翻译传播如雾里看花。

第四，《道德经》翻译问题检讨与理想的翻译途径之探索。翻译中存在的问题可归纳为三种：

1. 在原文中，使无法用一个字（词）、一句话、一段文字甚至一篇文章阐释清楚的核心概念，在翻译中被具体化、简约化为一个词，或一个词组。

2. 针对有多层意义的核心概念，各译本有无数的选词，而任何单个的选词都很难译出老子概念的全部内涵，即使把这无数种选词相加，也不可能还原原文。

3. 对《道德经》核心概念的理解，缺乏对原文的整体把握和对汉字意义的演变发展历史性的考证，西译者译出的是自己的《道德经》而非老子的《道德经》。

解决特殊问题的理想方法一是从制度上为达到理想翻译提供保

证，建议组成一个翻译研究团队，共同探讨研究《道德经》的翻译。因为要产生理想译本必然需要理想译者，而理想译者必须具备各种知识储备和文化背景，这当然不可能兼备于某一个人。二是技术性地处理独有文化概念并在译界达成共识，通过译者群体的合作制度的建立和技术性处理的保障将有望解决目前存在的问题。

二　基本思路

本书的研究旨在通过《道德经》西文译本（主要是英、法、德、俄）做大规模收集，进而对译本进行深入研究。不仅从翻译学、语言学方面，更重要的是还从历史、文化、宗教、哲学等方面入手，通过对译本概览、译者的文化背景差异分析，找到导致译本不同，甚至误译的思想文化根源，为此，将多元化解读的译本分为四类。

再者，从译本对老子思想的核心概念如"道""德""自然""无为"等，以及代表性成语等的理解、翻译、注释和评论，分析译者翻译目的、动机与心理历程，揭示差异性，探讨解决西译中存在的各种问题的途径。

三　重点与难点

本书研究重点在于通过译本分析、译者调查、多元化解读、核心概念的翻译，找到造成译本差异及误译的深层文化、历史、宗教等翻译学及其外围根源。这些根源看起来与翻译选词的关系不大，但由于老子的《道德经》的翻译问题经历了长达数百年的历史，各译本异彩纷呈，已远远超出了一般翻译学的问题，所以，从翻译内容的表象挖掘深层文化思想、历史政治根源才是本文的重点。

本书研究的难点首先在于广泛收集《道德经》的西文译本，这是利用国内外各种资源做全面收集的一次尝试；其次，对译者的文化背景、宗教信仰、哲学思想等的分析需要具有相当的知识储备与哲学素养；最后，由于本文涉及英、法、德文等多种语种，《道德经》译本收集和研究性论文的解读，要具备必要的语言基础。

第四节　研究的新探索和结论创新

一、通过对大量译本的全面梳理与综合分析，将其归为四大类别——基督类、哲理类、语文类和演义类，是迄今为止学界未曾有的一次深入研究的新结论。对译本的总体研究，以往的学者多是从纵向上按时间顺序，将其划分为不同时期，如美国学者哈迪把《道德经》译本分为知名的"三个时期"，本文则通过对所有译本的综合归纳整理，并结合中西文化特点、跨文化传播规律以及历史阶段性特征，将《道德经》译本从横向上做深入的比较研读，首次将它们分为具有普遍性、代表性和典型性的四大翻译解读类别。

二、对基督类译本的深入研究得出的结论具有创新之处：通过研究这类译本发现，《道德经》西传中，"归化翻译策略"大量隐匿了中国文化的内涵与精髓，通过基督性的解读，并非揭示传统中国文化和《道德经》的真谛，实质仍是传播和炫耀西方自己的（基督）文化。

三、对哲理类译本的深入研究得出的结论具有创新之处：中西哲学思辨的差异性以及经济文化发展的不平衡导致的话语权不对等问题，导致了西方在翻译解读代表中国古代哲学的典范——《道德经》中，出现了以西哲代替中哲、以西方思维模式代替东方思维模式的现象，从而使《道德经》的原典内涵被大量误解、曲解，甚至漏译。

四、对语文类译本的深入研究得出的结论具有创新之处：语文类的解读源于阐释学、解剖学在西方的盛行，一些学者本着对原典的崇敬，试图深入剖析其中的内涵，挖掘其中的宝藏，然而由于他们对《道德经》的哲理和其中的文化内涵、历史背景缺乏了解，即使字字对应（尊重原文），或者把所有可能的意义都罗列出来（解剖），他们的译解仍然停留在表面——治标不治本。这说明，对《道德经》这样内涵丰富的世界文化巨著的翻译解读,如果不能深入其文化之中,领会其实质,仅靠方法论的创新与运用,同样是难以达到正途的。

五、首次揭示《道德经》思想的神秘性事实上已被一些西方人作为开放环境,因而实质上是利用翻译过程实现其思想文化再创作。通过对这类译本的研究发现,"《道德经》的开放性内涵+西方文化中的发散性、功用性思维模式",造就了西传《道德经》中的"演义类"译本。西方根据其固有的发散思维和原文本开放性文化特征,把《道德经》看作"放之四海而皆准的真理",任何一个有机会接触《道德经》的译者或读者,只要稍有理解与感悟,就可以把它转译为各类功用性读本,把《道德经》的严肃哲学内涵,简单化为"文学想象"。

六、基于大量文献的研究基础,结合《道德经》中"道""无为""自然""德"等核心概念翻译变异的分析讨论,首次提出《道德经》思想西译、西传中,各种翻译只能触及老子思想内涵的某个方面,从总体上只能说是无限靠近的过程。西方译者对核心概念的翻译解读就如"盲人摸象",这主要表现在三个方面:一是在原典中,无法用一个字(词)、一句话、一段文字,甚至一篇文章阐释清楚的核心概念,在西方译解时却被具体化、简约化为一个词或一个词组;二是针对有多层含义的核心概念,各译本用了大量不同的选词,而其中任何一个选词都不可能译出老子概念的全部内涵;三是对《道德经》核心概念的理解,缺乏对原文内涵的整体把握和对汉字意义演变发展的历史性考证。

第 二 章

《道德经》西传概述

第一节 《道德经》西传译本概览

《道德经》在西方社会尤其是西方主要国家的翻译传播与影响，随处可见，"如今在美国、加拿大或欧洲，不用再到中国城，路边的小店即可获得这类书籍。西方文化中'道'的话题被称为另类宗教一景"[①]，德国图宾根大学道教研究学者奥利弗·格拉斯穆克（Oliver Grasmueck）这样说。《道德经》的翻译介绍，多是海内外译者的自觉行为。随着译本数量的不断增加，研究《道德经》译本的人也越来越多，反过来又促进新的译本不断产生，这就使《道德经》始终是中国典籍被西方翻译出版次数和种类数最多的一部。

一 《道德经》不同语种的译本统计

中国社会科学院世界宗教研究所研究员郑天星在1997年《宗教学研究》第四期上，发表一篇题为《〈老子〉在欧洲》的文章，文中记录了荷兰尼梅根大学沃尔夫（Knut Walf）教授1989年出版的《西方道教研究目录》（*Westliche Taoimsus-Bibliographie*）一书对《道德

[①] Oliver Grasmueck, *Dao's Way to the West, Past and Present Reception of Daoism in Western Europe and Germany*, Paper presented at "Daoism and the Contemporary World". in an international conference. Hold in Tuebinge by University of Tuebingen.

经》译本所做的统计，从1816年至1988年有252种译本问世，涉及17种欧洲文字，而且几乎每年都有一到两种新译本问世。如果从全世界范围看，按英语区、法语区、德语区、西班牙语区分布来计算，《老子》已"走遍"全球。1992年，在该书第三版中，沃尔夫教授统计出《老子》译本新增加了180种（包括《庄子》）①。沃尔夫教授于2010年2月出版了《西方道教研究目录》的第六版，对《道德经》译本有了最新统计，包括新发现的译本和自1989年以后新出的译本，统计结果如下：阿拉伯语1种、亚美尼亚语1种、保加利亚语1种、丹麦语7种、德语104种、英语206种、世界语2种、爱沙尼亚语4种、芬兰语5种、法语53种、希腊语5种、印度尼西亚语3种、冰岛语2种、意大利语35种、希伯来语6种、日语10种、意第绪语（东欧犹太人语）1种、加泰罗尼亚语（西班牙北部语）4种、克罗地亚语1种、马其顿语1种、拉丁语1种、荷兰语48种、挪威语7种、葡萄牙语26种、俄语10种、瑞典语11种、斯洛伐克语2种、斯洛文尼亚语2种、西班牙语72种、土耳其语5种、匈牙利语7种，总共涉及31种语言643种译本②。

这种统计只是暂时相对动态的数据，因为《道德经》的翻译仍然在进行，并且速度还在加快，所以译本的数量总是呈现逐年递增的趋势，且增幅越来越大。为了研究的深入系统，笔者不惜代价收集了大量的《道德经》译本，除了上述各种语言的译本均有收集外，还收集到一个奇异的语言译本，如用克林贡语翻译的《道德经》。克林贡语是一种特别的语言，是一种新造的如世界语般的没有特定人群使用的

---

① 据《郑天星〈老子〉在欧洲》一文统计，西文译本中，丹麦文6种、德文64种、英文83种、世界语1种、芬兰文3种、法文33种、冰岛文2种、意大利文11种、荷兰文19种、波兰文4种、葡萄牙文1种、俄文4种、瑞典文4种、西班牙文10种、捷克文3种、匈牙利文4种。

② Knut Walf：*Westliche Taoismus-Bibliographie*（WTB），Verlag DIE BLAUE EULE, Essen, Germany, 2010, Sechste verbesserto und erweiterte Auflage（《西方道教目录》第六版，DIE BLAUE EULE出版社，2010年）

语言①。

从以上统计看，西译本最多的语种为英语，有206种，其次分别为德语104种、西班牙语72种、法语53种、意大利语35种、葡萄牙语26种和俄语10种左右②，占译本总数量的78.7%。下面就对《道德经》译本的总体情况作一介绍。

二 《道德经》译本依据的版本

一般而言，译本依据的原文版应是唯一的，研究译本主要是研究译本与原文本是否一致。然而由于《道德经》是中国两千多年前的著作，在流传过程中出现了不同的版本，如王弼本、河上公本、傅奕本等世传本，再加上1973年和1993年竹简本和帛书本的发掘问世，使《道德经》又增加了新的版本，也因此掀起了《道德经》西传过程中新的诠释高潮。

在众多译本中，早期的译本除主要依据王弼本、河上公本、傅奕本等版本以外，还有不顾原文本，直接依据其他语言译本，如柏瑞斯（Derek Bryce）就是把戴遂良的法语译本译成英语，奥斯特沃德（H. G. Ostwald）把尉礼贤的德语译本译成英语等。但是这些译者很诚实，他们在译本里说明了自己译本所采用的原文本并非汉语文本，而是其他语言的译本。除此之外，还有直接依据英语译本再创作为英语的译本，如厄休拉·吉恩的英译本主要依据卡鲁斯的英译本字字翻译部分，并参考韩禄伯、韦利、冯家福、刘殿爵等的译本，而她之所以再次翻译《道德经》，一是出于对《道德经》的偏爱，二是她对前人的翻译非常不满意。很多译者之所以不把原语《道德经》作为底本，是因为这类译者中的绝大多数根本不懂汉语，或者即使懂一点，也达

---

① 克林贡语（Klingon Language）被称为除世界语之外最完善的人造语言。这套语言是为20世纪末期美国著名的科幻电影和连续剧《星际迷航》（Star Trek）而发明的。在影片中，使用这种语言的克林贡人是一个掌握着高科技却野蛮好战的外星种族。克林贡语的发明者是美国语言学家马克·欧克朗（Marc Okrand）。

② 沃尔夫的统计与笔者的统计有不同，沃尔夫统计只有10种，笔者统计有几十种。

不到熟练驾驭的程度。

这类典型译者如宾纳（Bynner），他自称不识汉字，但他曾经和中国学者江亢虎合作翻译出版《群玉山头：唐诗三百首》，所以对中华文化有特别的理解力。因此在没有中国人帮助的情况下，他通过阅读各种不同的英译本，如沃尔特、韦利、林语堂、海辛格等，加之他认为自己"已经领略了《道德经》的真意，便试图用简单而明了的语言为西方读者呈现一篇具有中国心的英文诗歌《道德经》"①。他的译本被厄休拉·吉恩称为"真正自由体的、诗歌般的美国式的翻译"②。再如巴姆（Archie Bahm）的译本，作为美国新墨西哥大学的哲学教授，他雅好东方佛道之学，从事介绍东方哲学的工作，然而他并不懂中文，其译本只能是参照众多英译本意释而成。

众多译本除了依据版本的不同外，还有的译者虽然通晓汉语，依据了原文本，但没有遵循翻译原则依文而译，而是对原文本进行了大规模的调整变动，如布莱克尼（R. B. Blakney）把原文第31章内容重新编排后再翻译；拉法格对原文本做了更大的调整，他按照自己的理解对《道德经》的八十一章原文重新划分章节，成为新《道德经》的八十一章译本。为了读者便于查对，他还做了一个原文和译文八十一章的对照表。改章、改写、述译等肢解《道德经》原文后再翻译的译者不只是几个，有相当一批想当然的译者，他们译本的问题很多，这正如荷兰汉学家——《道德经》的译者杜文达克（Duyvendak）观察到这些问题之后评述说："《道德经》已经成为业余爱好者的牺牲品。"③

鉴于此，在对《道德经》的译本进行研究时，不仅要研究译本本

---

① Witter Bynner, *The way of Life*, *According to Laotzu*, An American Version published by the Berkley Publishing Group, 1994, p. 18.

② Uksula k. Le Guin, *Lao Tzu Tao Te Ching*: *A book about the way and the power of the way*, A new English version by Boston & London: Shambhala, p. 109.

③ J. J. L. Duyvendak, *Tao Te Ching*（*Wisdom of the East Series*）, London: John Murra, Published in French, p. 1.

身，还要弄清译者所参照的底本、原文本，这样才能既比较分析译文的得失，又进而探究其中缘由，至少从版本学上为我们提供一条探究问题和解决问题的思路。

三 《道德经》译本的形式和体裁

老子《道德经》约五千言，后人相关著述则多达上千种，仅从注疏而言没有不超过其原文字数的，译本也是一样。从形式和体裁而言，大致有以下几类：

第一类，简洁译本。这类译本为了如原作般简洁精练，舍弃注释，只保留译文，如初大告的译本、戈达德（Dwight Goddard）的译本、沃尔德（Hermon Ould）的译本、宾纳（Witter Bynner）的译本、伯恩斯（Matthew S. Barnes）的译本、米切尔（Stephen Mitchell）的译本等，完全没有任何注释。

第二类，评述译本。这类译本在译文内不加任何注释，但含有介绍部分，有大量的关于原作者老子、原文本历史背景和其中核心概念的介绍，并且在后续部分包括各部分的注释、评论和译者的感言等，如德语版尉礼贤（Richard Wilhelm）的译本、英译版理雅各（James Legge）的译本、陈汉生（Chad Han-sen）的译本、柯来瑞（Thomas Cleary）的译本等。

第三类，双语对照本。这类译本在每一译文章节配上原文《道德经》的章节，有的甚至在每句前用号码标识以便译文句句对应，如柏瑞斯（Derek Bryce）的译本、安乐哲和郝大为的译本、罗伯特（Holly Roberts）的译本、辜正坤的译本等。

第四类，阐释性译本。这类译本不但为每章加了"揭示内容"的标题，还通过"注释"、"思考"和"运用"（如何运用老子思想）等，进一步阐释译者自己心目中的老子思想。有的甚至标注扩展阅读部分，即译者认为除了本章论述外，还有相关的其他章节论述，如戴尔顿（Jerry O. Dalton）等的译本。

第五类，对开注释译本。译本的每一章的前一页是本章的核心要点或概括性的说明，接下来的一页是本章的译文，两页对开，使读者一目了然，如被美国《纽约时报》列为最畅销的达尔（Wayne W. Dyer）博士的译本《在"道"的智慧中生活》。

第六类，插图译本。设计非常精致，每一页都有插图（插图的种类不限，如有中国山水画，有配中国的毛笔书法字，有一般的水墨画等），如戴尔（Ralph Alan Dale）的译本和哈米尔（Sam Hamill）的译本。

第七类，配音译本。这类译本配有所译语种的有声磁带、光盘。如1998年发行的由彭马田（Martin Palmer）和Man-Ho Kwok、Jay Ramsay合译的《道德经》，由伦敦著名演员奈杰尔·霍索恩（Nigel Hawthrone）朗诵；2011年发行的abienne Prost翻译的法语版《道德经》译本，则配有录在CD上的光盘。

第八类，电子译本。顾名思义，这类译本是以电子书形式出现的。如1903年出版的海辛格（Isaac W Heysinger）的 *The light of China, the Tâo Teh King of Lâo Tsze, 604 – 504 B.C.* 由Philadelphia, Research Pub. Co. 发行；1905年出版的翟理斯（Lionel Giles）的译本也被做成了电子书；1898卡鲁斯（Paul Carus）的译本 *LAO-TZE'S TAO-TEH-KING* 等。

四 《道德经》西语主要语种版本简介

（一）西译文本之滥觞

《马可·波罗游记》为西方人展现了一个富庶而辉煌的东方世界，这种印象构建了他们对东方的思想意识，并且深深地影响了欧洲几个世纪。这是"一股弥漫在17世纪欧洲内部，对神秘的中国（乃至整个东方）充满好奇并渴望更深认识之氛围。而且，这种'好奇'（curiosity）并非肤浅好奇心理而已，而是对新知识、新世界、新社会等具备实践行动力的好奇"。① 正是带着这种好奇心,从 17 世纪开始,耶稣会的传教士纷纷来到中国。

他们来了解中国,但根本的目的是要"布道基督",向中国人传播西方的基督教义与西方的传统文化。最早来华的传教士是意大利人利玛窦(Matteo Ricci,1552—1610)、卫匡国(M. Martini,1607—1661),法国神父白晋(Joachim Bouvet,1656—1730)、傅圣泽(Jean-Francois Foucquet,1665—1741)、马若瑟(Joseph de Premare,1666—1736)和郭中傅(J. - A. de Gollet,1664—1741)等。当时正值明末清初,对于异教的传入,明清王朝当然不会轻易接受。以利玛窦为首的传教士为此大伤脑筋。但通过仔细认真的调查研究,他们发现当时社会有可借之力、可乘之机,即可借晚明批判宋儒之力,大量翻译中国先秦的经典,以"古儒非宋儒,从而达到以西教非宋儒的目的",同时舆论宣传"中国古经中原本就包含了上帝和天主的教义和启示,只是后世(明清)忘记了经典文本的真正含义,故需耶稣会士们帮助解读出经典中的真意"②。凭借这股造势,假托中国古代的经典传教,早期《道德经》的翻译应势而成。

据李约瑟考证,最早的有代表的传译者和版本有三个:一是 17 世纪末比利时传教士卫方济(Francois Noel,1651—1729)的拉丁文译本,二是 18 世纪初法国传教士傅圣泽(Jean francois Foucquet,1663—1740)的法文译本,三是 18 世纪末德国神父格拉蒙特的拉丁文译本③。

据理雅各在译本中提及,西译最早的《道德经》译本由天主教会

---

① D. E. Mungello, Curious Land, *Jesuit Accommodation and the Origins of Sinology*, Hawaii: University of Hawaii Press, 1985.

② 详见利玛窦的名著《天主实义》,载《天学初函》,(明)李之藻编,台北学生书局 1966 年版。

③ 依据[法]费赖之(Louis Pfister):《在华耶稣会士列传及书目》(*Notices biographiques et bibliographiques sur les jesuites de l'ancienne mission de chine*),冯承钧译,中华书局 1995 年版。

翻译为拉丁文译本，这个译本的抄本由传教士马休（Matthew Raper）带到英国，并呈展于1788年1月10日召开的教会会议上①。

再据美籍华人学者、曾任新罕布尔什州达特默尔学院中国哲学和文化教授陈荣捷的考证，第一部《道德经》翻译本是玄奘（596—664）的梵文译本，一千年后于1788年才出现上文理雅各提到的拉丁文译本，随后是1828年第一本俄语译本，1832年鲍狄埃（Jean Pierre Guillaume Pauthier）第一本法译本问世，1868年湛·约翰（John Charmers）翻译出版第一本英译《道德经》。②

（二）法译本简介

法国是欧美汉学的发源地和早期汉学发展的掌控者，为汉学研究培养了一批非常知名的学者如雷穆莎（Jean Pierre Abel Remusa）、鲍狄埃、儒莲（Stanislas Julien）、戴遂良（Léon Wieger）、沙畹（Édouard Chavannes）、伯希和（Paul Pelliot）、马伯乐（Henri Maspero）、康德谟（Maxime Kaltenmark）、施舟人（Kristofer Schipper）、贺碧来（Isabelle Robinet）等，同时为《道德经》的翻译和传播起到引领表率的作用和间接的推波助澜作用。

例如：清道光十八年（1838），鲍狄埃出版了第一本法译《道德经》，译本共80页，却用汉语、拉丁语和法语三种语言注释③。1842年儒莲（Stanislas Julien）发布了第一个完整的译本《道德经》，不但被认为是较好的译本，而且被后来的译者翻译成欧洲其他语言。这个

---

① 从这个出处考证的最早的《道德经》译本被不同的学者所引用，但引用的内容有所出入，所以笔者在这里附上原文以便读者核实。原文：A copy of it was brought to England by a Mr. Matthew Raper, F. R. S., and presented by him to the Society at a meeting on the 10th January, 1788, —being the gift to him of P. Jos. de Grammont, "Missionarius Apostolicus, ex-Jesuita." In this version Tao is taken in the sense of Ratio, or the Supreme Reason of the Divine Being, the Creator and Governor.

② Wing-Tsit Chan, *The way of Lao Tzu*, first edition, 12th printing (1963 – 1981), The Bobbs-Merrill Company, Inc., pp. 82, 83.

③ Jean Pierre Guillaume Pauthier, *Le Tao-te-king, ou Le Livre révéré de la raison suprême et de la vertu by Laozi*, Paris：1838，这是所见鲍狄埃译本上的确切时间，然而陈荣捷的统计却是1832年，这个不同时间问题有待进一步考证。

译本是他在他的老师雷穆莎翻译了部分章节的基础上,重新加以整理、翻译而成的。

马伯乐的学生康德谟的成就更加杰出,其著作《老子和道教》及《列仙传》被法国学术界赞扬为"现存最早的道教徒传记的翻译",不仅为《道德经》的西译做了背景知识铺垫,而且在法国被称为诸多西译本中可读性较强的一种。康德谟的弟子施舟人被日本学者福田井文雅评价为"不仅是法国,也是欧洲站在世界道教研究第一线上的人物"。① 康德谟的另一名学生贺碧来发表了《七世纪以前对〈道德经〉的评注》,此书系统地阐述了严遵、河上公、王弼、梁武帝、周弘正、成玄英等对《道德经》的评注②。这本书对译者选定哪种《道德经》注疏本做底本来翻译,提供了颇有价值的内容介绍。

戴遂良,以翻译道家经典而著称,翻译了一套包括《老子》《庄子》《列子》的系列译本。其译本多是从基督教义比附老子之"道",但很受西方读者欢迎,在 1913 年出版后,并于 1950 年和 1983 年在法国重印过两次,被柏瑞斯(Derek Bryce)1991 年从法语译为英语。柏瑞思认为戴遂良的译本清晰而深邃,这得益于他几十年来在中国的传教生涯,"当他在翻译时,几乎就是中国人;而做评论时却能跳出来,俨然以一个西方学者、传教士和欧洲人的眼光来评价"③。

20 世纪非常受欢迎的法译本还有克娄德·拉尔(Claude Larre)在 1977 年推出的译评本,该书在 1994 年再版;刘家槐(Liou Kia-

---

① [荷兰]施舟人(Kristofer Schipper):除了道教方面的著作以外,还主持了国际规模的《道藏索引和提要》编制工作,对《道藏》中各种经籍的作者、流派、年代和内容进行审核,完成了《道藏通检》。这个成果提供给陈耀庭先生无偿利用,因而在中国出版了包括施舟人出版的检索方法在内的《道藏索引:五种版本道藏通检》,为道教经典研究做出了巨大贡献。

② 陈耀庭:《国际道教研究概况》,载卿希泰主编《中国道教第 4 卷》附录二,知识出版社 1993 年版。

③ Tao Te Ching LaoTzu, With Summaries of the writings attributed to Huai-Nan-Tzu, Kuan-Yin-Tzu and Tung-ku-Ching *A new translation* by Derek Bryce & Leon Wieger, Chinese to French Leon Wiegger French-English Derek Bryce 1999 p. x.

Hway)① 1967年的译本，1990年再版；F. 黄（Houang, Francois）和雷伊力（Pierre Leyris）的合译本。拉尔的译本每章后面都有评注，并以基督教义为参照，他认为："认知老子并不妨碍我的信仰，相反使我从另一个角度更加深刻地领悟了基督教最本质的成分，反过来，基督精神又帮助我深入地认识了老子并从中汲取精华。"② 这道出了大多数西方译者对老子的普遍看法。

下面以时间为序，将20世纪以来的《道德经》法语译本收列如下：

1. 1902　Ular, Alxandre：Le Livre de la voie et la ligne droite, de lao-Tsé, Paris：éditions de la Revue blanche.

2. 1909　Besse, Jules：Lao-Tseu, Paris, Leroux.

3. 1911　Cordier, Henri：Lao-Tseu：Extrait de la Bibliotheque de vulgarisation du Musee guimet. Chalon-sur-Saone.

4. 1913　Wieger, Leon：Taoïsme, Tome II：le Pères du système Taoïste. Société d'Édition les Belles Lettres.

5. 1923　Salet, Pierre：Le livre de la voie et de la vertu, Tao te king de Lao Tseu, Paris, Payot & Cie.

6. 1934　Pedretti, R. M.：Tao-teh-king, Paris, Chez Pad.

7. 1941　Russelle, Erwin．Lau-dse：Dau-de-ging.

8. 1946　Houang, Kia-Tcheng, Pierre Leyris. "Essai de traduction poétique du Tao Te King (I-XXI)." Fontaine (March 1946).

9. 1951　Larre, Claude：Tao Te King, Paul Derain, Lyon, republished in 1984

10. 1952　Rouvre, Evrard de, Ferdinand Springer：Tao Te King, Paris：Vrille.

---

① Liou Kia-hway：*Tao-Tö King*, 1967/1990//2002.
② 杜青钢：《老子在法国》，载《海外文讯》，第55—57页/《汉学研究第4集》，阎纯德主编，中华书局2000年版，第405—414页。

11. 1954 Duyvendak, Jan Julius Lodewijk—Tao Te Ching: The Book of the Way and Its Virtue—London: John Murray.

12. 1955 Gee, Yun: Paule Reuss, Le Tao, Tao Te Ching de Lao Tseu. Angers: Au Masque d'Or.

13. 1957 Grenier, Jean: L'esprit du Tao, Paris: Flammarion.

14. 1962 Lionnet, Jacques: Tao te king: traité sur le principe et leart de la vie des vieux maitres de la Chine, Paris: Adrien-Maisonneuve.

15. 1962 Saint-Rémy: Tao te king ou La jonction supreême, Anvers: Librairie des Arts.

16. 1963 Guerne, Armel: Tao Tê King, Paris, Le club français du livre.

17. 1964 Kermor: Pseudo Lao-Tseu: vertu du Tao: libre interprétation du "Tao Te King" de Lao-Tseu d'après des traductions diverses Paris: s. n. .

18. 1967 Liou Kia-hway: Tao-Tö King, Paris, Gallimard.

19. 1977 Larre, Claude: Tao te king: le livre de la voie et de la vertu, Paris, Desclée De Brouwer.

20. 1977 Robinet, Isabelle: Les commentaries du Tao Te King jusqu'au VIIe siècle. Paris: Institut des hautes études chinoises.

21. 1979 Houang, François et Leyris, Pierre: Lao Tzeu-La Voie et Sa Vertu, Tao Te King, Paris: Seuil.

22. 1980 Liou, Kia-hway. Philosophes taoïstes. Paris: Gallimard.

23. 1984 Botturi, Bernard. Tao-tô king: La tradition du Tao et de sa sagesse. Paris: Les Editions du cerf.

24. 1987 Jan Julius Lodewijk Duyvendak: Tao Tö King, Notes critiques fournies.

25. 1992 Jan van Rijckenborgh; Catharose de Petri, La gnose chinoise, expliquée d'après la première partie du Tao Te King de Lao Tseu Haarlem, Pays-Bas: Rozekruis Pers.

26. 1992 Natarajan: L'enseignement secret de Lao-Tseu: le Tao-te-King essentiel: réminiscence d'une vie en Chine, comprenant une nouvelle traduction et des commentaires, Genève: Hélios.

27. 1993 D Laguitton: La voie du coeur selon un sage: une interprétation du Tao Te King de Lao-tseu, Ottawa: D. Laguitton.

28. 1994 Dumas, Marie-Hélène: Chaos technique sur le Tao-Te-King: cinq pièces faciles, Fontenay-sous-Bois: L'Evidence.

29. 1998 J Mei-Hia: Entretiens avec Lao Tseu Tao-Te-King: version chaneling Genève: Résonances.

30. 1998 Cheng, Man-ch'ing; Tam C Gibbs: Lao Tseu, "mes mots sont faciles à comprendre": conférences sur le Tao Te King, Laozi yi zhi jie, Paris: Courrier du livre.

31. 2002 Steens, Eulalie: Le Véritable Tao Te King, Monaco: Editions du Rocher: Jean-Paul Bertrand.

32. 2003 Miller, Agatha: Le Tao Te King, le livre de la voie et de la vertu, Outremont, Québec: Éditions Quebecor.

33. 2003 Conche, Marcel: Tao Te King.

34. 2003 Conche, Marcel: Tao te king, Paris: Presses Univ. de France.

35. 2006 J J L Duyvendak Tao Tö King, le livre de la voie et de la vertu Chicoutimi: J. - M. Tremblay, Wayne W Dyer Vivre la sagesse du tao: le Tao te king Paris: G. Trédaniel, impr. 2009.

36. 2008 Rémi Mathieu: Lao tseu Le Daode jing Classique de la voie et de son efficience, Entrelacs.

37. 2008 Michael Lonsdale: Tao te King, with sound, Paris: Thélème

38. 2008 Rémi MathieuLe: Daode jing: Classique de la voie et de son efficience, Paris: Entrelacs.

39. 2008 Stephen Mitchell/Benoiêt Labayle/Stephen Little: Tao te

king, Paris: Synchronique.

40. 2009 Jean Lévi: Le Lao-tseu; suivi des Quatre canons de l'empereur jaune, Paris: Albin Michel.

41. 2009 Jean Lévi: Le Lao-Tseu, suivi des Quatre canons de l'empereur jaune, Albin Michel.

42. 2009 Pierre Leyris: La voie et sa vertu, Tao-teê-king, François-Xavier Houang; Paris: Seuil.

43. 2010 Agatha Miller: Le Tao te king: le Livre de la voie et de la vertu Montréal (QuÉbec): les Éd. Quebecor; Ivry: diff. Interforum editis, impr.

44. 2010 Christophe Hammarstrand: Tao-tö king, Didier Sandre; Paris: Gallimard.

45. 2010 Desclée de Brouwer: Tao te king: le livre de la voie et de la vertu, Paris.

46. 2010 Stanislas Julian (1842): Le Tao Te King: Le Livre de La Voie Et de La Vertu, Paris: Imprimerie Royale, 1842; Print on demand, Kessinger Publishing.

47. 2011 Fabienne Prost: Le Tao te king: version intégrale, Paris: la Compagnie du savoir; [Ivry-sur-Seine (Val-de-Marne)].

48. 2011 Roger Léger: Dao de jing: le classique de la voie et de sa vertu, Saint-Jean-sur-Richelieu, Québec, Éditions Lambda.

49. 2012 Alain Castets: Le Tao et son pouvoir d'amour: Une nouvelle interprétation du Tao-Te-King. Gap, Soume d'Or.

50. 2013 Claire Sachsé Fontaine: Tao Te King. Vincennes: Ed. La Fontaine de Pierre.

51. 2013 Alain Menhard: Tao te king: Voie de souveraineté. Paris: Books on demand, DL.

52. 2014 Laure Chen. Daodejing: Canon de la voie et de la vertu.

Paris：Desclée de Brouwer.

53. 2015 Guy Massat/Arthur Rivas：Tao Te King：Le livre du Tao. Sucy-en-Brie：Anfortas，DL.

54. 2016 Matgioi, Albert de POUVOURVILLEL Pseud：Le Tao de Laotseu.

55. 2016 Michaël Lonsda：le Tao te king, with record on CD，Paris：Éd. Thélème：distrib. les Belles lettres.

（三）英译本简介

英国、美国虽不是翻译《道德经》最早的国家，但是后来者居上，截至2016年，英语译本已有近500种，位居各种语言译本之首。译者不光来自英国、美国，还有世界上其他使用英语交流的国家。

《道德经》英译本不但种类多，而且其译者身份也十分复杂，大体来说可分为如下几类：第一类是传教士，其中包括湛·约翰（John Charmers）、理雅各（James Legge）、保罗·卡鲁斯（Paul Carus）、沃尔特·高尔恩（Walter Gorn Old）、麦都斯特（C. Spurgeon Medhurst）、艾约瑟（Joseph Edkins）等；第二类是一些来华的政府官员，如翟理斯（Herbert Allen Giles）、密尔斯（Isabella Mears）、托马斯·瓦斯特（Thomas Watters）、庄延龄（Edward Harper Parker）等；第三类是一些汉学通，如翟林奈（Lionel Giles）、阿瑟·韦利（Arthur Waley）、葛兰言（Angus Charles Granham）等；除以上列举的职业传教士和学者型汉学家翻译《道德经》以外，第四类是一些《道德经》的爱好者的翻译，如著名的小说家勒奎恩（Ursula K. Le Guin）、诗人宾纳（Witter Bynner）、达尔（Ralph Alan Dale）等；第五类则是一些旅居英美的华人如刘殿爵、陈荣捷、林语堂等；第六类是非英语国语的译者，如中国、日本等国的译者。

由此可见英译《道德经》的丰富性、广泛性。

在这些译者译本中，有两个问题值得澄清一下：第一是卡鲁斯的译本问题。很多人都以为他的译本是与日本学者铃木大拙贞太郎

（Daisetz Teitarō Suzuki）① 合作翻译的，但实际情况是早在 1896 年，卡鲁斯就在 *The Monist* 哲学杂志第七卷发表了译本初稿，1898 年则正式出版自己独立完成的译本，直到 1913 年才与铃木大拙合作发表重新修订的《道德经》译本，改名为 *The Canon of Reason and Virtue* (Lao-tze's Tao Teh King)。

第二，翟理斯（Herbert Allen Giles，1845—1935）和翟林奈（Lionel Giles，1875—1958）父子俩各有自己的译本。有些学者在引用时以为他们是一个人，这里需要澄清，翟里斯的译本是 *The Remains of Lao Tzu*②，而翟林奈的译本是 *The Sayings of Lao Tzu*③。

下面根据笔者的收集，按时间顺序，将《道德经》各个时期的主要英译本罗列如下：

1. 1868　John Chalmers, The Speculations on Metaphysics, Polity and Morality of the Old Philosopher, Lautsze, London：Trubner.

2. 1884　Frederick Henry Balfour, Taoist Texts, Ethical, Political and Speculative—Kelly and Walsh, Shanghai, London：Trubner.

3. 1886　Herbert A. Giles, "The Remains of Lao Tzu", China Mail, Vol. XIV, pp. 231 – 280, Hongkong/London：John Murray.

4. 1891　James Legge, "Tao Teh King" —Sacred Books of the East, Vol. XXXIX. pp. 47 – 124 London：Oxford University Press. 1962 New York Dover.

5. 1894　Walter Gorn Old, The Book of the Path of Virtue, or a Version of the Tao The King of Lao-tsze, Theosophical Publishing Society, Madras.

6. 1895　G. G. Alexander, Lao-tsze, The Great Thinker with a Tr-

---

① 铃木大拙（1870—1966），日本禅学大师，学者，撰写禅学书十多部，成功把禅学传入欧美，与卡鲁斯合作重新解释《道德经》。
② Herbert Allen Giles, *The Remains of Lao Tzu*, China Mail, Vol. XIV, pp. 231 – 280, Hongkong/London：John Murray, 1886.
③ Lionel Giles, *The Sayings of Lao Tzu*, *London*, John Murray, 1905, 1950.

anslation of His thoughts on Nature and Manifestation of God, London: Kegan Paul, Trench, Trubner & co. ; 1917 "Tao-Teh-King" or Book of the Values of Tao," Sacred Books and Early Literature of the East, Vol. XII, pp. 15 – 31, New York and London: Parke, Austin and Lipscomb, Inc.

7. 1896　Paul Carus, Lao-Tsze's Tao-Teh-King, The Monist. Vol. VII, pp. 571 – 601; 1898 Lao tze's Tao-Teh-King. Chicago: Open Court Publishing Co.

8. 1898　P. J. Maclagen, "The Lao-Tsze's Tao-Teh-King—The China Review, Vol. XXIII, pp. 1 – 14, 75 – 85, 125 – 142, 191 – 297, 261 – 264; Vol. XXIV, pp. 12 – 20, 86 – 92."

9. 1898　Paul Carus, LAO-TZE'S TAO-TEH-KING, CHINESE-ENGLISH, with introduction, transliteration and notes, Chicago, The Open Court Publishing Company（电子复印书）

10. 1899　T. W. Kingsmill, Tao-Teh-King, Shanghai Mercury; The China Review, Vol. XXIV, pp. 149 – 155, 185 – 194

11. 1903/1905/1910　E. H. Parker, Tao-Teh-King, The Dublin Review, July. 1903, and January. E. H. Parker. China and Religion, pp. 271 – 301, Dutton, New York, 1905; Studies in Chinese Religion, pp. 96 – 131, Dutton, New York, and Chapman and Hall, London, 1910.

12. 1903　I. W. Heysinger, Light of China, The Tao-Teh-King of Lao-Tsze, Peter Reilly, Philadelphia: Research Publishing Co. , Philadelphia.

13. 1904　Lionel Giles, The Sayings of Lao Tzu, London: John Murray, repulished in 1905, 1950.

14. 1904　Walter Gorn Old, The Simple Way: Laotzu, The "Old Boy", A New Translation of the Tao-Teh-King, Philip Wellby, London:

Rider; Philadelphia: Mckay; Madras: Theosophical Society.

15. 1905　C. Spurgeon Medhurst, Tao-Teh-King: A Short Study in Comparative Religion, Chicago: Theosophical Society.

16. 1911　Carl Henrik Andreas Bjerregaard, The Inner Life and the Tao-Teh-King, Theosophical Publishing House, London: The theosophical Publishing House Co.

17. 1913/1937/1954/1974　Paul Carus, Daisetz Teitaro Suzuki, The Canon of Reason and Virtue (a second translation), La Salle, Illinois: Open Court Publishing Co. Republished in 1937, 1954, 1974.

18. 1916　Isabella Mears, Tao-Teh-King, London: theosophical Publishing House, 1916, Great Britain: Fletcher & Son Ltd, Norwich, 1922, 1971, 1949 New York: The theosophical Publishing House Co. of New York;

19. 1919　Goddard, Dwight and Borel, Henri, Lao Tsu's Tao and Wu Wei, New York: Brentano's Publishers.

20. 1920　A. E. Anderson, The Tao Teh King: A Chinese Mysticism, University Chronicle, Vol. XXII, pp. 395 – 403. University California, Berkeley.

21. 1923　J. G. Weis, The Lao-Tze's Tao-Teh-King, Typewritten copy in British Museum, London.

22. 1924　James Stephens, Iris Clare Wise. The Simple Way of Lao Tsze, The Shrine of Wisdom. Fintry, Brook. Godalming, Surrey, England, 1924, 1941, 1951.

23. 1926/1986　Charles Henry Mackintosh, A Rendering into English Verse of the Tao Teh Ching of Lao Tsze, Chicago, 1926 Theosophical Press; Weaton Illinois/London, England: A Quest Book, Theosophical Publishing House, 1986.

24. 1926　Wu-wu-tze and L. P. Phelps, The philosophy of Laotzu,

Modern Industrial Society, Chengtu' Szechuan, China: Jeh Hsin Press.

25. 1927　T. Macinnes, The Teachings of the Old Boy, Toronto: J. M. Dent.

26. 1928　Shuten Inouye, Laotse, Tao Teh King, Tokyo: Daitokalu.

27. 1934　Arthur Waley, The Way and It's Power: A study of the Tao Te Ching and Its place in Chinese Thought, London: George Allen & Unwin Ltd.

28. 1934/1977　Waley A. The Way and Its Power, London: Unwin.

29. 1936　A. L. Kitselman II, Tao-Teh-King (The Way of Peace) of Lao Tzu, The School of Simplicity. Palo Alto, California.

30. 1936　Bhikshu Wai Tao and Dwight Goddard, Tao-Teh-King, A Buddhist Bible. Dwight Goddard, Thetford, Vermont: Second edition, 1938, pp. 407 – 437.

31. 1937/1942/1948　Ch'u Ta-Kao, Tao Te Ching, The Buddhist Society of London.

32. 1938　Sum Nung Au-young, Lao Tzu's Tao-Teh-King, the Bible of Taoism. New York: March and Greenwood.

33. 1939　Hu Tse-Ling, Lao Tzu Tao-Teh-King, Chen-du, Szechuan, China.

34. 1939/1940/1951/1961　(John) Wu Ching-Hsiung, Lao Tzu's The Tao and Tts Virtue, T'ien Hsia Monthly, Nov., 1939, pp. 401 – 423, Dec., 1939, pp. 498 – 521, Jan. 1940, pp. 66 – 99, Shanghai; Journal of Oriental Literature, Vol. 4 (1951), pp. 2 – 33, Oriental Literature Society, University of Hawaii, Honolulu. 1961, John C. H. Wu, Tao Te Ching (New York: St. John's University Press.)

35. 1939/1982　Waley A, Three Ways of thought in Ancient China, Stanford, CA: Stanford University Press.

36. 1942　Ernest R. Hughes, "Tao Te Ching," Chinese Philosophy Classical Times, pp. 144 – 164, London: J. M. Dent and Sons (Everyman Library 973).

37. 1942　Lin Yutang, The Wisdom of Lautse. Wisdom of India and China, pp. 583 – 624, New York: Random House (Modern Library 262).

38. 1944/1972/1986/1996　Witter Bynner, The Way of Life According to Lao Tsu, John Day, New York.; An American Version, New York: Capricorn Books, 1944/1972; A Perigee Book in 1986/1994.

39. 1945　Eduard Erkes, Ho-Shang-Kung's Commentary on Lao Tse, Artibus Asiae, Vol. VIII (1945), pp. 119 – 196, Vol. IX (1946), pp. 197 – 220, Vol. XII (1949), pp. 221 – 251, Switzerland: Ascona.

40. 1946　Ould, Herman, The Way of Acceptance, A New Version of Lao Tse's Tao te ching— London: Andrew Dakers/Camelot Press.

41. 1948　Frederick B. Thomas, The Tao Teh of Laotse, Oakland, Califorlia.

42. 1949　Orde Poynton, The Great Sinderesis, being a translation of the Tao Te Ching, Adelaide, Australia: The Hassell Press.

43. 1949　Cheng Lin, The Works of Lao Tzyy, Truth and Nature, popularly known as Daw-Der-Jing by Lao Dan. World Publishers, Shanghai/Taipei, Taiwan: The World Book Co., Ltd..

44. 1954　Duyvendak, Jan Julius Lodewijk, Tao Te Ching: The Book of the Way and Its Virtue, London: John Murray.

45. 1955　R. B. Blakney, The Way of Life: Lao Tsu, The New American Library (Mentor Books 129), New York;: Penguin 1955/83.

46. 1958　Archie J. Bahm, Tao Teh King, interpreted as Nature and Intelligence —New York: Frederick Ungar Publishing Co.

47. 1959/1985　Chu Ta-Kao, Tao Te Ching, London: Mandala Books.

48. 1961/1989　John C. H. Wu, Lao Tzul Tao Teh Ching, New York: St. Johns, University Press, 1961; Boston & Shaftsbury: Shambhala1989.

49. 1962　Frank J MacHovec, The Book of Tao, Mount Vernon, New York: The Peter Pauper Press.

50. 1963　D. C. Lau, Tao Te Ching, Penguin Classics L131, The translation first published 1963, made and printed in Great Britain, London, by Cox and Wyman Ltd.

51. 1963　Chan, Wing-tsit, The Way of Lao Tzu—The Bobbs Merrill Company, Inc., New York, U. S. A.

52. 1966　Fenn, C. H., The Five Thousand Word Dictionary, Cambridge, Massachusetts, Harvard University Press.

53. 1967　Chang, Chi-Chun, Lao Tzu (Tao-te-Ching), William Forthman, ed. in "Religions of the World", New York: Meredith Publishing Company.

54. 1968　Ko, Lien-hsiang, Commentaries on Lao Tzu's Tao Te Ching. Taipei: L. H. Ke.

55. 1969　Tang, Zi-chang. Wisdom of Dao. San Rafael, CA: T. C. Press.

56. 1970/1989　Yu, T. H., The Philosophy of Taoism. San Francisco: Falcon Publishing, 1970; World Wide Publications, 1989.

57. 1971/1992　Peter M. Daly, Springs of Chinese Wisdom: Confucius, Dseng-Dse, Lao-Tse, Li Gi, Meng-Tse, Wu Ti. Herder and Herder, 1971; St. Gallen: Quellen-Verlag, 1992, England: Search Press.

58. 1971　Michael Hartnett, Tao: A Version of the Chinese Classic of the Sixth Century B. C. Dublin: New Writers'Press.

59. 1971　William McNaughton, The Taoist Vision. Ann Arbor: University of Michigan Press.

60. 1972　Bennett B. Simms, Lao Tzu and the Tao Te Ching. New York: Franklin Watts.

61. 1972　Elisa Bowen, Celebration of Life. Millbrae, CA: Celestial Arts.

62. 1972/1973/1982　Gia-Fu Feng, Jane English. Lao Tzu, Tao Te Ching. New York: Vintage, 1972; London: Wildwood House, 1973; Taipei: Cave Books, 1982.

63. 1972/2000　Robert Finley, The Bible of the Loving Road: Lao Tzu's Tao Teh Ching. Carbondale, IL: Bliss Press, 1972; Tao Te Ching: Poetry and Paradox. Xlibris Corporation, 2000.

64. 1972　Charles Spurgeon Medhurst, The Tao Teh King: Sayings of Lao-tzu. Wheaton, IL and London: Theosophical Publishing House.

65. 1972　Dagobert D. Runes, "Lao Tzu Tao Te Ching." Classics in Chinese Philosophy. New York: Philosophical Library.

66. 1972/1973　Feng, Gia-fu, and English, Jane, Tao Te Ching, New York: Vintage Books Edition; London, Wildwood House, 1973.

67. 1972　Robert Aldace Wood, Echoes from the Orient: Wisdom of Lao-Tse with Parallels in Western Thought. Kansas City: Hallmark Cards.

68. 1973　Noel Bamard, The Ch'u Silk Manuscript: Translation and Commentary. Canberra: Australian National University.

69. 1973　Shi Junchao, "The Sayings of Lao-tzu". Hong Kong: Chi-wen Publishing Co.

70. 1974　Wade Baskin, Classics in Chinese Philosophy. Totowa, NJ: Littlefield, Adams & Co.

71. 1974　Alice Dawn Lloyd, "A Rhetorical Analysis of the Tao Te Ching. Some Taoist Figures of Speech." Appendix, 144 – 181. Disserta-

tion: Ohio State University.

72. 1975　Crowley, Aleister/A. k. a. Ko. Yuen, The Tao Te Ching, Dublin, California, Thelema Publications.

73. 1975　Chang, Chung-yuan. Tao: A New Way of Thinking, New York: Perennial Library, Harper & Row Publishers.

74. 1975　Karlgren, Bernhard, Notes on Lao Tse, Reprinted from the Museum of Tar Eastern Antiquities: Bulletin No. 47, Stockholm.

75. 1975　Schmidt, K. O., Tao Te Ching, Lao Tzu's Book of Life, Georgia: CSA Press Lakemont.

76. 1976　Skinner, Stephen, Alister Crowley, Tao Te King, London: Asking Publishers.

77. 1977　Lin, Paul J., A Translation of Lao Tzu's Tao Te Ching and Wang Pi's Commentary, Michigan: Center for Chinese Studies, The University of Michigan.

78. 1977　Charles Leroy Scamahorn, Tao and War, Produced at the West Coast Print Center.

79. 1977　Ch'en Ku-ying, Lao Tzu: Text, Notes, and Commentary. Trans. Rhett Y. W. Young and Roger T. Ames. San Francisco: Chinese Materials Centre.

80. 1977　Lin, Paul. J., A translation of Lao Tzu's Tao Te Ching and Wang Pi's Commentary, Ann Arbor: Center for Chinese Studies, University of Michigan.

81. 1978　Lattimore, David, Introduction to The Way of Life according to Laotzu. In the works of Witter Bynner: The Chinese Translations, 307 – 327, New York: Farrar, Straus, and Giroux.

82. 1979　Ni Hua-Ching, the Complete Works of Lao Tzu, Malibu, CA: The Shrine of the Eternal Breath of Tao.

83. 1979　Rump, Ariane and Wing-tsit Chan, Commentary on the

Lao tzu by Wang Pi, Honolulu: University of Hawaii Press.

84. 1979/1993　Ni Hua-Ching, The Complete Works of Lao Tzu: Tao Teh Ching & Hua Hu Ching, Seven star Communications Group, Santa Monica, CA.

85. 1980　Christopher C. Canolé, The Way of the Dao: An Interpretation of the Writings of Lao Tzu. La Jolla, CA: Day Press.

86. 1980　John R. Leebrick, Tao Teh Ching: Classic of the Way and Its Nature. Urbana, IL: Afterimage.

87. 1980　D. Howard Smith, The Wisdom of the Taoists. London: Sheldon Press; New York: New Directions.

88. 1980　Hsien Taoist Monastery, Tao Te Ching, Published at the Hsien Taoist Monaster.

89. 1981　Hoff, Benjamin, The Way to Life at the Heart of the Tao Te Ching. New York: Weatherhill.

90. 1981　Finley, Robert Douglas, Tao Te Ching: A Guiding Image for Humanistic Psycholigy and Education, Mississippi: Mississippi State University.

91. 1981　Chen, Man-Jan, Lao-Tzu (Cheng Man Ch'ing, Manqing Zheng, Laozi), "My words are very easy to understand." lectures on the Tao Teh Ching Translated by Tam C. Gibbs. Richmond, California: North Atlantic Books.

92. 1982　McCarroll, Tolbert (translator), The Tao Te Ching. South San Francisco, California: Audio Literature, Inc., 1987, Recorded by Audio Literature, Inc., Read by John Needleman.

93. 1982　Wei, Henry, The Guiding light of Lao Tzu, Illinois: The Theosophical Publishing House.

94. 1982/1986　Maurer, H. Tao, The Way of the Ways, New York: Schocken Books/Aldershot: Wildwood House.

95. 1983　Iyer, Raghavan (General editor), Tao Te Ching, London: Santa Barbara and New York: Concord Grove Press.

96. 1984　Bryce, Derek, Wisdom of the Daoist Mastersz: The Works of Lao Zi (Lao Tzu), Lie Zi (Lieh Tzu), Zhuang Zi (Chuang Tzu). Lampeter, UK: Llanerch Press; Amerystwyth, UK: Cambrian News, 1984. Tao-Te-Ching: With Summaries of the Writings of Huai-nan-tzu, Kuan-yin-tzu. and Tung-ku-ching. Lampeter, UK: Llanerch Press, 1991; York Beach, ME: Samuel Weiser, 1999; Gramercy Books, 2005. [translation of Léon Wieger 1913 French].

97. 1984　Chang, Francis Fa Yong, Lao-tze: In English Version from the Chinese. Taiwan: Author.

98. 1984　Chou, Marie Patrice, The Way of Lao Tzu. Milwaukee: School of Sisters of St. Francis.

99. 1984/1985/1986/1988　Heider, John, The Tao of Leadership. Atlanta: Humanics New Age, 1984, 1985; New York: Bantam Books, 1985, 1986, 1988.

100. 1984　Li, Samuel S. K., The Ageless Wisdom. San Francisco, CA.

101. 1984　Shim, Victor, The Secrets of Eternal Life: Tao Teh Ching. Xerox Reproduction Centre.

102. 1985　Ostwald, H. G., Tao Te Ching. London: Routledge & Kegan Paul. [translation of Richard Wilhelm 1911 German].

103. 1985　Trapp, Jacob, Tao Teh Ching. Santa Fe, New Mexico: Yucca Printing.

104. 1986　Kim, Unsong, Lao Tzu Tao-Te Ching. Seoul/San Bruno, CA: One Mind Press, 1986, 1990.

105. 1986　Wing, R. L., The Tao of Power LaoTzu's Classic Guide to leadership, Influence, and Excellence, A new Translation of the Tao Te

Ching first published in USA by Doubleday & Company, Inc.

106. 1987/1991　Hwang, Shi Fu, Tao The Ching: The Taoist's New Library, Austin, Texas: Taoism Publishers.

107. 1988　Mitchell, Stephen, The Tao Te Ching of Lao Tzu. London: Macmillan/New York: Harp & Row, Publishers.

108. 1989　Chen, Ellen M, The Tao Te Ching: A New Translation with Commentary. New York: New Era Books, Paragon House.

109. 1989　Wu, Yi, The Book of Lao Tzu, (Tao Te Ching), San Francisco, California: Great Learning Publishing Company.

110. 1990　Henrics, Robert G. , Lao-Tzu: Te Tao Ching, London: Bodley Head.

111. 1990　Mair, Victor H. , Tao Te Ching: The classic book of Integrity and the Way Lao Tzu, Introduction by Huston Smith, New York: Mantanm Books/Quality Paperback Book Club, 1990, Waldo Japussy, The Tao of Meow, Columbus, Ohio: Enthea Press.

112. 1991　Chan, Alan K. L. , Two Visions of The Way: A study of the Wang Pi and the Ho-Shang Kung Commentaries on the LaoTzu, Albany, New York: State University of New York Press.

113. 1991　Byrne, Patrick Michael, Dao De Jing, Santa Fe, New Mexico: Sun Books, Sun Publishing.

114. 1991　Leon, Wieger: Lao Tzu, Tao Te Ching With Summaries of the writings attributed to Huai-Nan-Tzu, Kuan-Yin-Tzu and Tung-ku-Ching A new translation by Derek Bryce & Leon Wieger, (French-English Derek Bryce, Chinese to French Leon Wiegger 1913/1950/1983).

115. 1992　Michael Lafargue, The Tao of the Tao Te Ching: A Translation and Commentary, Albany: State University of New York Press.

116. 1992　Thomas H. Miles, Tao Te Ching, Lao Tzu: About the Way of Nature and Its Power. New York, New York: Avery Publishing.

117. 1992　Hands, Shaman Flowing, Lao Tzu: Tao Te King, Penzance: Daoist Foundation.

118. 1992　Ni Hua-Ching, Esoteric, Tao Teh Ching, College of Tao & Traditional Chinese Healing, Santa Monica, CA, and Seven star Communications Group, Santa Monica, CA.

119. 1992　Cleary, Thomas, The Essential Tao, New York: Harper Collins.

120. 1993/2007　Addiss, Stephen/Lombardo, Stanley, Lao Tzu: Tao Te Ching. Indianapolis: Hackett, 1993; Boston: Shambhala, 2007.

121. 1993/1994/1995/1998　Dalton, Jerry O., Tao Te Ching: A New Approach. New York, Avon, 1993; Backward down the Path: A New Approach to the Tao Te Ching. Atlanta, GA: Humanics, 1994; Kuala Lumpur: Eastern Dragon Press, 1995; Green Dragon Publishing, 1998.

122. 1993　Denby, Edwin, Edwin's Tao: Being a Rough Translation of Selections from Lao Tze's Tao Teh Ching. New York: Crumbling Empire Press.

123. 1993　Deppe, Carol, Tao Te Ching: A Window to the Tao through the Words of Lao Tzu. Corvallis,

124. 1993/2002　Kwok, Man-Ho/Palmer, Martin/Ramsay, Jay, Tao Te Ching. Shaftesbury, UK: Element, 1993; New York: Barnes & Nobles, 2002.

125. 1994　Aldridge, Owen, American translations of the Tao-Teh Ching, in: A. HSIA (Ed.) TAO, Reception in East and West (Bern, Peter Lang).

126. 1994　Dalton, Jerry O., The Tao Te Ching Backward down the path: A new approach to the Tao Te Ching, Atlanta: Humanics New Age.

127. 1994　Metz, Pamela K., The Tao of Learning: Lao Tzu's Tao Te Ching Adapted for a New Age. Atlanta: Humanics New Age.

128. 1994　Marby, John R., God as Nature sees God: A Christian Reading of the Tao Te Ching, Rockport: Element.

129. 1995　Grigg, Ray, The New Lao Tzu: A Comtemporary Tao Te Ching, Boston, Rutlan & Tokyo: Tuttle.

130. 1995/1999　Freke, Timothy, Lao Tzu's Tao Te Ching, London: Piatkus Books.

131. 1996　Walker, Brian Browne, The Tao Te Ching of Lao Tzu, New York: St. Martin's Press.

132. 1996/2001　Red Pine, Lao-Tzu's Taoteching: With Selected Commentaries of The Past 2000 Years. Mercury House, San Francisco.

133. 1997/1998　Le Guin, Ursula K., Lao Tzu: Tao Te Ching: About the Way and the Power of the Way, with the collaboration of J. P. Seaton, professor of Chinese, University of North Carolina, Chapel Hill Boston/London Shambhala 1998.

134. 1998　Petulla, Joseph, The Tao Te Ching and the Christian Way: A New English Version. Maryknoll, NY: Orbis Books.

135. 1998　Rasmussen, Jeff, Spirit of the Tao Te Ching. Indianapolis, m: Nisi Sunyyata, 1998, 2000, 2001.

136. 1998　Richter, Gregory C., The Gate of All Marvelous Things: A Guide to Reading the Tao Te Ching. San Francisco: Red Mansions Publishing.

137. 1999　Degen, Richard, Tao Te Ching for the West, Hohm Press, Prescott, Arizona.

138. 1999　Lynn, Richard John, The Classic of the Way and Virtue: A New Translation of the Laozi as Interpreted by WangBi, New York: Columbia University Press.

139. 1999　Martin, William, The Parent's Tao Te Ching: A New Interpretation, Ancient Advice for Modern Parents. New York: Da Capo

Press.

140. 1999　Martin, William, The Couple's Tao Te Ching: Ancient Advice for Modern Lovers. New York: Da Capo Press.

141. 1999　Milne, Louisa, Of Nourishment and Grace, Stillness, and Compassion: An Interpretation of the Tao Teh Ching, a Collection of Ancient Tao Wisdom. Wimborne, Dorset: Gaunts.

142. 1999　Shien, Gi-Ming/Hieromonk Damascene, Christ the Eternal Tao. St. Herman Press.

143. 2000　Hilton, David, Tao Te Ching: Lao Tzu, Counterpoint Press, Washington, DC.

144. 2000/2007/2010　McDonald, John H., Tao Te Ching. Washington D. C. : Counterpoint, 2000; New York: Chartwell Books, 2007; London: Arcturus Publishing, 2010.

145. 2000　Metz, Pamela K., The Tao of Loss and Grief: Lao Tzu's Tao Te Ching Adapted for New Emotions. Atlanta, GA: Humanics.

146. 2000　Omura, Richard S., The Tao of God: A Restatement of Lao Tsu's Tao Te Ching Based on the Teachings of The Urantia Book San Jose, CA: Writers Club Press.

147. 2000/2003　Sawyer, Ralph D., The Tao of Peace. Shambala, 2000; republished as The Tao of War: The Martial Tao Te Ching. New York: Basic Books, 2002; Boulder and Oxford: Westview, 2003. (Translation of Wang Zhen.)

148. 2000　Schoenewolf, Gerald, The Way: According to Lao Tzu, Chuang Tzu, and Seng Tsan. Jain Publishing.

149. 2001　Roberts, Moss, 2001, Dao De Jing: The Book of the Way, Berkeley: Univesity of California Press.

150. 2002　Ivanhoe, Philip J., The Daodejing of Laozi, New York: Seven Bridges Press.

151. 2002　Dale, Ralph Alan, Tao Te Ching, A new Translation & Commentary photographs by John Cleare, London: Walkins Publishing.

152. 2003　Ames, Roger T. and Hall, David L., Daodejing "Making this life Significant": A philosophical Translation, New York: Ballantine Books, Paragon House.

153. 2003　Condron, Daniel R., The Tao Te Ching Interpreted and Explained. Windyville, MO: SOM Publishing.

154. 2003　Dolby, William, Sir Old: The Chinese Classic of Taoism. Edinburgh: Carreg Publishers.

155. 2003　Huang, Chichung, Tao Te Ching: A Literal Translation with an Introduction, Notes, and Commentary. Fremont, CA: Asian Humanities.

156. 2003　Star, Jonathan, Tao Te Ching: The Definitive Edition, Jeremy P. Tarcher/Putnam, New York.

157. 2003　Wagner, Rudolf G., A Chinese Reading of the Daodejing: Wang Bi's Commentary on the Laozi with Critical Text and Translation. Albany: SUNY Press. (translation of Wang Bi commentary)

158. 2004　John Bright-Fey, Tao Te Ching: An Authentic Taoist Translation. Birmingham, AL: Sweetwater Press.

159. 2004　Curt Dornberg, Tao Te Ching. Tucson, AZ: Deer's Run Press.

160. 2005/2007　Hamill[①], Sam, Tao Te Ching A new translation Translated from Chinese by Sam Hamill, Calligraphy by Kazuaki Tanahashi, Boston & London Shambhala 2007.

---

① Sam 的作品主要是诗文，他创作的诗歌：Destination Zero: Poems 1970—1995; Gratitude; Dumb Luck; Almost Paradise: New and Selected Poems and Translations; 论文：Basha's Ghost; A Poet's Work: The Other Side of Poetry。翻译的诗歌：The Essential Chuang Tzu; Crossing the Yellow River: Three Hundred Poems from the Chinese; The Poetry of Zen。

161. 2005   Land, Peter, Tao Te Ching: A Literal Translation. Kaikohe, NZ: Landseer Press.

162. 2005   Lee, Gregory P., Tao te Ching. North Attleborough, MA: Three/Four Publishing.

163. 2005   Lumpkin, Joseph B., The Tao Te Ching: A Contemporary Translation. Blountsville, AL: Fifth Estate.

164. 2005   Martin, William, A Path and a Practice: Using Lao Tzu's Tao Te Ching as a Guide to an Awakened Spiritual Life. New York: Marlowe & Co.

165. 2005   Meyer, Thomas, Daode Jing, Chicago: Flood Editions.

166. 2006   Keith Seddon, Lao Tzu & Tao Te Ching, A new Version, with Introduction, notes, Glossary and Index, Lulu.com.

167. 2007   Antonov, Vladimir, Lao Tse—Tao Te Ching. Ontario, Canada: New Atlantean.

168. 2007   Brennan, Paul, A Tao Te Chingfor Christians. Ordos Books.

169. 2007   Gotshalk, Richard, The Classic of Way and Her Power, a Miscellany?: A Translation and Study of the Dao-de Jing, Offering a Proposal as to Its Order and Composition. Lanham, MD: University Press of America.

170. 2007   Moeller, Hans-Georg, Daodejing: The New, Highly Readable Translation of the Life-Changing. Ancient Scripture Formerly Known as the Tao Te Ching. New York: Open Court, 2007, 2015. (Self-translation and reworking of Hans-Georg Möller 1995 German)

171. 2007   Thomas, Kevin M., Tao Te Ching De-Coded: Book of Wisdom, Path of Virtue. Blovmington, Indiana: Xlibris Corporation.

172. 2007   Warneka, Patrick J., Timothy H. Warneka. The Way of Leading People: Unlocking Your Integral Leadership Skills with the Tao Te

Ching. Cleveland, Ohio: Asogomi Publishing International.

173. 2008　Dyer, Wayne W. , Living the wisdom of the Tao (New York Times Best Seller author), Hay House Publishers.

174. 2009　Callahan, John, Three Texts: Tao Te Ching, Dhammapada, Bhagavad Gita: New Editions of Three Foundational Texts for Twenty-First Century Practitioners. Raleigh, NC: Lulu. com.

175. 2009　Chad, Hansen, Tao Te Ching: On the Art of Harmony. London: Ducan Baird, 2009; New York: Metro Books, 2011.

176. 2009　Hohne, Kari, Tao Te Ching: The Poetry of Nature. Carnelian Bay, CA: Way of Tao Books.

177. 2009　Klaus, Hilmar, The Tao of Wisdom: Laozi-Daodejing. Aachen: Mainz.

178. 2009　Zyne, Richard Gordon, The Eternal Source: A New Interpretation of the Tao Te Chingfor the 21st Century. New York, Bloomington, IN: iUniverse Inc.

179. 2010　Brookes, Robert, Tao Te Ching: A New Interpretive Translation. Canada: IC Gtesting.

180. 2010　Caswell, Dwight, Lao-Tzu: Tao Te Ching. A Meditation in Black and White, Selected Chapters. Astoria, OR: Columbia Arts Press.

181. 2010　Fox, Herbert B. , Tao Te Ching: Teachings from Silence. Jacksonville, FL: A. Raposa, Inc.

182. 2010　Harder, Jordan, Dao De Jing. Northfield, MN: The Author.

183. 2010　Petersen, David, Tao Te Ching (Daodejing): A Fresh Look at the Way and Its Virtues. Lulu. com.

184. 2010　Piironen, Henry, My Tao Te Ching: A Workbook for Interpreting the Teachings and Poems in Tao Te Ching. Bloomington, m: iU-

niverse.

185. 2010　Ritchie, Jennifer Lundin, *An Investigation into the Guodian Laozi*. MA Diss. , University of British Columbia.

（四）德译本简介

在基督文化背景下，最神圣的语言是拉丁语，据李约瑟考证，在德国最早的《道德经》译本是18世纪神学家格拉蒙特的拉丁文译本，这个译本已不知去向。据说1788年马休（Matthew Raper）带到伦敦的译本有可能是这个版本的抄本，现在仍无法考证。现存最早的一个德文本是德国人斯特劳斯（Victor von Strauss）于1870年在莱比锡翻译出版的，这个译本对后世的影响最大，分别在1924年、1950年、1951年、1959年、1987年、1989年、1992年和1993年再版了7次。其次影响较大的德文译本是亚历山大·尤拉（Alexander Ular）的译本，自1903年出版后也再版了7次，分别是1912年、1917年、1919年、1921年、1923年、1927年和1977年。据德国图宾根大学格拉斯穆克（Oliver Grasmueck）教授统计[①]，从1900年至1944年，尤拉的译本在德国《道德经》译本市场占据了18.2%的份额，同时期占有较大份额的译本还有尉礼贤（Richard Wilhelm）和克拉邦德的译本，分别占有15.2%和9.1%。

一战前在德国翻译《道德经》的主流译者主要是神学家和传教士，其特征是"基督味"特别浓厚，如斯特劳斯的译本中把老子之"道"理解为完全符合"基督神"的精神，同一年（1870）出版的普兰克内尔（Reinhold von Plaenckner）的译本，同样也把老子之"道"理解为"三位一体"之道。而新教神学家和传教士的代表人物尤利西斯·格里尔（Julius Grill）和尉礼贤，更是大张旗鼓地把《道德经》的概念与《圣经》做比附，如尤利西斯1910年出版的译本同时罗列

---

① Oliver Grasmueck, *Dao's Way to the West. Past and Present Reception of Daoism in Western Europe and Germany*. presented at "Daoism and the Contemporary World. An International Conference on Daoist Studies", Boston University.

了与《圣经》，主要是《约翰福音》的 81 处与老子《道德经》相似之处，甚至指出老子和耶稣有惊人的血亲关系；尉礼贤则用《圣经》里的概念"SINN"来译"道"，他认为《约翰福音》中译"逻各斯"的词即是"SINN"，而中文里的"逻各斯"即是"道"，尉礼贤的译本被称为"依据《圣经》"的解读①。

第一、第二次世界大战期间主宰德国《道德经》译本市场的除了上文提到的神学家和传教士外，还有知识分子、小说家和"另类文化"爱好者的译本，其代表人物为克拉邦德（Klabund），克拉邦德是笔名，真名叫阿尔弗雷德·汉斯切克（Alfred Henschke），他的译本于 1921 年在柏林出版，随后在 1922 年、1926 年和 1986 年再版 3 次。克拉邦德和自己的同胞一样，深受第一次世界大战给德国带来严重创伤的影响，他应时代之需要提出"依据圣神的道的精神"和"成为欧洲的中国人"的口号，要求人们坚决反对战争，让道家"无为"精神鼓励人民健康地生活。

二战后，经过一段恢复期，世界趋于太平，《道德经》在德国又吸引了一批哲学家，如 Ernst Bloch 和 Karl Jaspers 的注意，这些哲学家不再从基督文化的比附上理解、阅读、翻译《道德经》，而是转向求索原文化的价值内涵。这个时期，艾伦·瓦特（Allan Watts）的著作《道，水之路》于 1975 年发表，把哲理地理解《道德经》引上高潮，但艾伦·瓦特不是哲学家，而是神学家，可是他在了悟老子之"道"后离开了教堂，走上了哲学之路。

《道德经》不仅吸引了哲学家，与此同时，还吸引了走上迷茫之路的"垮掉的一代"，他们寻找自由，认为老子之"道"即是他们向往的自由，是使身心得以解放的另类生活的哲学基础、思想根源。与前一阶段相比，这类研究者和爱好者对原材料的兴趣没有那么大，更多的是基于社会生活、身心健康等需要，而出现了相关解读，出版了

---

① Florian C. Reiter, Some Considerations about the Reception of the "Tao-te ching" in Germany and China, *Oriens*, Vol. 35（1996），pp. 281-297.

大量的以"……之道"命名的书籍，如《维尼之道》《生活之道》《禅之道》《性之道》等等。这些五花八门的解读虽然有力地推动了《道德经》的传播和多元化发展，但也使之泛化、异化，甚至庸俗化。

综上所述，《道德经》在德国的翻译传播可清晰地概括为四个时期：新教比附期、二战醒悟期、哲学寻源期、多元泛化期。下面根据时间顺序，将各个时期主要的德译《道德经》译本罗列如下：

1. 1870　Reinhold von Plaenckner, LAO-TSE TÁO-TE-KING, DER WEG ZUR TUGEND Leipzig：F. A. Brockhaus.

2. 1870　Victor von Strauss, LAO-TSE´S TAO TE KING. Leipzig：Verlag Friedrich Fleischer.

3. 1888　Friedrich Wilhelm Noak, Taótekking von Laotsee. Berlin：Carl Duncker´s Verlag.

4. 1897　Franz Hartmann, Theosophie in China. Betrachtungen über das Tao-Teh-King. Leipzig：Verlag Friedrich.

5. 1903　Alexander Ular, Die Bahn und der rechte Weg des Lao-Tse. Leipzig：Insel-Verlag.

6. 1903　Rudolf Dvorak, Lao-tsï und seine Lehre. Münster：Aschendorffsche Buchhandlung.

7. 1908　Joseph Kohler, Des Morgenlandes grösste Weisheit. Laotse. Berlin und Leipzig：Verlag von Dr. Walther Rothschild.

8. 1910　Julius Grill, Lao-tszes Buch vom höchsten Wesen und vom höchsten Gut. Tübingen：Verlag von J. C. B. Mohr（Paul Siebeck）.

9. 1911　Richard Wilhelm, Laotse. Tao Te King. Das Buch des Alten vom Sinn und Leben. Jena：Eugen Diederichs Verlag.

10. 1914　Johannes Hesse, Lao-tsze, ein vorchristlicher Wahrheitszeuge. Basel：Verlag der Basler Missionsbuchhandlung.

11. 1915　Carl Dallago, Laotse / Der Anschluss an das Gesetz oder Der grosse Anschluss. Innsbruck：Brenner-Verlag.

12. 1918　Johann Jakob Maria de Groot, Universismus, Berlin：Verlag Georg Reimer.

13. 1918　F. Fiedler, DES LAOTSE TAO TE KING. In："Die Freie Schulgemeinde", Jena：Eugen Diederich.

14. 1920　Hans Haas, Weisheitsworte des Lao-tsze. Leipzig：J. C. Hinrich'sche Buchhandlung.

15. 1920　Hertha Federmann, LAOTSE. TAO TEH KING. Vom Geist und seiner Tugend. München：C. H. Beck'sche Verlagsbuchhandlung, Oskar Beck.

16. 1921　Alfred Henschke（Klabund）, Mensch / werde wesentlich！LAOTSE. Berlin-Zehlendorf, Verlag：Fritz Heyder.

17. 1922　Karl Maria Heckel, LAOTSE. München：Sesamverlag.

18. 1922　F. Fiedler. Tao Te King. Hannover, Paul Steegemann Verlag.

19. 1924　Elisabeth Hahn, LAOTSE / WOLLEN OHNE WAHL. Rudolstadt：Greifenverlag.

20. 1927　Curt Böttger, TAO UND TEH. Jenseits und Diesseits. Die Sinnsprüche des Laotse. Pfullingen in Württemberg：Johannes Baum Verlag.

21. 1927　Erich Schmitt, Der Taoismus. Tübingen：Verlag von J. C. B. Mohr ＜Paul Siebeck＞.

22. 1927　John Gustav Weiß, Lao-tse. Tao-te-King. Leipzig：Philipp Reclam Verlag jun.

23. 1928　Walter Jerven, LAOTSE. TAO TE KING. München：Otto Wilhelm Barth.

24. 1932　Robert Brasch, LAO TSE. TAO TE KING. Das Buch vom rechten Weg und Sinn. Wien Austria：Saturn-Verlag.

25. 1934　Ernst Schröder, Laotse. Die Bahn des Alls und der Weg

des Lebens. München: Verlag F. Bruckmann AG.

26. 1935　Wilhelm Zaiss, Vom Seinsollenden. Deutsch nach Worten Laotse S. Heiligkreuzsteinach bei, Heidelberg: Eigenverlag.

27. 1941　Franz Esser, LAU DSE. DAU DO DJING. Des alten Meisters Kanon vom Weltgesetz und seinem Wirken. Peking: Verlag der Pekinger Pappelinsel.

28. 1942　Erwin Rousselle, Lau-dse, Führung und Kraft aus der Ewigkeit. Dau-Dö-Ging. Leipzig: Insel Verlag.

29. 1942　Vincenz Hundhausen, Lau-dse. Das Eine als Weltgesetz und Vorbild. Peking: Verlag der Pekinger Pappelinsel.

30. 1945　O. Sumitomo, LAOTSE. TAO-TE-KING. Zürich: Werner Classen Verlag.

31. 1947　Haymo Kremsmayer, Laotse, Tao Te King. Das Buch des Alten vom Weltgrund und der Weltweise. Salzburg, Austria: Jgonta Verlag.

32. 1948　Josef Tiefenbacher, Das verborgene Juwel. Laotses Verkündigung. Stuttgart: Schuler-Verlag.

33. 1949　Rudolf Backofen, LAO-TSE. TAO-TE-KING. Thielle/Neuchatel. Switzerland: Verlag Fankhauser.

34. 1950　Andre Eckardt, Das Buch von der grossen Weisheit. Laotse. Tao Te King. Frankfurt: Verlag August Lutzeyer GmbH, Baden-Baden.

35. 1952　Edwin Müller, LI ÖR. LAO-TSE. TAO-TE-KING. Bühl-Baden: Verlag Konkordia AG..

36. 1955　Ching-Schun Jang, Der chinesische Philosoph LAUDSE und seine Lehre. [Jang Ching-Schun] VEB Deutscher, Berlin: Verlag der Wissenschaften.

37. 1955　Lin Yutang, LAOTSE. Fischer Bücherei, Frankfurt/M-Hamburg.

38. 1961　Günther Debon, Lao-Tse Tao-Te-King. Stuttgart: Philipp

Reclam jun. GmbH & Co. .

39. 1961　　Karl Otto Schmidt, Lao-Tse. TAO-TEH-KING. Weg-Weisung zur Wirklichkeit. Pfullingen/Württemberg: Baum-Verlag.

40. 1961　　Tankred Schneller. Di Sprüche des Lao-Tse Li Pe-Jang. Grünwettersbach bei Karlsruhe: Eigenverlag. [based on Alexander Ular 1903 German]

41. 1962　　Jan Ulenbrook, LAU DSE. DAU DÖ DJING, Das Buch vom rechten Wege und von derrechten Gesinnung. Bremen: Carl Schünemann Verlag, Bremen.

42. 1963　　Wilhelm Folkert, LAOTSE TAOTEKING. Ulm: Arkana-Verlag.

43. 1970　　Ernst Schwarz Laudse, DAUDEDSCHING. Leipzig: Verlag Philipp Reclam Jun.

44. 1978　　Feng / English, TAO TE KING. LAO TSE. Haldenwang: Irisiana-Verlag.

45. 1978　　Reinhold Knick, LAO TSE. TAO-TE-KING. Darmstadt: Verlag Darmstädter Blätter.

46. 1978　　Theodor Scheufele, TAO. UMSCHREIBUNGEN DES WEGS NACH LAOTSE. Reutlingen: Fritz Bausinger.

47. 1979　　Gustav Arthur Gräser, Tao. Das heilende Geheimnis. Wetzlar: Verlag Büchse der Pandora.

48. 1979　　Linde von Keyserlingk, Lao-tse. Jenseits des Nennbaren. Freiburg: Herderbücherei.

49. 1981　　Mondrian W. Graf von Lüttichau, das buch des li pe-jang, genannt LAO TSE. Heidelberg: Verlag Autonomie und Chaos.

50. 1981　　Tsutomu Itoh, Lao-tse. TAO-TEH-KING. Gifu-City: Selbstverlag.

51. 1982　　Jörg Weigand, LAO-TSE. Weisheiten. München: Wilhelm

Heyne Verlag.

52. 1983　Peter A. Thomas, Morgengabe alter chinesischer Weisheit. Wahrheit aus dem Tao te king des Laotse. Wien, Austria: Poseidon Press.

53. 1984　Hermann Levin Goldschmidt, Weg und Weisung des alten Lehrers. TAO-TE-KING des LAO-TSE. Zürich, switzerland: Eigenverlag.

54. 1985　Knospe / Brändli, Lao Tse. Tao-Te-King. Zürich, switzerland: Diogenes Verlag, .

55. 1987　R. L. Wing, Der Weg und die Kraft. Laotses Tao-te-king als Orakel und Weisheitsbuch. München: Droemer Knaur.

56. 1988　John Heider, Tao der Führung. Laotses Tao Te King für eine neue Zeit. Basel: Sphinx Verlag.

57. 1988　Rijckenborgh/Petri, Die chinesische Gnosis. Haarlem: Rozerkuis Pers.

58. 1988　Wolfgang Kopp, LAO TSE. Tao-Te-King. Das heilige Buch vom Tao und der wahren Tugend. Interlaken, switzerland: Ansata-Verlag.

59. 1990　John Lash, Reise zum Tao. T'ai Chi und die Weisheit des Tao Te King. Basel: Sphinx Medien Verlag.

60. 1991　Alex Ignatius, Wasser ist stärker als Stein. Die zeitlose Weisheit des Lao Tse. Aitrang: Windpferd Verlagsgesellschaft.

61. 1992　Hans Knospe, LAO TSE. TAO TE KING. Frankfurt/Main: Horizonte Verlag.

62. 1992　Hubert Braunsperger, Innere Geborgenheit durch Tao Te King. Dialog mit Laotse. Wien, Austria: Verlag der Österreichischen Staatsdruckerei, .

63. 1992　Ullmer / Waldenfels, Weg zur Kraft. LAO TSE. TAO TE KING. (Selbstverlag).

64. 1994　Peter Thomas Ruggenthaler Laotse. Das Tao der Stärke. Meditationen für Manager. Wien, Austria: Orac Verlag.

65. 1994　Tsai Tschih Tschung, Das Schweigen des Weisen. Lehrsprüche des Laotse. Freiburg i. B: Verlag für Angewandte Kinesiologie.

66. 1995　Man-Ho Kwok, Laotse. Tao Te Ching. Berlin: Theseus Verlag.

67. 1995　Wolf Peter Schnetz, Lao Tse. Tao Te King. Bludenz: Freipresse.

68. 1995　Hans-Georg Möller, Laotse, Tao Te King. Die Seidentexte von Mawangdui. Frankfurt/ Main: Fischer Taschenbuch Verlag.

69. 1996　Ray Grigg, Das Tao des Seins. Ein Arbeitsbuch zum Denken und Handeln. Paderborn: Junfermann Verlag.

70. 1996　Christa Zettel. Laotse, Den rechten Weg finden. München: Heyne Verlag. [translation of Thomas Cleary The Essential Tao 1991 English]

71. 1997　Marie-Luise Bergoint, LAO TSE. TAO TE KING. Neuhausen: Urania-Verlag.

72. 1999　Aleister Crowley, Das TAO TE KING. Lüchow: Phänomen Verlag.

73. 1999　Autry / Mitchell, Die Illusion der Kontrolle. Das Tao-Te-King für Führungskräfte. Bern: Fischer Media AG.

74. 1999　Erwin Jaeckle, Mein Tao Tê King. Schaffhausen: Novalis Verlag.

75. 1999　Helmut W. Brinks, LAOTSE. TAO TE KING. Vom Weg und für unterwegs. Göttingen: Göttinger Literarische Gesellschaft.

76. 1999　Viktor Kalinke, Laozi. Daodejing. Leipzig: Edition Erata.

77. 2001　Schwarz / Schweppe, Tao Te King. Das Buch von der Wahren Kraft des Tao. München: W. Ludwig Buchverlag.

78. 2001　Jörn Jacobs, Textstudium des Laozi: Daodejing. Frankfurt: Peter Lang Verlag.

79. 2002　Eduard Maier, Die magische Kraft der Vernunft. Karlsruhe: Verlag Die Blechschachtel.

80. 2003　Amir und Samira Ahler, Das TAO des Erwachens. TAO-Weisheit für den Weg in die Freiheit. Niebüll: Videel Verlag.

81. 2003　Luc Théler, Der Goldene Kreis des Drachen und die zeitlose Weisheit von Laozis Daodejing. Saarbrücken: Neue Erde Verlag.

82. 2003　Stephen Mitchell, Laotse. Tao Te King. Eine zeitgemäße Version für westliche Leser. München: Goldmann Verlag.

83. 2005　Hans Jürgen von der Wense, Lau Dan. DAS BUCH VON SINN UND GEIST Frankfurt: Zweitausendeins.

84. 2005　Heinz Klein, Laotse. TAO TE KING. Dresden: Verlag Zeitenwende.

85. 2005　Chao-Hsiu Chen, Tao Te King. Das geheimnisvolle Buch des Lao Tse. Berlin: Ullstein Buchverlage.

86. 2006　Matthias Claus, Laotse und das TAO TE KING. Mit einer Rezeptionsgeschichte Übersicht aller deutschsprachigen Ausgaben des TAO TE KING. (Manufaktur-Ausgabe) Mit Abbildungen und Buchschmuck. 252 Seiten. Weinheim: Verlag Das klassische China.

87. 2007　Heinz-Günther Bärsch, Das unvollendete TAO DE KING. Selbstverlag.

88. 2008　Ansgar Gerstner, Das Buch Laozi. VDM Verlag Dr. Müller, Saarbrücken.

89. 2008　Chih-Chung Tsai, Das Tao Te King des Laotse. Gezeichnet und interpretiert von Chih-Chung Tsai. Farbiger Leineneinband, 180 Seiten Mit Anmerkungen und Zeichenerklärung, Weinheim: Verlag Das klassische China.

90. 2008　Hilmar Klaus Das Tao der Weisheit. Laozi-Daodejing. Aachen: Druck und Verlagshaus Mainz GmbH.

91. 2008　Hou Cai, Die Bambustäfelchen Lao Zi. Münster: Lit Verlag.

92. 2008　Roger Herzig, Der Schlüssel zum Tao Te King. Frankfurt/Main: R. G. Fischer Verlag.

93. 2008　William Martin Das Tao Te King der Weisen. Bielefeld: Aurum Verlag.

94. 2008　Wladimir Antonow, TAO TE KING. Lao Tse. Ontario/Kanada: New Atlanteans, Lakefield.

95. 2009　Mondrian Graf von Lüttichau, Die sinnsprüche des li boyang, genannt laotse. Interpretierende Nacherzählung Mit Einbandschmuck und Farbfaksimiles. Weinheim: 200 Seiten Verlag Das klassische China.

96. 2009　Rainald Simon, Laozi. Daodejing. Das Buch vom Weg und seine Wirkung. Stuttgart: Verlag Philipp Reclam jun.

97. 2009　Roderich Höfers, LAO TSE, DAO DE JING / TAO TE KING. Weise leben. Gedichte und Erläuterungen in einfachen Worten. Darmstadt: Schirner Verlag.

98. 2009　Werner Krotz, Hände weg, doch pack an. Wismar: Persimplex Verlag.

99. 2010　Günter Grimm, Das weiche Wasser bricht den Stein. Der Text des Tao Te King. Büttenpapier-Manufakturausgabe. Limitiert auf 100 Exemplare. Chinesische Bindung. Buchschmuck. Bütten-Lesezeichen. Weinheim: 124 Seiten Verlag Das klassische China, .

100. 2011　Eberhard Cold Lao Tse. Das Buch von Tao und Te. Nach einem unveröffentlichten Manuskript aus dem Jahr 1949. Mit den gesamten chinesischen Arbeitsmanuskripten als Faksimiles. Manufaktur-Edition in 100 Exemplaren. Chinesische Fadenbindung. Weinheim: 548 Seiten. Verlag Das klassische China.

101. 2011　Wolfgang Kubin Lao Zi (Laotse). Der Urtext. Freiburg:

Herder Verlag.

102. 2012　Eckart Dedekind, Mit dem Ewigen vernetzt. Berlin：Frieling-Verlag.

103. 2012　Fehlinger Walter, Erst am Ende unseres Weges stehen die Antworten：Sinnsprüche von Laotse. und Dschuang Dsi. Schiedlberg, Austria：Bacopa-Verlag.

104. 2013　Pierre Martin, Dao-De-Ging：Die Gnosis im alten China. Basel：Edition Oriflamme.

105. 2013　Harold Beat Stromeyer. Laozi Daodejing：Die chinesische Strategie der Gewaltlosigkeit. CH-Meiringen：Selbstverlag.

106. 2014　Annette Oelkers, Das Dao Leben. Saarbriicken：Neue Erde GmbH.

107. 2014　Yürgen Oster, Dao De Jing：Das Buch vom Weg und Wandel. Norderstedt：Books on Demand.

108. 2014　Taro Yamada, Guido Keller. Tao Te King. Frankfurt am Main：Angkor-Verlag.

109. 2015　Wolfgang Kosack, Von der Kraft und vom Sinn：Buch der Sinnsprüche in 81 Abschnitten und 2 Teilen. Basel：Christoph Brunner.

110. 2015　Harold Beat Stromeyer, Laozi Daodejing（Chinesisch-Deutsch）. Meiringen：Stromeyer, 2015.

111. 2015　Peter Fritz Walter, Dao De Ging：Laotse. CreateSpace.

112. 2016　Hsing-Chuen Schmuziger-Chen, Marc Schmuziger. Dao De Jing：Das Buch von Dao und De. CH-Boniswil：Taotime Verlag.

（五）俄译本简介

据统计，俄罗斯的《道德经》译本只有几十种，最早的俄译本是1895年出版的科尼西（Konishi, D. P.）翻译的《老子，道德经》译本，这个译本于1913年再次出版。1910年，大文豪托尔斯泰（Tolstoj, Lev）翻译出版《中国圣人老子语录》，他还说这个译本参考了法语和德语的译本。除了科尼西和托尔斯泰的两种译本，其他的俄译本还有白特诺夫（Sergej Batonof）于1999年把法国布兰科尼（R. B. Blakney）的译本译为俄语；旅居巴西的俄国诗人普列列申参考郑鳞的英译《道德经》译本，然后译为俄文，并且在章节方面做了巨大的调整，还把"道"译为大写的俄语"真理"。华人学者杨兴顺于1950年翻译发表《道德经》，并于1999年和2000年再版。这里需要指出的是，俄语版《道德经》不多，早期的译本多是与欧洲一脉相承的宗教比附性翻译解读，托尔斯泰的译本可以说是承上启下，既受到早期的宗教比附影响，又看到了《道德经》的智慧，为自己的人生书写了光辉的一笔。有一段文字详细记录了他理解《道德经》的心理路程：老子学说的基础，也就是一切伟大的真正的宗教教义的同一个基础，"人首先意识到自己是与所有别人分离的、只为自己谋幸福的有形体的个人……但是，他还意识到自己另有一个无形体的灵魂，它存在于一切生物之中，并赋予全世界以生命和幸福"，"他（老子）教导人们从肉体的生活转化为灵魂的生活。他称自己的学说为'道'，因为全部学说就在于指出这一转化的道路。也正因此，老子的全部学说叫作《道德经》"。① 杨兴顺的译本名为《中国古代哲学家老子及其学说》，此书出版后，匈牙利学者杜克义认为"在许许多多的欧洲译本和注解之后，本书标志着研究老子学说的一个新阶段，作者断言老子哲学是充满辩证法因素的原始唯物主义的哲学，由老子的门徒所形成的道教流派不是发展了而是歪曲了老子的学说……老子的学说给予中国哲学史的影响，不但是为道教所歪曲，并且是在《道德经》唯物主义的基础上建立了中国唯物主义的哲学"。② 因此，杨兴顺的这个译本在俄语区的读者群中影响较大。但总体来看，俄语译本对《道德

---

① 转引自《中华读书报》，2003年4月23日。
② 引自匈牙利学者F.杜克义：《评杨兴顺"中国古代哲学家老子及其学说"》，《哲学译丛》1957年第6期。原载《东方学报》，匈牙利学院出版1995年版，第4卷，第1—3期，杨耐斯、黄志芬译，乌恩溥校。

经》虽有独特的视角，但对欧洲影响不大。

下面将主要的俄译本按时间顺序分列如下：

1. 1842　Бичурин, Никита Яковлевич: Lao—Tseu i evo Uchenie, Journal, "Sen Otechesteba" ["The son of Fatherland" (1777—1895)].

2. 1894　Д. Конисси: Дао Дэ Цзин, Вопросы философии и психологии.

3. 1910　Tolstoy, L. Izyecheniya kitaiskovo mudretsa Laotze [The sayings of the Chinese sage Lao-tzu]. Seleted by Tolstoy, with an essay by I. Goburnow Posadov, "About the Sage Lao-tzu" and an essay by Tolstoy, "On the Eessence of Lao-tzus Teachiug." Moscow: Posrednik, 1910.

4. 1913　Tolstoy, L. and Konishi: Lao-si Tao-te King, ili Pisanie o Nravstvenno ti, ped redaksiei L. N. Tolstogo perevod s kitajskogo D. Konnissi Primetchnaja S. N. Durylina. Moscow.

a) toy-Konishi Masutaro Kyoyaku Roshi, Roshiya gemban fukusie, 1913. Konishi, and L. A. Tolstoy, Lao-Tse-Tao-Te-King, ili pisanie O Nrabennost, Moscow 1913, Reprinted in Tokyo, Japan 1968.

5. 1915　архимандрит Даниил, Неопубликованный перевод Даодэ-цзин'а архимандрита Даниила (Сивиллова), Одесское библиографическое Общество.

6. 1950　Ян Хин-шунДревнекитайский философ Лао-цзы и его учение, Издательство: Академии наук СССР. (Yang Hing Choen: Lao-Tseu Drevne Kitais Filosol Lao Tsen i evo Uchenie, Moscow and Leningrad).

7. 1971 (1990)　В. Перелешин: Дао Дэ Цзин, Проблемы Дальнего Востока.

8. 1996　Российская библиотечная ассоциация: Дао Дэ Цзин, Редакция РБА.

9. 1996　Борушко, Олег Матвеевич: Дао Дэ Цзин.

10. 1998 Батонов, Сергей Николаевич: Дао Дэ Цзин, Учение о Пути и Благой Силе, Издательство: "КСП".

11. 1999 Торчинов, Евгений Алексеевич: Канон Пути и Канон Благой Силы, Издательство: Петербургское Востоковедение.

12. 1999 Семененко, Иван Иванович: Дао дэ цзин (Книга о Дао и добродетел), Издательство Республика.

13. 2000 Лукьянов, Анатолий Евгеньевич: Лао-цзы и Конфуций: философия Дао, Москва: Вост.

14. 2000 Ю. М. Сливинский: Дао-Дэ Цзин: Следом за Лао-цзы в поисках смыслов. Москва: Лаб. Инфотех.

15. 2001 А. Л. Семенов: Дао дэ Цзин. Москва: Амонашвили, издательство Моск. гор. пед. ун-т.

16. 2001 Ткаченко, Григорий Александрович: Люйши Чуньцю: (Весны и осени господина Лоя). Дао дэ Цзин: Трактат. о пути и доблести. Москва: Мысль.

17. 2000 В. Перелешин: Дао дэ Цзин: Позма. Москва: Время.

18. 2002 Малявин, Владимир Вячеславович: Дао дэ Цзин, Ле-цзы, Гуань-цзы: Даосские каноны. Москва: АСТ, 2002, 2003; В. В. Малявин (Д АХ), Li Yingnan Лао-Цзы. Beijing: Foreign Languages Teaching and Research Press, 2009.

19. 2003 А. Гольштейна: Дао Дэ Цзин: Два Вектора на Графике Первоединства. Орел: ИНБИ.

20. 2003 Кондрашова, Людмила Ивановна: Дао дэ Цзин, или, Трактат о Пути и Морали. Москва: РИПОЛКЛАССИК.

21. 2003 Виногродский, Бронислав Брониславович: Дао Дэ Цзин. Поэтическая матрица. Изд. София.

22. 2005 Маслов, Алексей Александрович: Тайный смысл и разгадка кодов Лао-цзы. Ростов-на-Дону: Феникс.

23. 2006　С. Ходж：Дао Дэ Цзин. Москва：Омега-пресс.

24. 2007　Секреты：Даодэ-цзина：Живая мудрость древнего учения. Москва：Феория.

25. 2007　Антонов, Владимир：Дао-дэ-цзин, Lakefeld：New Atlanteans.

26. 2008　В. В. Косова：Лао-Цзы：Книга о Пум и Силе, Москва：БуКос.

27. 2008　Э. Мељник：Открыть разум. Дао Дэ Дзин на каждый день-способ измештл мышление.

28. 2008　Абраменко, Владимир Петрович：Дао Дэ Цзин, издательство, Стилсервис.

29. 2008　Малявин, Владимир Вячеславович：：Дао-Дэ Цзин：Книга о Пути жизни. Москва：Феория.

30. 2010　Володимир дтик：Вчення про та блатдать. Каменяр.

31. 2012　Костенко Андрей：Дао-Дэ Цзин：Книга о Пути и его силе, Москва：София.

32. 2012　Целищев Виталий：Молчаливое Дао, Москва：Канон + РООИ Реабилитация.

33. 2013　В. В. Скороходов：Лао-цзы（трактат о Дао и Дэ）：Новый перевод и комментарий. Чжуан-цзы：Новый перевод и комментарий. Воронеж：Воронежский ЦНТИ-филиал, ФГБУ "РЭА" Минэнерго России.

34. 2014　Виногродский, Бронислав Брониславович：Книга об истине и силе, Москва：Эксмо.

35. 2015　Ян Хин-шун：Дао Дэ Цзин：Книга Пути и Благодати, Москва：Эксмо.

36. 2016　Самовидец, Яросвет：Астрология：Дао Дэ Цзин для знаков и задиока, Домодедово：Амрита-Русь.

第二节 《道德经》译本研究综述

《道德经》译本研究与《道德经》的翻译相始终，有了翻译，就有对翻译正确与否的评定，就有对如何翻译进行的探讨，这些研究和探讨，反过来又促进《道德经》在西方的翻译和老子哲学思想在西方的传播。由于《道德经》翻译传播的广泛性与深入性，也使得对译本进行研究的既有专家学者，又有普通的读者；既有原语的国内研究者，又有接受语的研究者。本节通过对这两方面研究成果的综述，以展示其学术价值、揭示其研究状况、比较其优劣，从而体现当下对《道德经》误译误释问题研究的意义与必要性。

在西方的译本研究中，既有做专门研究的学者，也有把研究与翻译实践结合起来的译者。但总体来看，比起《道德经》的译者和译本，研究者的人数及刊发的论著都比较少。国内对《道德经》译本的研究则起步更晚，比起国外的研究，在译本的收集、资料的掌握与分析、研究方法的运用与创新等方面都有待于进一步提升。但总体而言，最近一二十年来，呈现出突飞猛进的趋势。

一 西方《道德经》译本研究状况概述

随着西方《道德经》译本不断涌现，对《道德经》译本的反思和研究也逐渐增多起来，这些研究可概括为四个方面特征：

1. 从历史文化根源剖析译本状态；
2. 从时间阶段特征剖析译本状态；
3. 从定量分析角度解读译本状态；
4. 以书评形式研究译本状态，其中包括对译本前言和后序的研究分析。

以下就这几个方面代表性的译本研究状况作简单介绍：

从历史文化根源剖析译本状态的文章，主要有独立学者哈迪的文章《西方之道》①、拉法格和帕斯合写的《〈道德经〉的翻译》②，以及佐治亚大学柯克兰德的文章《中国道教和西方的想象：解码殖民主义解读东方异域教义》③、加拿大约克大学艾尹·巴斯未克（Erin Baswick）的文章《翻译者与文化交流：翻译及诠释〈道德经〉中的文化转换》④等。这些文章从历史文化的角度剖析西方在翻译解读《道德经》中的是与非以及其中的原因，如柯克兰德强烈地谴责西方对道家通俗化乃至庸俗化的理解，他说："这种由不成熟的，以自我为中心的西方人心中的虚幻道家，在中国道家事实面前没有任何基础。"他还发现这样的事实：几代西方人可以自由地把自己的思想放进令人荣耀的外来文化经典中去阅读。他们中还有人可以自由地把自我放进去，在商业操作的书市上赚钱，在那些难以理解的文本周围装饰自己的思想，骗取读者的信任，使他们认为自己研读的正是来自中国的思想，以至于发展到出现像俄苏拉以及本杰明·霍夫所谓的《熊之道，猪之朴》这样的改编本。柯克兰德指出《维尼之道》是"愚蠢的尝试"，俄苏拉的译本则是一种"自我陶醉"。

1998年，美国道教研究学者利维亚和拉法格编撰的《老子和〈道德经〉》中，也收录了《道德经》译本研究的多篇文章，其中包括哈迪（Julia M. Hardy）写的文章，主要阐述《道德经》翻译中的历史文化根源问题以及原文版产生时代的很多因素造成的难于理解等问题。这些研究不仅发现了西方错误理解和翻译道教经典的历史性根源，如柯克兰德在文章中认为歪曲《道德经》的罪魁祸首是新教在西

---

① Julia M. Hardy, *The Dao of the West: The Orientalist Critique and Western Interpretations of Daoism*.

② Michael LaFargue and Julian Pas, *On Translating the Tao-te-ching*, ed. By Livia Kohn & Michael LaFargue in "Lao-Tzu and the Tao-te-ching", pp. 277 – 302.

③ Russel Kirkland, *The Taoism of the Western Imagination and the Taoism of China: De-colonializing the Exotic Teachings of the East*, Lecture, University of Tennessee, Knoxville, TN, Oct. 20, 1997.

④ Erin Baswick, Translators and Intercultural Communication: Translations and Renderings of the Tao Te Ching as Cultural Transfer, *Journal of the Chinese Language Teachers Association of Canada*, 2011, 5.

方开始盛行时期的理雅各,而且还在西方学术界引起了广泛的反省和研究,如哈迪针对柯克兰德的观点发表了自己的看法,他认为自己基本上同意柯克兰德关于认为西方对中国思想的歪曲,但不同意他对上面提到的霍夫和俄苏拉译文的看法。所有这些研究和述评,不仅加深了《道德经》在西方的影响,而且对《道德经》在西方的传播对包括译者在内的传播者,提出了准确性和真实性的要求,即使现在看来也是相当高的要求。

从定量分析角度解读译本的文章,有1992年加州综合研究院硕士研究生莫侬(D. R. Munoz)的硕士学位论文《〈道德经〉英译本调查》[1],2000年在《亚洲哲学》杂志发表的毕贝尔和费拉(Damian J. Bebell & Shannon M. Fera)的文章《〈道德经〉译本分析和比较》[2],杜舍克和穆日三(Hana Dushek & Ariana Muresan)的文章《老子的目的〈道德经〉翻译得与失》[3]等。这些文章无论从译本的翻译意图、译本的分类,或者译本的定量定性方面都有新的尝试和研究,对总体上把握《道德经》译本起着重要的作用。下面着重介绍莫侬以及毕贝尔和费拉合写的两篇文章。

面对众多各种各样的译本,把它们做一系统的比较,的确不是一件容易的事,因为无论从内容、译本数量,还是译者的身份、观点和背景等,都很难清晰地分类,做到让读者一目了然。毕贝尔和费拉的文章《〈道德经〉译本分析和比较》,通过计算机的统计数据,对8篇译文在9个主题上的关键词的出现频率,进行量化比较来确定各个译本之间的相似或不同。这种比较无疑是一种研究译本的尝试,但到目前为止,国内也没有这样的比较尝试。

---

[1] D. R. Munoz, *An investigation of English translations of the Tao Te Ching text*, presented to the taculty of the Graduate School, California Institute of Integral Studies, 1992, 8.

[2] Damian J. Bebell & Shannon M. Fera, Comparison and Analysis of Selected English Interpretations of the Tao Te Ching, *Asian Philosophy*, Vol. 10, No. 2, 2000.

[3] Hana Dushek and Ariana Muresan, The Skopos of Lao-tzu: The Tao Te Ching Lost and Found in Translation, *Journal of the Chinese Language Teachers Association of Canada*, 2011, 5.

莫依的论文在西方算是第一篇真正从定性的角度来梳理研究英语世界《道德经》译本概况的论文。莫依在这篇论文中把译本分为"学术""诗歌""哲学""道教""基督教""一般""商业"七个不同主题，并就每个主题选择两个代表性的译本进行阐述、简评，最后还展望《道德经》在21世纪的政治未来和哲学未来。整篇论文选取了14种译本分别阐述以上7个主题，但限于作者只在硕士学习阶段，论文的主题划分不够严密，内容深度不够，论据论证不够充分，如对各个主题译本译者的评述部分不到200字，7个主题部分论述不超过3000字，展望部分也非常简单。

从时间阶段特征剖析译本状态的代表性论著有哈迪的《关于西方对〈道德经〉有影响力的解读》[①]、德国图宾根大学的学者奥利弗·格拉斯麦克（Oliver Grasmueck）的文章《西欧和德国对西传之〈道德经〉接受》[②]等，这里着重就这两篇文章作一介绍。

哈迪的文章，把西方对《道德经》的诠释和传播分三个时期，第一期是18—19世纪基督比附期；第二期从1915年起，实际上还是比附期的延续，但同时也被西方学者借以满足西方的需要以及批评西方思想和价值观的工具；第三期从20世纪70年代晚期开始，注重原文本解读。这篇文章主要从历史的、政治的和文化的角度，分析《道德经》在西方传播的原因和状况，文章试图从时间上分期来阐述《道德经》在西方传播的状况。

比起哈迪对《道德经》在西方传播的"全球视野"分期，德国学者奥利弗·格拉斯麦克则主要依据德国和西欧对《道德经》的传译情况进行研究和分期，则显得更具体、更透彻。奥利弗以时间的先后

---

① Julia M. Hardy: *Influential Western Interpretations of the Tao-te-ching*, ed. By Livia Kohn & Michael LaFargue in "Lao-Tzu and the Tao-te-ching" pp. 165 – 187.

② Oliver Grasmueck: Dao's Way to the West. Past and Present Reception of Daoism in Western Europe and Germany, University of Tuebingen, Paper presented at "Daoism and the Contemporary World. An International Conference on Daoist Studies", Boston University, June 5 – 7, 2003, Panel: Daoism in the West, Saturday June 7, 2003, 9: 00 – 11: 15 a.m.

把《道德经》在西欧和德国的传播分6个时期，分别是：①耶稣会和启蒙年代；②早期科学兴趣；③新教与翻译的普遍期；④接受史上第一个高峰：魏玛共和国时期的异域文化；⑤二战后道教的接受：哲学家和"垮掉的一代"；⑥第二个高峰：从"新时代"到现今。奥利弗不仅对这六个时期分别介绍，而且对各个时期的德国的主要译本情况，用图表的形式做了细致的描述，不仅使读者对《道德经》在德国的传播情况一目了然，更为我们提供了一个研究译本的好方法。

以上三类主要从内容方面对译本进行研究和评述，书评类的内容则主要是针对各个具体译本翻译问题的评论，所以没有以上三类概括而宏观，相比之下倒是微观而具体，但内容又很庞杂，因此，对它们进行了单独分类。这其中既包括对译本本身的评述，又包括译本中前言和后序对其他译本的研究和评论。

这一类几乎占据译本研究半壁江山的书评文章，特点是就某个译本展开评论或就多个译本分别评论并加以比较。这类书评是研究译本的好资料，限于篇幅，这里只简单介绍几篇，以说明书评在译本研究中的重要作用。

威廉·史福尔（Wilhelm Schiffer）对卡麦龙·爱勒杜伊（Carmelo Elorduy）1961年西班牙语的道德经译本《老子：道德经中认知的道》作了如是评论：

虽然这本书的作者是卡麦龙，仔细一看，前46页是由其兄弟埃勒乌特里奥·爱勒杜伊（Eleuterio Elorduy）译的。虽然这两个人都精通东西方不同系统的认知哲学，但是他们的翻译还有待提高。他们先分析了文本，然后与奥义书和斯托亚、赫尔姆斯、瓦伦丁、马尼进行比较。从译本可以看出，他们没有注意到冯友兰的《中国哲学史》，也没读过戴闻达（J. J. L. Duyvendak）对此书的评论，没有关注东西学者的其他著述，译者似乎也没有注意到近50年来汉学领域所取得的成就。这个译本也许在50年前还有存在的价值，但就现今而言，译本存在的问题已不是小小的字义调整的问题，而是整个思想概念的理解问题。① 这个评论虽代表一家之言，但也是研究译本的学者和读者难得的资料，值得借鉴。

再譬如，约翰·伯斯容（John Berthrong）时任波士顿大学宗教学院副教授，他对波士顿马萨诸塞大学的教授，拉法格的译本——*Tao and Method*：*A Reasoned Approach to the Tao Te Ching by Michael LaFargue*——作了这样评价：

拉法格在前言介绍中明确了三个方面：1. 要找到一种新跨文化的诠释学来理解《道德经》；2.《道德经》产生于周朝演变过程中的固定时间和地点，是一批观点相似的人收集和修撰老子的格言警句，形成本学派一致的教本；3. 最后根据自己对这一学派作用和目的的历史研究，重新给《道德经》划分了章节。拉法格尽管为其章节的重新划分提供了以上充分的证据，但是仍不免使人感到如怀特海所评价的那样，有些假设与其说是使这项工作更接近真实，还不如说是使此项工作增加了一些乐趣。从拉法格的译文中还让人感到人类生活的最终目的应该是建立有机的、和谐的、向善的世界观。这一点又与怀特海的哲学不谋而合。

从以上评论阐述我们可以读出，约翰·伯斯容教授字里行间流露的观点，即拉法格把《道德经》八十一章打乱后的翻译，并没有达到译者的初衷，实际上他只是不自觉地或一厢情愿地用怀特海的哲学来诠译老子《道德经》。这种研究也是透过西方人自己对译本的理解，来看《道德经》在西方传播效果的明显例证。

还有一类书评是针对几种译本进行比较阐述，如利维亚·科恩对阿迪斯和拉姆巴多的英译本②与穆勒（Hans-Georg Möller）的德译本③

---

① Wilhelm Schiffer：Lao-Tse：La Gnosis Taoista Del Tao Te Ching. Book Review, Reviewed work（s）by Carmelo Elorduy, Source：*Monumenta Nipponica*，Vol. 17, No. 1/4（1962），pp. 360 – 361，Published by：Sophia University.

② Stephen Adiss and Stanley Lombardo：*Tao Te Ching*，Hackett Publishing Company，1993.

③ Hans-Georg Möller：*Laotse*，*Tao Te King*：Nach den Seidentexten von Mawangdui trans. Frankfurt am Main：Fischer-Taschenbuch-Verl.，1995.

进行比较说明:"两种译本以学术性的主旨和一丝不苟的研究风格凸显出来:尊重原文和历史背景,把中华文化语言用相应的西方对等语言表达。在行文和安排上,阿迪斯和拉姆巴多不管其原有的哲学逻辑,而是重视其选词的精练,依从原文的不连贯;而穆勒的译文系统而概括,极像周朝统治者的政治纲领。阿迪斯和拉姆巴多译文字斟句酌,章节名称和第一句严格字字对等(魏玛式拼音),做到从不加字减字。这符合其在前言中阐述的四个标准:1. 译而不释;2. 保留单音原文;3. 避免性别限定;4. 与原文建立交流元素。他们严格执行这些标准,深入探讨汉语单个词的含义,然后用简洁,甚至有时不惜用非常刺耳的词去表达,再现原文本。"①

译本本身前言和后序中的说明和介绍,也是不容忽视的研究译本的重要资料,因为它们不仅涉及对自身译本的评价,还涉及对其他译本的评价。如初大告(Chu Ta-kao)1970年翻译出版的《道德经》译本,翟林奈为其写的前言就有这样的内容,他说:"译本差别太大,甚至看不出是出于同一个原文本,有不少译本看起来很精致,但却远远偏离了主题,有些译本追求汉语的简洁,结果徒劳;有些超过了汉语的注疏,结果臃肿而拖沓,而初大告的译本全都避免了以上问题。"②

这种前言的叙述,不仅客观地总结了其他译本出现的问题,而且巧妙地指出了本译本的特点和优势。

再如沃尔德(Hermond Ould)的译本在前言中说:"有的译者无视文本的历史背景,只是符合中国现代道教的理解;有的只是模仿原文简洁和诗韵;有的甚至以牺牲忠实为代价;还有一些译者释义老子

---

① Livia Kohn: Book Review of "Tao Te Ching", translated by Stephen Addiss and Stanley Lombardo, /Laotse: Tao Te King: Nach den Seidentexten von Mawangdui trans. By Hans-Georg Möller, Frankfurt am Main: Fischer-Taschenbuch-Verl., 1995, IN "Philosophy East and West", 47 no. 3, 1997, 7 p. 441, Honolulu, University Press of Hawaii.

② Chu Ta-Kao: Tao Te Ching, Printed in Great Britain, London and Aylesbury, 1970, p. 6.

之意以便于证明其他宗教的正统性,通过老子之口解释他们心中的概念,我想老子若是有知,一定会幽默地拒绝的。如果有人批评我的译文是一种猜测,我的回答是:'恰当地说,我的一些译文凭的是直觉'。"①

还有一些译本在前言或介绍中说明了本译本是否参照原文本以及自己对《道德经》的理解,例如有思想、有创见、有魄力,被称为天才的美国科幻小说家俄苏拉·勒奎恩认为自己的译本不是字对字的翻译,因为自己不识汉字,只是参考了卡鲁斯的译本中字对字的注释对照表才作了翻译,同时,还罗列了自己所参考的其他译本,并对这些译本做了简要的评述。又如,宾纳也在译本前言中提到江亢虎对他的评价——"不懂汉语,译文也可以无限靠近原著",同样,这也说明宾纳虽然没有汉语言知识的储备(这一点他自己也这么说的),但是可以领悟汉语的真谛,并且他在翻译时很少参看别人的译文,担心会被那些译本主导而失去自己的"自由体"。

二 国内《道德经》译本研究状况概述

国内对《道德经》的注疏自秦汉以来一直没有停止过,加上1973年和1993年竹简本和帛书本的发掘,掀起了《道德经》文本研究的新高潮。但这不是本书研究的范围,下面就《道德经》译本在国内包括港台地区的研究状况做一概述。

对大量《道德经》西译文本,国内的研究复杂而多端,为了便于厘清,这里简单地分类如下:1. 从翻译学和语言学角度剖析译本状态;2. 从跨文化传播角度剖析译本状态;3. 从历史背景角度剖析译本状态;4. 从关键词角度剖析译本状态。

从翻译学和语言学角度剖析译本状况的文章很多,如山东大学硕士研究生徐冰的《冰山模型与〈道德经〉的英译》②、北京第二外国

---

① Hermon Ould: *The Way of Acceptance*, London: Andrew Dakers Ltd. 1946, p. 7.
② 徐冰:《冰山模型与〈道德经〉的英译》,《辽宁行政学院学报》2009年第3期。

语学院夏晟的硕士学位论文《从翻译学角度看道家思想在德国的传播与接受》、上海大学硕士研究生李耸硕士学位论文《从奈达的功能对等理论角度对比分析〈道德经〉的两个英译本》、湖南师范大学硕士研究生李华丽的硕士学位论文《从功能翻译理论的角度分析〈道德经〉翻译多样性》，以及刘瑞强、刘瑞琦合写的《试从翻译效应学角度看〈道德经〉对西方文化的影响》、赵丽莎的《斯坦纳阐释翻译理论下〈道德经〉英译中译者主体性的体现》[1]等。这些文章都是从翻译学的角度的功能、效应、对等方面，考察译本是不是忠实于原文，或者有没有达到"信""达""雅"的标准。

从跨文化传播角度剖析译本状态，如辛红娟和高圣兵合写的《追寻老子的踪迹——〈道德经〉英语译本的历时描述》[2]、辛红娟的专著《道德经在英语世界：文本行旅与世界想像》[3]、杨华的《〈道德经〉英译本的本土文化流失》[4]、内蒙古大学硕士研究生陈墨的硕士学位论文《文化翻译视角下的〈道德经〉翻译研究》、班荣学和梁婧合写的《从英译〈道德经〉看典籍翻译中的文化传真》[5]、陆全的《隐喻的文化意象翻译——以老子〈道德经〉（八章）辜正坤译本为例》[6]、王崇的《模因论视角下〈道德经〉翻译中的文化意象传递》[7]、河北师范大学硕士研究生滑彦立的硕士学位论文《从文化预

---

[1] 赵丽莎：《斯坦纳阐释翻译理论下〈道德经〉英译中译者主体性的体现——亚瑟·威利译本与辜正坤译本对比分析》，《科技信息外语论坛》2009年第29期。
[2] 辛红娟、高圣兵：《追寻老子的踪迹——〈道德经〉英语译本的历时描述》，《南京农业大学学报》（社会科学版）2008年第8期。
[3] 辛红娟：《道德经在英语世界：文本行旅与世界想像》，上海译文出版社2008年版。
[4] 杨华：《〈道德经〉英译本的本土文化流失》，《株洲师范高等专科学校学报》2006年第8期。
[5] 班荣学、梁婧：《从英译〈道德经〉看典籍翻译中的文化传真》，《西北大学学报》（哲学社会科学版）2008年第4期。
[6] 陆全：《隐喻的文化意象翻译——以〈老子道德经〉（八章）辜正坤译本为例》，《社科纵横》2011年第2期。
[7] 王崇：《模因论视角下〈道德经〉翻译中的文化意象传递》，《重庆交通大学学报》（社科版）2011年第8期。

设角度看阿瑟·韦利英译〈道德经〉》以及西南大学硕士研究生王秀俊的硕士学位论文《〈道德经〉英译本的文化意象传真视角》、福建师范大学硕士研究生吴海燕的硕士学位论文《文化的反思：〈道德经〉三译本研究》等，都从跨文化的角度分析了译本在穿越中西文化壁垒的过程中产生的问题。这其中不仅有原文本文化和翻译文本读者文化之间的差异，更有译者文化背景与原文化背景之间的差异，导致《道德经》译本在跨文化传播中不仅存在普遍性的问题，还存在特殊性的问题。

从历史背景角度概览译本世界，并从宏观上研究译本状态的论著有：崔长青的《〈道德经〉英译本初探》[①]、张娟芳的《历史解释学与老子的原始意义——读迈克尔·拉法格：重新发现〈道德经〉原意：关于历史解释学》[②]和她的博士学位论文《二十世纪西方〈老子〉研究》、王剑凡的《〈道德经〉早期英译与基督教意识形态》[③]、张起钧的《老子〈道德经〉的英文译本及其翻译途径》[④]、李艳的专著《20世纪〈老子〉的英语译介及其在美国文学中的接受变异研究》[⑤]、上海外国语大学博士研究生冯晓黎的博士学位论文《帛书本〈老子〉四英译本的三维审视》等，都着重从历史背景的角度剖析《道德经》西传过程中因接受者历史背景的变换，而产生了对原文本的多元化的解读和诠释。虽受译者所处时代的不同历史背景的影响，甚至遭遇恶劣历史环境的影响，但其魅力不仅不曾消逝，反而激发了其传播的动

[①] 崔长青：《〈道德经〉英译本初探》，《国际关系学院学报》1997年第3期。
[②] 张娟芳：《历史解释学与老子的原始意义——读迈克尔·拉法格：重新发现〈道德经〉原意：关于历史解释学》，《西北大学学报》（哲学社会科学版）2007年第5期。
[③] 王剑凡：《〈道德经〉早期英译与基督教意识形态》，《中外文学》2001年第8期，又载范文美主编《翻译与再思：可译与不可译之间》，书林出版有限公司2000年版，第161—186页。
[④] 张起钧：《老子道德经的英文译本及其翻译的途径》，《台湾辅仁大学文学院人文学报》1970年第1期。
[⑤] 李艳：《20世纪〈老子〉的英语译介及其在美国文学中的接受变异研究》，湖北人民出版社2009年版。

力。这一点正如张起钧在其文中所分析的那样：如果一般的书是食粮，可以充当营养，那么《道德经》就是种子，在读者的心里可以发芽，乃至长成大树。《道德经》的内容不是表达的语句，不是推理的命题，而是一股股强有力的光芒直射读者的内心，使心灵发光，老子的思想如种子，种在心田。① 正因为《道德经》有如此魅力，才能够不受地界限制，穿越历史，虽然被挤弄得变了形，但仍然在强有力地散发着生发的力量、迷人的芳香。

从关键词翻译剖析译本状态，如连佩佩和蔡攀科合写的《从零翻译的角度看〈道德经〉中"道"字的翻译》、唐蕴的《从原型范畴理论看翻译标准问题——以〈道德经〉中"道"的翻译为例》、杨洁清的《译"道"之道——基于语料库的〈道德经〉"道"字翻译研究》②、杨慧林的《怎一个"道"字了得——〈道德经〉之"道"的翻译个案》③、童新蒙的《"道"的翻译和跨文化理解》④、郭燕的《〈道德经〉核心概念"道"的英译的分析》⑤、张凤仙的《〈老子〉之"道"的含义及其翻译》等文章，都是通过专门研究老子之"道"的翻译，来发现西传过程中西方译者和读者是如何理解和诠释《道德经》的。从以上列举的文章看，基本上核心概念的研究范围多集中在"道"上，那么是何种原因导致这样的结果呢？第一个原因正如前面提到的台湾学者张起钧的比喻——"老子的书如种子"。老子《道德经》的内容，即使小到每一个字，都是字字珠玑，如颗粒饱满的种

---

① 张起钧：《老子道德经的英文译本及其翻译的途径》，《台湾辅仁大学文学院人文学报》1970年第1期。

② 杨洁清：《译"道"之道——基于语料库的〈道德经〉"道"字翻译研究》，《周口师范学院学报》2011年第3期。

③ 杨慧林：《怎一个"道"字了得——〈道德经〉之"道"的翻译个案》，《中华文化研究》2009年秋之卷，第192—196页。

④ 童新蒙：《"道"的翻译和跨文化理解》，《西南农业大学学报》（社会科学版）2009年第6期。

⑤ 郭燕：《〈道德经〉核心概念"道"的英译的分析》，《西昌学院学报》（社会科学版）2009年第6期。

子，都能长成参天大树，一个"道"字就足够让人们进行无尽的探索和求解，所以众多研究者只抓一个"道"字。第二个原因也是因为能研究好老子的一个概念已是巨大的成功，哪里还有时间和精力去抓别的概念。第三个原因也是因为这个"道"字是老子核心概念中的核心，有着牵一发而动全身的作用。因此，翻译好了"道"字，可以说是对《道德经》的理解和诠释达到了一半。由于这三个原因，才使众多的学者或者未来的学者，对"道"的探索始终保持高度的热情。

从以上国内学者的研究状况可以看出，研究者占有的译本数量亦即第一手资料的搜罗尚待拓展丰富，核心概念的剖析需持续深入探究，对历史背景、跨文化传播研究中对西方文化的了解也有待加深。笔者试图以自己的微薄之力涉足西传《道德经》云变问题研究之中，抛砖引玉，期待更多研究者加入，渐次解决《道德经》西传过程中云变之问题，使《道德经》在世界文化、思想、哲学、人生智慧等领域闪耀其本来的光辉。

第三章

多元化解读《道德经》的得与失

《道德经》被称为关于宇宙的、自然的、哲学的、政治的、军事的、养生的等方面的中国传统经典，在西传西译过程中，由于译者、研究者、读者各自的理解不同，因而产生了《道德经》译本世界云变独特的五彩纷呈的"译界文化"。面对众多的《道德经》译本，学术界评论不一，如何梳理出一条简单清晰，而又概括全面的《道德经》译本内在的和外在的关联线索，使不同的译本相当有规律地展示在读者面前，是笔者苦苦思考的问题。通过对数百种译本综合归纳整理，结合中西文化特点，以及历史阶段性特征，经过仔细研读和比较，笔者将《道德经》译本归纳为基督类、哲理类、语文类和演义类四大翻译解读类别。

第一节 《道德经》西译本的四种类型

一 基督类解读

所谓"基督类"解读《道德经》，是指译者或研究者以基督文化为出发点、为目的，为最终价值和核心，来翻译、传播、研究、解读《道德经》。这类译本中充斥着大量的宗教（基督教义）比附，使《道德经》成为《圣经》的附庸，老子甚至成为耶稣的"信徒"。

宗教和哲学对人类本源问题有相似的论述。从某种意义上说，宗教和哲学可谓"一胎二体"。因为它们都试图回答世界的本源和人类的本源，这个"胎"则在于人类"自我意识"还未觉醒时的状态，人类有了自我意识之后就把这个源头当成了人类摇篮。这正如恩斯特·卡西尔（Ernst Cassirer，1874—1945）所言："在对宇宙的最早的神话解释中，我们总是可以发现一个原始的人类学与一个原始的宇宙学比肩而立：世界的起源问题与人的起源问题难分难解地交织在一起。"①

《道德经》即是这样一部回应世界的原初和人类本源问题的中国古代哲学的经典，而基督教的经典《圣经》则从宗教特有的角度，直接回答了人和世界从哪里来的问题。这两部中西古代经典的共通之处在于，都勾画了人在"自我意识"产生前后的相似图景②：《圣经》中，人在触犯"原罪"（自我意识产生）前无知、无分别、无羞耻；而老子之"道"是无名、无知、混沌圆润的状态。触犯原罪后的人生即是赎罪的人生、产生宗教。老子之"道"的动因即是"返""归真"。

宗教类是西方传教士从宗教角度来翻译解读《道德经》，一方面可以认为是时代所需，另一方面也可说是传教士们的一厢情愿。西方哲学家黑格尔将老子所说的"一生二、二生三、三生万物"，说成是东方的哲学智慧，并以此判断东方乃是初升的太阳。尼采说："老子《道德经》像一个永不枯竭的井泉，满载宝藏，放下汲桶，唾手可得。"海德格尔更是把老子之"道"视为人们思维得以推进的源泉。通过西方哲学家读出的是老子的哲学智慧。因此，尽管经过宗教式解读，《道德经》哲学的熠熠光辉仍毫无减损地被西方哲学家发现，这是历史的必然。

二　哲理类解读

哲理类的《道德经》解读，是指具有哲学知识储备的译者，通过

---

① ［德］恩斯特·卡西尔著：《人论》，甘阳译，上海译文出版社1985年版。根据姜生教授《论宗教源于人类自我意识》（《世界宗教研究》2011年第2期）对本段文字翻译的意见，引者去掉了该译本中"神话学解释"的"学"字。

② 具体研究见姜生《论宗教源于人类自我意识》，《世界宗教研究》2011年第2期。

对《道德经》中核心概念、原典哲理、辩证思维以及哲学智慧的揭示,给读者展现《道德经》中丰富的哲学思想世界。这类译本的翻译解读,在《道德经》西传的总体译本所占的比重比较大。然而由于各个译者的哲学派别不同,特别是自己自成体系的哲学主张不同,在解读《道德经》时自然产生不同的效果与影响。因此,鉴于这类哲理性解读的丰富性、复杂性,在研究这类译本时,要从具有代表性与典型性的译本、译者切入,并采取定量定性与个案分析相结合的研究方法予以探究,以展示不同的译者由于哲学见解的不同而产生不同的译本的原因,达到以"窥一斑而见全豹"的目的。

哲理类解读后于宗教类解读,一开始受宗教类解读的影响,这在哲学家兼神学家背景的卡鲁斯的解读那里得到充分体现。随着西方哲学家对东方哲学的深入了解,在不再受宗教类解读影响的环境下,就开始出现完全从哲学的角度解读《道德经》的学者,巴姆是其代表。而当代哲学界学者,对东方哲学不仅从学术上解释,而且从感情上接受的译者,代表人物如安乐哲和郝大为,他们不断地探索揭开《道德经》之哲理内涵的新方法,在准确解读《道德经》的道路上迈出了一大步。

三 语文类解读

在《道德经》翻译传播的历史上,译者除了有传教士、神学家、哲学家,也不乏学术严谨的汉学家、翻译家和各类学者。他们怀着对中国古代经典的崇敬之情,仔细研究,并以个人的理解向读者展示自己心目中《道德经》的"图景"。他们独辟蹊径,从语言文字角度,甚至用咬文嚼字的功夫,字斟句酌地翻译《道德经》,阐释老子的哲学思想——为此,笔者称之为语文类解读。《道德经》的语文类解读犹如其中的一朵朵奇葩,绽放着翻译解读者的奇思妙想。

四 演义类解读

《道德经》的开放性内涵 + 西方文化中的功用性思维模式,造就了西传《道德经》中的"演义类"译本。这类译本与其他译本相比，一个显著特点就是译者自认为领会了老子哲学思想或智慧的精髓，所以在翻译时可以不顾原文，且假之以无限的想象和自由发挥的发散性思维方式。这些译作者大多不懂源语言——汉语，因此，从严格的翻译角度来说，他们的作品与其说是翻译，不如说是"演义"——就像《三国演义》对于《三国志》一样，成为《道德经》西传中的另类解读。虽然如此，由于他们的作品借用老子哲学的部分内容，尽情发挥甚至不惜"篡改"以符合西方人的"胃口"，因而很受西方读者的欢迎，这在客观上大大促进了《道德经》与老子哲学及中国传统文化在西方的传播。

第二节　《道德经》的基督类解读

大约在明末清初时期，西方传教士纷纷涌入中国，《道德经》的大规模西译西传也就从这个时期肇始。这些传教士本着"布道基督"的目的，一方面把西方文化、科技与宗教等带到中国；另一方面又把他们所了解、所认知的中华文化与典籍译介到西方，开创了近代中西跨文化交流的先河。但不可否认的是，由于这一时期西方列强的殖民扩张逐渐加强，作为其扩张的先锋——文化占领与思想控制，他们对包括中国在内的东方文化带有明显的偏见与歧视，以他们的强势话语权与固有的基督文化背景审视与解读东方文化，形成了把《道德经》比附《圣经》，把老子说成上帝"信徒"这一不对等、不真实、基督教式的《道德经》翻译、传播和解读。

《道德经》西传的数百年历史中，早期传播中的这种"基督特性"尤其明显，且这种翻译解读的错误影响，及其对《道德经》内涵外延、传播传承的侵害，一直到现在依然存在着。

一　基督类解读的源头

从 17 世纪开始，耶稣会传教士本着"布道基督"的目的远赴中国，向中国人传播西方的基督教义与西方的传统文化。最早来华的传教士有意大利人利玛窦、卫匡国，法国神父白晋、傅圣泽、马若瑟和郭中傅等。

为了让西方文化传统和基督教义更容易、更乐于让中国民众接受，他们在译介传播中首先采取了适应（Accommodation）翻译策略，即通过研究中国古代经典，从中寻找可借以传播的"福音"，其具体做法就是对中国传统文化进行基督教式比附翻译与传播。白晋认为："世界上最容易促使中国人思想和心灵皈依我们圣教的办法，是向他们指出圣教与他们那古老原则及合理的哲学相吻合。"因此，他甚至宣称"圣子降临""耶稣受难"等基督教的主要秘密，一直以来都以语言的方式保存在中国古籍里。为此，他还进一步做了"论证"：中国古代经典是天主教最古老的文字记载，包含表层和深层两重意义，深层意义只有像他们这些深刻理解天主教义、信仰基督、熟悉《圣经》的人才能发现①。

这种传教策略一方面把西方的宗教信仰悄无声息地植入中华文化当中，使他们期望的准教民不知不觉地接受被包装的异域宗教信仰；另一方面大大降低中华文化在西方的地位，为其文化侵略与扩张做准备。因此，白晋将《道德经》中的"道"这一核心概念翻译成具有基督含义的"way, eternal, celestial law, deepest origin, abyss of all things and divine reason（ratio）"，就毫不奇怪了。此外，1788年送往英国皇家协会的《道德经》拉丁文译本，也把老子之"道"译为"Ratio, or the Supreme Reason of the Divine Being, the Creator and Governor"，即至高之神、造物主、万物之主、万物主宰，其基督特色十分浓厚②。显然，他们试图在《道德经》与基督教及其教义之间建立

---

① 参见许明龙主编《中西文化交流先驱——从利玛窦到郎世宁》，东方出版社1993年版，第182—185页。

② James Legge：*The Texts of Taoism*，published in "The Sacred Books of the East" edited by F. Max Mulle, Vol. XXXIX, 1891, p.12.

某种所谓的内在联系，正如傅圣泽写给傅尔蒙的信中坦言："我学习汉语和汉文已经有23年的光阴了，我始终还怀着能在该民族的古籍中，找到上帝某种启示的强烈愿望。"①

译者的身份和传教的目的影响着、误导着早期《道德经》在西方的翻译、接受与传播。据李约瑟考证，最早的《道德经》代表性西译文本有三种：一是17世纪末比利时传教士卫方济的拉丁文译本，二是18世纪初法国传教士傅圣泽的法文译本，三是18世纪末德国神父格拉蒙特的拉丁文译本。② 很明显，三个代表性译本的译者都有一个共同的身份——传教士。

另据王剑凡介绍："1868年至1905年出版的14种英译本中，有8种从基督教立场去诠释《道德经》，运用了大量基督教的概念与术语来翻译。至于其余6种译本，虽然基督教意识形态倾向不太明显，但有些章节依然看到基督教思想的影子。"③ 被誉为"汉籍欧译三大师"之一的理雅各（James Legge，1815—1897），也是一名"赴华传教士"，其《道德经》译本收录在穆勒编辑的《东方圣典》中，在西方大受欢迎。就是这样一位译者，却被美国佐治亚大学教授柯克兰德（Russell Kirkland）认为是维多利亚时期歪曲中国典籍内涵的始作俑者。他说："一个世纪之前，西方人从汉学家如理雅各等译者那里了解到《道德经》，也就开始了强暴翻译、重新'塑造'，使之成为他们心中无比热爱的理想的宣言。"④ 所谓"理想的宣言"，其实就是用

---

① 巴黎国立图书馆法文新获得品第6556号，第130页背面至第104页背面。该片段所属的书简已被亨利·奥蒙（Henri Omont）刊布（比这一片段还少），见《17—18世纪赴东方的法国考古探险团》，第810—811页。

② 源自中华老子网：http://www.lylaozi.org.cn/gl/read.aspx?id=1107，来源："老子文化研发中心系列丛书"之《道家趣闻典故》。

③ 王剑凡：《中心与边缘——初探〈道德经〉早期英译概况》，《中外文学》2001年第30卷第3期。

④ 具体论述参见 Russell Kirkland："The Taoism of the Western Imagination and the Taoism of China：De-colonializing the Exotic Teachings of the East" Presented at the University of Tennesse 20 October 1997，以上引文为笔者译。

基督文化殖民东方文化，用基督教义解读中国传统典籍。

德国传教士斯特劳斯（Victor von Strauss，1808—1899）于1870年的译本宣称："道"的概念与"神"的概念具有一致性。他还宣扬信奉自然无为的道教哲学为灵智主义的有神论，并认为其中有三位一体的信条。普兰克纳尔（Reinhold von Planckner）在其译文序言中对此作了进一步阐述："道"本身具有三位一体，天上的主就是看不见的"道"，自然及其创造力就是看得见的"道"，而人的"道"就是人不死灵魂中神的本原。① 该译本被1923年出版的《勃罗克豪斯百科辞典》称为最佳德语译本，至1987年再版8次。

带着传播基督教的目的，并受当时西方主流社会对中国偏见的影响，加上对中华文化了解认识的肤浅，西方传教士对《道德经》宗教化、基督化的翻译传播，以致这类译本的偏差与谬误比比皆是。正如陈耀庭所言："他们大多数认为自己信仰的宗教优于其他宗教，对道教持鄙视或敌视的态度，因此往往不能做出实事求是的论述。"②

令人担忧的是这种基督化不仅停留在早期，其影响一直延续至今，如斯特劳斯译本到20世纪末还在再版，另有1994年澳大利亚马布里（John R. Mabry）的译本《一个基督徒对〈道德经〉的解读》，2000年美国传教士噢穆拉（Richard S. Omura）出版的译本《上帝之道》，以及21世纪的新解读——如理查德·戈登（Richard Gordon Zyne）的译本《永恒的源泉》等，都是在用"上帝"的眼光看《道德经》，在用基督的教义阐释老子哲学。

二 归化翻译策略中的基督特性

《道德经》译本虽然很多，但是怎样译介《道德经》则是由各位

---

① 杨兴顺：《中国古代哲学家老子及其学说》，杨起译，科学出版社1959年版，第2页。

② 陈耀庭：《国际道教研究概况》，卿希泰主编，载《中国道教 第4卷》附录二，知识出版社，第323页。

译者译介的目的和自身的历史文化背景以及采取的翻译策略等因素综合决定的。美国翻译学家劳伦斯·韦努蒂（Lawrence Venuti）把翻译策略归纳为"归化"和"异化"，他认为归化翻译存在着"盲目自大地使用单语，把外来文化拒于门外"的缺点，习惯于"把外国文本中的价值观隐匿在本国的价值观之中，令读者面对他国文化时，还在自我陶醉地欣赏自己的文化"①。这种"隐匿性"实际上隐匿了原文本的文化内涵，从译入语或目标语中找到文化含义相似或对等的概念，并用来替换原语言中的文化概念。这种方法在《道德经》的翻译传播中被大量地运用。

"道"是《道德经》中最核心概念。早期的西译文本为了使这一概念能为西方人接受，使东方文化"归化"西方文化，翻译时就通过"归化策略"，把"道"直接归化到西方的意识形态，用诸如"上帝、创造者、世界的总根源"等这些基督教的概念取代老子之"道"，从而隐匿了《道德经》原有的哲学精髓和文化内涵。

"适应性"策略的实施，事实上就是借助本土经典，传播基督的"福音"，把基督教的概念和教义隐匿在中国古代典籍如《道德经》的核心概念文本之中。这种嫁接的产物被当作本土文化传播到异域之后，只会以讹传讹，导致原文本中的文化内涵被大打折扣，进而被误译误解和误传。

例如，当白晋把《道德经》中的"道"字翻译为永恒的道路（eternal way）、宇宙的法则（celestial law）、万物的总根源（abyss of all things 或 deepest origion）和神圣的原因［divine reason（ratio）］时，他借用了老子之"道"的外壳，强行传播的是基督教关于上帝的内在规定性，即把老子之"道"归化到西方文化体系中，从而使西方大众在接受《道德经》乃至东方文明时，还沉醉在欣赏他们自己的文化、宗教和教义中，导致他们错误地认为东方文化实际上并不存在，充其

---

① Venuti, Lawrence：*The Translator's Invisibility—A History of Translation*, London & NewYork：Routledge, 1995, p. 15.

量不过是西方文化的"另类解释"。1788 年,马休献给英国皇室协会的第一本拉丁文《道德经》译文,其目的就如译者所言,是在论证"中华民族早就知晓三位一体神的秘密和上帝的化身,因而是一个传播基督的神圣之地"①。这个目的一旦回归到本国,自然就剥去了它的伪装——隐匿性。

以归化策略让老子之"道"植入《圣经》内涵的还有法国传教士雷穆莎(Abel Remusat,1788—1832),他甚至认为《老子》第十四章中所说"夷""希""微"就是基督教的耶和华。无独有偶,1957 年把《道德经》译为《老子,永恒的智慧》(*Laotse, Everlasting Wisdom*)的德国传教士安德烈(Andre Echardt),认为老子的"道"是永恒、普遍、绝对的存在,等同于西方的上帝。他甚至推论公元前 536 年,波斯王柯鲁斯允许犹太人从他们被迫居住的巴比伦返回家乡时,有一部分人移居了中亚,而老子就是因为遇见过这些犹太人才写出了《道德经》②。

由此可见,《道德经》的译者一开始并不是从文化寻根的角度去理解老子之"道"的固有内涵,而是用西方的基督文化概念替代老子的哲学思想,《道德经》成了译者寻求文化替代的虚壳。翻译传播《道德经》不是为了揭示传统中华文化的内涵、价值和真谛,而是为了传播或陶醉在欣赏西方自己的文化中。这样的翻译不仅不利于西方读者理解和吸收原文本的文化内涵,反而为西方社会广泛而持久地误传误释甚至吞噬另一种文化埋下了祸根。

三 异化翻译策略中的基督特性

归化策略是直截了当地把《道德经》基督化、宗教化,异化策略则可以更巧妙地把老子思想归附于西方。根据韦努蒂的观点,异化策

---

① 参见《东方圣书系列:道教经籍》,牛津大学出版社出版 1891 年版,1962 年由多福出版公司再次发行。
② 引自 *Oriens*, Volume 35, by E. J. Brill, Leiden. NewYork, 1996, p. 286。

略在翻译中的运用是由于在译入语中找不到与原语文本对等的文化概念，只有把原语概念直接搬到译入语中，具体方法就是音译，如早期"逻各斯"和"佛陀"的翻译。现在的问题是，异化策略在早期西译《道德经》中的使用是否真正达到了如"逻各斯"和"佛陀"那样，让读者"接近作者"、传播异域文化的效果？

以白晋为代表的"托经传福音"翻译策略，无疑促成了《道德经》翻译中归化方法的形成，而以意大利龙华民（Nicolò Longobardo, 1565—1655）等为首的一批传教士认为："中国是一个物质一元的世界，不知道有属灵世界的存在，因而是一个无神论国家。"① 所以，他认为不能把"道"直接比附于上帝，只有采取有区别的异化翻译策略才能维护基督教的神圣性与一神性。

《道德经》之"道"是中华文化特有的概念，它区别于任何限定性概念，是老子哲学中最高层次的概念，不是简单跨文化传播的"推理""比附"就可寻得的。正如《道德经》开篇第一句"道可道，非常道"，我们只能说"道"不可名、不可描述、不可言，但它又存在于万事万物的生灭、繁衍和变化之中，既看不见、摸不着②（希、夷、微），又无处不在、无时不有，是"已知的和未知的集合"。对于这样一个概念，正如湛·约翰（John Charmers, 1825—1899）所言："英语语言没有完全的对等词。"③ 湛·约翰翻译《道德经》第一章④时，先用小写音"tau"译"道"，后又用 reason 加以注释。这种翻译方法一方面看到了老子之"道"的不可替代性；另一方面又继

---

① 原文参见在索邦神学院裁决后传入巴黎的龙华民著术：《论中国宗教的几个问题》(*Traité sur quelques points de la religion des Chinois*) （1701）。转引自潘凤娟（Pan Feng-chuan）：从"西学"到"汉学"：中国耶稣会与欧洲汉学 *From "Western Learning" to "Chinese Studies": The Jesuit China Mission and European Sinology*, BIBLID 2008, 27: 2, pp. 14—26。

② 《道德经》第十四章：视之不见，名曰夷；听之不闻，名曰希；搏之不得，名曰微。

③ 湛·约翰：《老子玄学、政治与道德之思辨》，参见译本的介绍部分。

④ 参阅《道德经》第一章译文：The *tau* (reason) which can be *tau*-ed (reasoned) is not the Eternal *Tau* (Reason)。

承了龙华民的思想，认为上帝是唯一的，不能与老子之"道"等同。其他如理雅各等许多传教士译者①，都使用这种翻译策略，用音"Tao"译"道"。

表面上，异化策略没有生硬地曲解原文本，似乎体现了对原文本的"尊重"，但实际上，译者这样做的动机也是出于维护与保持自己宗教中"上帝"的唯一性和纯洁性，拒绝"上帝"泛化，而且对"道"概念的处理并没有使整篇《道德经》的翻译逃脱比附、嫁接和假借的窠臼。仔细研究后不难发现，许多音译文本在"Tao"后加注（如 Reason），或者在译本的前言后记以及注释里加注，仍然用基督教义诠释老子的思想观点，限定了读者的想象，与归化翻译的根本宗旨没有多大区别。因此，纵观早期的《道德经》译本，虽然翻译策略有所变化，但支配译者翻译策略的文化背景一致：无论是归化翻译还是异化翻译，只是形式的不同而已，以宗教化与基督化的方式解读《道德经》，使它们殊途同归。

四　基督性解读的代表性观点剖析

用基督教义解读翻译《道德经》自白晋首开先河，以后几百年乃至目前，这种翻译解读层出不穷，其中典型译本的译者包括亚历山大（G. G. Alexander）②、马壁（John R. Marby）、噢穆拉（Richard S. Omura）③，以及神学院出版社译者沃尔特（Walter Gorn Old）、麦都斯（C. Spurgeon Medhurst）④、布页日各（Carl Henrik Andreas Bjerre-

---

①　其他早期音译"道"的传教士译者有 Frederick Henry Balfour（1884），P. J. Maclagan（1898），Lionel Giles（1904），Walter Gorn Old（1904），C. Spurgeon Medhurst（1905），Richard Wilhelm（1910），Leon Wieger（1913）。

②　G. G. Alexander：Lao-tsze, *The Great Thinker with a Translation of His thoughts on Nature and Manifestation of God*, Rockport：Element Inc, 1994.

③　Richard S. Omura：*The Tao of God：A restatement Based on The Urantia Book*, San Jose/New York/Shanghai：Writers Club Press, 2000.

④　C. Spurgeon Medhurst：*Tao-Teh-King, A Short Study in Comparative Religion*, Chicago：Theosophical Society, 1905.

gaard)① 和麦克塔石（Charles Henry Mackintosh）② 等，而麦都斯的译本尤为典型中的典型，本节即以此为代表对基督类翻译解读加以剖析探究。

对于基督类解读的译本，有两种截然相反的观点。一种是站在基督教的立场，认为《道德经》与《圣经》中的内容有很多相同相通之处，而这些"相同相通"就是用来证明上帝的伟大和无所不在，因此翻译《道德经》就是要用基督的教义、观念，向世人揭示隐藏其中的上帝的旨意，持这种观点的人大多数是传教士译者；另一种则是站在原文本的立场，坚决反对基督化的翻译解读，认为基督化的附会解读就像痴人说梦，没有任何价值，持这种观点的人大部分是非信仰基督教的，或对包括《道德经》在内的中国传统文化有深入研究的译者和读者。对于这两种观点，笔者认为前者虽然明显存在谬误，但要从文化差异、文化背景、文化传播，尤其是跨文化传播的障碍等方面加以客观分析，以探明其原因；对于后者，其观点虽然是正确的，但对基督类的翻译解读予以全盘抛弃也欠妥当，需要辩证地分析，去其糟粕，取其精华。

《道德经》之所以易被西方译者进行基督性的翻译解读，并且至今乐此不疲，除了一些人为的主观曲意附会外，还有以下两方面客观原因值得高度重视：

首先，西方人对《道德经》的翻译解读完全混淆了"道教"和"道家"这两个概念，这在早期尤为突出。《道德经》的西译传播是近几百年的事，而早在东汉末年，道教就把《道德经》奉为经典，把老子奉为太上老君。之后不断传承发展，使假托老子为鼻祖的道教在民间广为流传，使原本产生于道教之前、没有任何宗教托付的《道德

---

① Carl Henrik Andreas Bjerregaard: *The Inner Life and the Tao-Teh-King*, London & New York: Theosophical Publishing House, 1911.

② Charles Henry Mackintosh: *Tao of Lao Tzu*, Chicago: Theosophical Press; /1986 Weaton Illinois/London, England: A Quest Book, Theosophical Publishing House, 1926.

经》被浓浓地抹上了宗教色彩。在这样的背景下，到了明清时期，西方传教士开始了解认识、进而翻译传播《道德经》，就会自然而然地把它与宗教相关联，甚至认为道家就是"道教"，而实际上他们也是这么做的：无论是英文、法文、德文，还是俄文、意大利文、西班牙文等，在历史上都把"道教"和"道家"翻译成一个单词。这种概念的模糊，不仅反映了西方译者对中华传统文化认识得不透彻不全面，而且更为严重的是必然为其全面准确翻译解读《道德经》带来严重的障碍。他们势必从宗教理念的共通性去认识老子、认识《道德经》，宗教化老子，把《道德经》中的哲学概念和思想教义化。这样，作为西方人，作为来华传教士或基督的信徒，他们带着解读基督教《圣经》的惯性思维去解读《道德经》就很难避免。

其次，《道德经》文约意丰，几乎涵盖了当时的所有学科，且少不了宗教的因子，也就是说具备了被奉为宗教经典的特质。典型的例子就是道教创始人攫取了其中所含有的宗教因子而使自己发展壮大，其他的还有如养生之道、为人处世之道、经营之道等，都可以供人们从许多领域去探讨挖掘。那么，《道德经》的宗教因子体现在什么地方，又如何被基督教的传教士所认识并发挥呢？

如前所述，宗教和哲学在某种意义上可谓"一胎二体"，在拜读了姜生先生的大作《论宗教源于人类自我意识》后，深受启发，从而发现《道德经》与《圣经》相似的宗教因子，主要表现在神秘性、向善性、教化性、回归性等表象上。对这些相似的宗教因子，麦都斯的译本可以说把它发挥到了极致，在他眼里，《道德经》简直就是东方人的《圣经》。

拥有 20 年中国传教经历的英国传教士、翻译家麦都斯（C. Spurgeon Medhurst，1850—?），在他的译本《道德经：比较宗教浅析》(*Tao Teh King：A Short Study in Comparative Religion*) 里，很少有原文本的哲学思想，完全是从基督教义来解读《道德经》。

麦都斯是基督传统宗教的忠实维护者，他的译文是想要让人们重新听到基督眼里老子思想的新声音,说明耶和华在老子《道德经》里得到显证。

为了使老子《道德经》融入基督,译本的前言以《圣经·使徒行传》(10:35节)开始,开宗明义地指出"原来各国中、那敬畏主、行义的人、都为主所悦纳",以说明老子就是那敬畏上帝并为上帝行义的人,所以上帝接纳了他。他接着说"上帝的精神不分教派、宗教、种族和信仰"——虽然老子在东方,属于非西方的中华民族,甚至被大部分人认为是道教的创始人,可这并不影响他成为上帝精神的传播者。

这句话打消了许多西方传教士和信徒心中的顾虑,尽管老子来自不同的种族、教派,有着不同的信仰甚至不同的肤色,但是这些并不能限制他对上帝精神的传播。

接着麦都斯更直接地表述:"只要心在、渴望在,上帝的感召就可以听得见,上帝可以用很多种语言和人类交流。"这又解决了一个问题,即"巴别塔"[①]问题。尽管有的传教士质疑老子《道德经》文本的语言问题,认为《道德经》的文本使用的是非上帝的语言(即是东方语言,而非西方语言),不知所云,但上帝是"可以用很多语言和人类交流"的。

麦都斯接下来的表述更令教徒彻底地解除了疑虑:"令人劳顿的《道德经》之所以要翻译,是因为我相信其中传播了上帝的旨意。像许多古代典籍一样,随着时间的久远,真理难以显现,我的任务就是通过注释和评论让所有人认识'真理'。"[②] 显然,麦都斯翻译《道德经》是因为其中传播着上帝的旨意,从而揭示这个古远的东方文本中的"真理"——上帝或其代言人早已在东方布道了。

[①] 巴别塔(Babel),希伯来语意"变乱",最初信徒们为了见上帝计划修建一座通天之塔,可是上帝惧怕人类联合起来,阻止了这项计划,并把修塔之人分散到世界各地,使他们讲不同的语言,从此人类不能沟通。

[②] 本段的引文主要来源于 C. Spurgeon Medhurst: *Tao Teh King*: A Short Study in Comparative Religion, Chicago: Theosophical Book Concern, 1905, p. Vii.

麦都斯在这个前言的关键之处，从三个方面直接和完全打消了西方人或基督徒对《道德经》非基督宗教类的怀疑，使西方人确信《道德经》就是用东方语言表述的《圣经》。麦都斯解决的三个问题可归纳为：

第一，上帝已接纳老子，也就是说老子也是个基督徒（神悦纳任何一个为主行义的人）；

第二，去除异教的身份（不分种族、信仰和宗教）；

第三，语言不是问题。

由此可见，麦都斯为了把《道德经》与《圣经》一体化，可谓用心良苦。可是这种用心，在笃信老子哲学的人看来，只不过是麦都斯的一厢情愿，甚至可以说是一个基督徒的偏执。

《道德经》所揭示的人与自然乃是天人合一的境界——本然。这与《圣经》中所描述的"赎罪"说有着貌似的吻合之处，这也说明人类对"自我意识"产生后的痛苦感悟和觉醒存在着共性[1]。不同的是，《圣经》选择了上帝的表达方式，上帝就是本然，人是上帝创造的，最终也将把上帝管辖的天堂作为自己最终的归宿。这无疑为"第一断裂"[2]后的人找到了一条精神归途，但这种归途不过是用上帝对人实现"终极关怀"而已，实质是把神话宗教化了。

老子则用"道"来揭示人最初的无意识状态——混沌圆融，用"返"揭示"道"之运行轨迹，也是"断裂"后人的最终诉求——人与道、道与自然和谐相处的"终极目标"。老子通过"人法地，地法天，天法道，道法自然"以及"大曰逝，逝曰远，远曰返"，揭示人与道、自然与道、万物与道的关系和整个世界、宇宙之存在的形式与逻辑。"老子书充满了最深刻的人生智慧和哲学思辨，它关于'道法

---

[1] 请参阅姜生《论宗教源于人类自我意识》，《世界宗教研究》2011年第2期，原文："自我意识"的产生的标志人与自然的"第一断裂"，老子之"道"的混沌圆润，与"原罪"前的无知状态有着相似的表达。

[2] 参见姜生《论宗教源于人类自我意识》，《世界宗教研究》2011年第2期。

自然''天道自然无为''天地不仁，以万物为刍狗'的思想，实际上是对传统宗教之天的神格化的否定。他把本位自然法则的'道'，哲理化为宇宙的本体，不仅是宇宙万物之宗，甚至是'象帝之先'。"[1] 由此可见，老子的思想真髓是把神话哲学化了，与《圣经》把神话宗教化有着本质区别。

下面就沿着老子之"道"与所谓上帝之"启示"的相似点，看彼此如何表达以及基督化解读是如何附会的。

《道德经》开篇："道可道，非常道；名可名，非常名。"

麦都斯的释解：

That aspect of God which is hidden in eternity, without bounds, without limits, without beginning, ...No man hath seen God at any time, the only begotten Son, which is in the bosom of the Father, ...Without a self-revelation, the Eternal Presence remains unknown. Hence the Indian has his avatars, the Christian his incarnation.[2]

回译汉语：

上帝永远隐匿，无边无界、无始无终……人类从没见过上帝，上帝唯一儿子也是在上帝的庇护之下……没有启示，那永恒的存在也是隐而不显。

老子之"道"原初的无知、混沌无分别的不可状性、不可名性，

---

[1] 吕大吉、魏琪：《试论宗教与哲学的关系》，《世界宗教研究》2005年第2期。
[2] C. Spurgeon Medhurst: *Tao Teh King: A Short Study in Comparative Religion*, Chicago: Theosophical Book Concern, 1905, pp. 2, 3. 译文为笔者，本论文所有译文如非特别注明，皆为笔者译。

在这里通过麦都斯的基督教解读，成了上帝的神秘性。

美国学者赫尔姆斯（Holmes Welch）在其《道之分歧》中，对《道德经》之所以被广泛地予以基督式的解读，从三个方面阐释了原因："第一，《道德经》因其'简洁价廉'，吸引了大量的专业人士和兴趣广泛的普通读者；第二，《道德经》与《圣经》存在着许多相似之处；第三，《道德经》文本具有开放性，因而在翻译解读时就会出现不确定性和模糊性。"[①]

赫尔姆斯还根据林语堂和韦利的译本，将《道德经》与《圣经》的相似之处总结为15条。下面进一步就麦都斯在其《道德经》译本的基督教解读，和赫尔姆斯对《道德经》与《圣经》相似之处的比对，深入探究《道德经》西译西传时为什么容易被偷梁换柱，容易被误解误译，成为与基督教《圣经》一样的经典。

《道德经》第62章："道者万物之奥。善人之宝，不善人之所保……古之所以贵此道者何？不曰：求以得，有罪以免邪？故为天下贵。"

赫尔姆斯认为这与《马太福音》18：12节的经文所表达的宗旨是吻合的。《马太福音》的经文是这样的："一个人若有一百只羊，一只走迷了路，你们的意思如何。他岂不是撇下这九十九只，往山上去找那只迷路的羊吗？"接下来18：13对此做的解释是："若是找着了，我实在告诉你们，他为这一只羊欢喜，比为那没有迷路的九十九只欢喜还大呢。"经文随后解释说："你们在天上的父就是不愿意你们中间任何一个丢失。"

这段在《圣经》里的释意，赫尔姆斯发现它与林语堂对《道德经》这段译文有相似处。林语堂的译文：

Did (the Ancients) not say, "to search for the guilty ones and

---

[①] Holmes Welch：Taoism：*The Parting of the Way*，Boston：Beacon Press，1966，pp. 5 - 10.（也就是说从任何方面都可以进行"合理"的解读——作者注）

pardon them?"

回译汉语：

古人难道不是说："找到那些有过失的人并原谅他们？"

译文与它表面上似乎非常吻合，说明了"道"是善人之宝，也是不善人之所宝。

再如对待财物处理方式上的教化，基督教宣扬教民要把财物献给教堂，然后给了一个看似非常合理的理由。《马太福音》16：19："我要把天国的钥匙给你。凡你在地上所捆绑的，在天上也要捆绑。凡你在地上所释放的，在天上也要释放。"并在 6：19 节说："不要为自己积攒财宝在地上，地上有虫子咬，能锈坏，也有贼挖窟窿来偷。"比如《道德经》第 9 章有这样的一句："金玉满堂，莫之能守。"

麦都斯把它翻译成：

None can protect the hall that is filled with gold and jade.

回译汉语：

没有人能保全装满金玉的厅堂。

林语堂的译文是：

When gold and jade fill your hall, you will not be able to keep them safe.

回译汉语：

金玉装满了厅堂，你就难以保证其安全。

两个译文都是按照字面意思翻译，其中对财物的处理方法虽不言而喻，但其含义与原文相差不大。

对人道德方面的教化，赫尔姆斯认为《道德经》第 7 章的"是以圣人后其身而身先；外其身而身存。非以其无私邪？故能成其私"，与《马可福音》9：35 耶稣教导他的门徒的内容有异曲同工之妙。《马可福音》这样写道："若有人愿意作首先的，他必作众人末后的（作众人的用人）。"麦都斯对《道德经》的译文则是：

It is for this reason①that the Holy Man puts himself in the background; yet he comes to the front. He is indifferent to himself; yet he is preserved.

他理解和表达的意思是："圣人身处后台却能走到前台，圣人不关心自己的处境，却能常保。"

对待物质利益和人的生命之间关系的告诫，赫尔姆斯认为《道德经》第 44 章的"名与身孰亲？身与货孰多？得与亡孰病"，与《马太福音》16：26 节的经文相似。《马太福音》的经文是："人若赚得全世界，赔上自己的生命，有什么益处呢？人还能拿什么换生命呢。"麦都斯的译文是："Fame or life, which is dearer? Life or wealth, which is more? Gain or loss, which is worse?"

由于事理相同，所以麦都斯的译文与原文不管是字面意思，还是要表达的深层内涵都基本吻合。

首先，从以上"对待财物的处理方式""对人道德方面的引导"

---

① 这儿的原因指上文："Nature continues long. What is the reason that Nature continues long? Because it produces nothing for itself it is able to constantly produce." 回译汉语："自然界能长久，什么原因呢？因为它产万物不为自己，所以能够长久。"

和"对待物质利益和人的生命之间关系的告诫",《道德经》和《圣经》的表述确实有相似之处,译文与原文相差不大。因为无论在西方文化,或是东方文化,抑或是世界其他各国文化中,凡是受人遵从并流传广泛的经典,其生命力就在于透过纷繁的世事洞察万物万事的运行规律,并能找到恰当的应对办法。这就是人类在共同面对这个世界中产生的智慧——虽然源于不同的种族、文化背景和时代,但揭示的事理相同,因此具有趋同性和普适性。

其次,作为古代的典籍,它们都用很多精辟的句子来阐释思想。单独看,这些句子高度概括,外延广内涵深,因而就会有不少在字面上理解相同的或类似的句子。但是如果据此就认为老子与耶稣一脉相承,《道德经》是《圣经》的衍生物,则未免太简单、太轻率了,不但否决了世界不同地区文化的差异性,而且会武断地下结论:世界文化皆源于耶稣、源于基督,其荒谬性不言而喻。

再次,那些在字面上,或单独去理解的句子,虽然意思相似,但把它们组织起来,从整部著作中去理解,其真正内涵还是大相径庭。所以,就赫尔姆斯本人在列举分析了《道德经》与《圣经》的大量相似之处后,所得出的结论也并非《道德经》的基督化翻译解读是正确的,而是如赫尔姆斯书中所言:"尽管在某些情形之下,两本经典在言语教化方面有很多相同之处,但其出发点是根本不一样的。"[①]

事实上,赫尔姆斯所列举的相似之处的确只是表象,可以说只是老子"大道之树"的碎枝末叶而已。如《道德经》第73章:"天之道,不争而善胜,不言而善应,不召而自来,蝉然而善谋。天网恢恢,疏而不失。"所表现的是"道"大无边、万物生而并作、无一疏漏的思想内涵。而赫尔姆斯认为这与《马太福音》10∶29节的经文相似:"两个麻雀,不是卖一分银子(钱)吗?若是你们的父不容许,一个也不能掉在地上。"这段经文表达的意思是:天上的父,即

[①] Welch, Holmes: *Taoism*: *The Parting of the Way*, Boston: Beacon Press, 1957, p. 7.

上帝,即使对一只麻雀都要去关心,而地上的人的生命当然贵于一只麻雀,所以上帝的爱不会疏漏掉任何一个教民。表面上看,这两段经文的内涵都有共性、相似性,但老子讲的是"道","是对传统宗教之天的神格化的否定",而《马太福音》恰恰相反,强调的是上帝,也就是神。这才是两者的本质区别。

麦都斯却不然,他认为这些碎枝末叶的相似就是本质的相同,因而极力维护自己的观点,不惜牵强甚至狡辩地用《圣经》阐释《道德经》。以《道德经》第三章为例,深入分析他对老子核心概念——"道"的理解,就不难发现麦都斯翻译解读《道德经》的立论与论据都非常脆弱。

《道德经》第三章有这样一句:"不尚贤,使民不争;不贵难得之货,使民不为盗;不见可欲,使民心不乱。"

麦都斯认为"不尚贤"就是不要有私心,要全身心地爱上帝。他说:"先知基督总结出的生命之道,就是要全身心地爱上帝,要像上帝爱自己一样爱自己的敌人和邻人。"又说"不贵难得之货",就是《圣经》里说的"不要把财物留在地上",因为《马太福音》6∶19节是这样描述的:"不要为自己积攒财宝在地上,地上有虫子咬,能锈坏,也有贼挖窟窿来偷。"很明显,麦都斯对"不贵难得之货"的理解与老子原意相差很远。"不见可欲",麦都斯认为:"当自己的内心充满上帝的荣光,就会忘掉身外的一切;只要生命充满欲望,就会失去被救赎的教导",所以"只要内心获得上帝的荣耀,奖惩就不会对你再具有吸引力","只有停止欲望,才能获得"。

从以上麦都斯对《道德经》中"不尚贤""不贵难得之货""不见可欲"附和《圣经》的解读,不难看出,老子原文中这三句话的原主语(统治者),都被麦都斯替换为"民众或者教徒",由于这个主体的置换导致了对《道德经》只是阐述"统治者南面之术"的原文,却被麦都斯变成了如何才能成为信仰上帝的好教民,以至于麦都斯对上文只能作如此附会翻译解读:"只有在这样理想的共和国,才能实现这些高贵的美德：弟兄间相互帮助，看到邻人的财产而喜悦，从没听说过盗贼，不稀罕稀有之货。只有无欲之人才能感受上帝的存在，使我高于众人之美德就在于我愿意脱下衣服分给众人。"①

对"自我意识"的不同表达，一味以基督教上帝的启示为准则必然对老子"道"的理解和表达产生遮障，这种遮障主要来自其宗教化的比附，比如基督教的"原罪说""财富说""受难说"等。

《道德经》第七十七章："天之道，其犹张弓欤？高者抑之，下者举之；有余者损之，不足者补之。天之道，损有余而补不足。人之道，则不然，损不足以奉有余。孰能有余以奉天下，唯有道者。是以圣人为而不恃，功成而不处，其不欲见贤。"麦都斯引保罗·卡鲁斯（Paul Carus）注认为，这与《马太福音》23∶12节"凡自高的必降为卑，自卑的必升为高"的文字意思相同。表面上也许相同，但骨子里如何能相同？老子讲"天之道，损有余而补不足"的时候，觉得这个思想看起来很抽象，于是举了个例子，天之道，就像拉弓射箭，高者抑之，下者举之；或者再具体一点就是，天之道如同雨水对大地的冲刷，高坡会夷为平地，低谷可能被填平升高。而《马太福音》中的经文，充其量只能被看作说教，说服民众该如何行为。接着再看第二句"有余者损之，不足者补之"，《马太福音》13∶12的经文则是："凡有的，还要加给他，叫他有余。凡没有的，连他所有的，也要夺去。"这不仅完全与《道德经》的内涵相反，而且老子在这里的表述语言流畅，前后呼应，内涵一脉相承，一以贯之，没有丝毫龃龉。《马太福音》的表述出现在前后不同章节，却被麦都斯生硬地连在一起，用来证明与《道德经》的一致性。那为什么这种根本相反的主张还能放在一起互证呢？麦都斯把这个问题处理得很简单，认为"这里的不同只是字面上的，实质上，不管是老子还是上帝，他们都教导一种神圣的方式，即平等和平衡，谁违背了这个原则就犯错误"。这种

---

① 本段的引用全部来源于 C. Spurgeon Medhurst：*Tao Teh King：A Short Study in Comparative Religion*，Chicago：Theosophical Book Concern，1905，pp. 5，6.

解释就其道理而言，也许是对的，但在逻辑上把两种不同层次的"理"生硬地捆绑在一起，不能不说这是麦都斯的强词夺理、牵强附会。

由此可见，麦都斯解读的《道德经》不是从《道德经》本身去理解老子的精神实质，而是以《圣经》解读《道德经》，他读明白的《道德经》，恐怕只是所谓的《圣经》宗教教义的东方语言的表述。

其实不只是麦都斯一人对《道德经》的解读是基督化的。无论是过去还是现在，在西方的翻译传播中都存在大量的基督性解读。这种解读既由于西方人对《道德经》的认知是从道教开始，也由于《道德经》的内涵十分丰富而在认知中具有开放性，而最主要的原因却是他们深受自己厚重的基督文化支配，并在早期的翻译传播中掌握着绝对的话语权，进行着文化殖民，目的是使《道德经》成为《圣经》的附庸，致使包括《道德经》在内的中国传统文化在传播交流时遭到了极大的侵害。

美国学者柯克兰德曾对这些谬误和侵害做出深刻剖析："道教被漫解，即许多极端的猥亵篡改了原有的精粹的真理，为了恢复到原有古代经典中所包含的，不受周围环境影响的人们所寻觅的'真理'，就必须抛弃那些篡改和偏见。"[①] 因此，在对待这类翻译解读时，必须坚定地抛弃其中的篡改和偏见，把一个真正的老子之"道"还原给现代西方受众。

但是对于存在的许多基督性解读《道德经》的译本，也不能简单地就用一个"荒谬"的词来评价，还应当对其作具体的分析，甚至要从其存在的合理性方面探讨其存在的价值，否则一方面不利于《道德经》的翻译传播，另一方面也不会让那些译者以及信奉这类翻译解读

---

① 具体论述参见 Russell Kirkland：*The Taoism of the Western Imagination and the Taoism of China*：*De-colonializing the Exotic Teachings of the East*，Presented at the University of Tennessee，20 October 1997，以上引文为笔者译，本论文所有译文如非特别注明，皆为笔者译。（请注意：即使柯克兰德在剖析《道德经》在西传授侵害时，他也不自觉地把道家与道教混为一谈了——引者注）

的西方读者信服。比如在麦都斯的译本里，就引用了不少西方人对《道德经》充分肯定的评价。他引用斯特劳斯对老子的评价是："抓住了思想，提升了思考，纯净了上帝在万物中的概念，如在基督之前的年代，我们苦苦追寻，除了犹太典籍的记载外，我们不得而知"①；引用卡鲁斯的评价是："老子是踏上我们地球的最伟大的人之一"，"人类最伟大的思想家之一"，"《道德经》是无以取代的著作，对宗教感兴趣的人没有一个人可以接受不读《道德经》带来的巨大损失"②；引用 Georg von der Gabelentz, Leipzig 的评论是："把《道德经》描述为中国文学中最杰出的典范，世界上最有深度的哲学著作之一，它的权威性在本国无一可比，在欧洲的汉学领域内无以匹敌。"③ 所有这些都说明，即使在这些被基督化翻译解读的《道德经》的作品里，译者和读者对《道德经》原文本的价值也是充分肯定的。由于这些探讨与阐释与本节关联性不大，在此不再赘述，以后将就基督化解读《道德经》存在的价值与合理性撰写专文予以深入讨论。

第三节 《道德经》的哲理类解读

哲理类的《道德经》解读，是指具有哲学知识储备的译者，通过对《道德经》中核心概念、原典哲理、辩证思维以及哲学智慧的揭示，给读者展现《道德经》中丰富的哲学思想世界。这类译本的解读，在《道德经》西传的总体译本所占的比重比较大，然而由于各个译者的哲学派别不同，特别是自己自成体系的哲学主张不同，在解读《道德经》时自然会产生不同的效果与影响。因此，鉴于这类哲理性

---

① C. Spurgeon Medhurst: *Tao-Teh-King, A Short Study in Comparative Religion*, Chicago: Theosophical Society, 1905, p. xviii.

② C. Spurgeon Medhurst: *Tao-Teh-King, A Short Study in Comparative Religion*, Chicago: Theosophical Society, 1905, p. xviii.

③ C. Spurgeon Medhurst: *Tao-Teh-King, A Short Study in Comparative Religion*, Chicago: Theosophical Society, 1905, p. xviii.

解读的丰富性、复杂性，本节只是从具有代表性与典型性的译本、译者切入，采取定量定性与个案分析相结合的研究方法予以探究，展示不同的译者由于哲学见解的不同而产生不同的译本的原因，达到"窥一斑而见全豹"的目的。

一 卡鲁斯的"原因"论《道德经》

最早以哲学视野与思想解读《道德经》的译本，可以说是保罗·卡鲁斯（Paul Carus，1852—1919）。他在 1898 年翻译出版的《老子〈道德经〉》（*Lao-Tsze's Tao-Teh-King*）①，不像理雅各等那样仅仅从研究者的角度翻译《道德经》，而是以哲学的眼光、用西方的观念和时尚的神学解读《道德经》。

卡鲁斯，美国哲学家，一生致力于研究和推动宗教多元化和宗教科学基础的研究，在其主编的哲学杂志《一元论者》和《公开论坛》上，称自己是"热爱上帝的无神论者"，他力图以他的哲学"一元论"调和宗教与科学的关系。他一生著述达 60 多部，涉及包括中国哲学和佛教在内的东方哲学和西方哲学。卡鲁斯认为老子就是中国古代哲学家（The Old Philosopher），《道德经》堪比《佛经》和《圣经》。在译本前言中，他依据司马迁的《史记》追溯老子的历史，提到了"孔老相会"，并叙述了老子出关遇见尹喜，留下《道德经》五千言的故事。可是由于他对中国历史与文化了解不够深入透彻，无论追溯历史描述事实，还是解读经典时都不免加进了自己的主观臆断，如认为老子出生的"周"朝，"周"的意思是"无处不在的国家"，即周朝皇帝的权力可以延伸到任何世界文明之国②。在描述老子的出

---

① 卡鲁斯（Paul Carus）1898 年的译本名称：*Lao tze's Tao-Teh-King* 分别发表在 *The Monist*. Vol. VII, pp. 571 – 601 和由 Chicago：Open Court Publishing Co. 出版，1913 年以后与 T. D. Suruki 合作重译，将译本改名为 *The Canon of Reason and Virtue*：*Lao-tze's Tao teh king*（《理性美德之宝典：老子〈道德经〉》）。

② Paul Carus, *Lao-Tsze's Tao-Teh-King*, *The Monist*. Vol. VII, pp. 571 – 601; *Lao tze's Tao-Teh-King*. Chicago：Open Court Publishing Co. 1898, p. 5.

生时直接引用传说，说老子是在一棵李树下出生，生下来就指着李树说，我就姓"李"，且认为李树是"永恒不朽"的象征①。"耳"象征愿意"聆听"，所以老子"姓李名耳"是最佳组合。卡鲁斯还认为老子的生平如拿破仑的生平一样传奇，在其身上发生的事件以及后来进入西方，在落日中消失在大西洋的一个岛上，都富有传奇色彩和神秘感。卡鲁斯还认为孔子哲学成为当时中国政府的执政指导，而老子紧紧抓住了人民的心，随着时间的推移，演变成如基督教般的中国宗教②。

卡鲁斯对《道德经》的哲学解读深受自身文化背景、哲学思想和宗教信仰的影响。他认为老子的《道德经》与基督教的思想和观点有许多类似之处，说《道德经》是基督教的前身毋庸置疑。因为在他看来，老子之"道"不仅是"言辞，原因"的意思，与希腊语中的"逻各斯"相对应——逻各斯的意思就是"言语"，即"上帝之言"；而且老子主张以德报怨、复归于婴儿、反朴归纯、不争、不抗等，都与基督教的义理有共同之处。③

在对《道德经》的一些关键词、核心概念的翻译解读时，卡鲁斯认为"道"具有"渠道、途径、方法或者方式"（Path，way，method，or mode of doing a thing）的意思，或者是表达事物的方式"语言"（the mode of expressing a thing, or a "word"），进而他总结道：这些意思中的根本含义即是"原因"（Reason）。这样"道"所包含的"原

---

① Paul Carus, Lao-Tsze's Tao-Teh-King, *The Monist*. Vol. VII, pp. 571 – 601; Lao tze's Tao-Teh-King. Chicago: Open Court Publishing Co. 1898, p. 6.

② Paul Carus, Lao tze's Tao-Teh-King. Chicago: Open Court Publishing Co. 1898, pp. 5 – 8.

③ Paul Carus: *Lao-Tsze's Tao-Teh-King*, The Monist. Vol. VII, pp. 571 – 601; Lao tze's Tao-Teh-King. Chicago: Open Court Publishing Co. 1898, p. 9. 原文：Lao-tze's Tao Teh King contains so many surprising analogies with Christian thought and sentiment, that were its pre-Christian origin not established beyond the shadow of a doubt, one would be inclined to discover in it trace of Christian influence. Not only does the term Tao (word, reason) correspond quite closely to the Greek term Logos, but also Lao-tze preaches the ethics of requiting hatred with goodness. He insists on the necessity of becoming like unto a little child, of returning to primitive simplicity and purity, of non-assertion and non-resistance, and promises that the crooked shall be straight。

因"以外的其他的哲理,就难以在其译本里体现,限定了老子哲学整体价值的传播。例如对《道德经》第二十五章的翻译,就突出地显示了他的"原因"论。

该章原文是:"有物混成,先天地生。寂兮寥兮,独立而不改,周行而不殆,可以为天地母。吾不知其名,强字之曰道,强为之名曰大。大曰逝,逝曰远,远曰反。故道大,天大,地大,人亦大。域中有四大,而人居其一焉。人法地,地法天,天法道,道法自然。"

卡鲁斯的译文可分为以下 6 句:

1. There is a Being wondrous and complete. Before heaven and earth, it was. How calm it is! How spiritual!

回译汉语:"有一种'存在',多么奇妙、多么完美,存在于天地之前,多么安静!多么空灵!"

2. Alone it standeth, and it changeth not; around it moveth, and it suffereth not; yet therefore can it be the world's mother.

回译汉语:"独撑一面,不改变;在周围运行,从不会有痛苦,因此可以成为'天下之母'。"

3. It's name I know not, but its nature I call Reason.

回译汉语:"我不知道它的名字,但它的本性我称为'原因'。"

4. Constrained to give a name, I call it the great. The great I call the departing, and the departing I call the beyond. The beyond I call home.

回译汉语:"必得给个名字的话,那么我称它大,大我就称它逝去,逝去我称它在那一边,在那一边我就称它家。"

5. The saying goes, "Reason is great, heaven is great, earth is great, and royalty also is great." (There are four things in the world that are great, and royalty is one of them.)

回译汉语:"有谚语说:'原因大,天大,地大,王权也大'(天下有四大,王权是其中之一)。"

6. Man's standard is the earth. The earth's standard is heaven. Heaven's

standard is Reason. Reason's standard is intrinsic.

回译汉语:"人的标准是地,地的标准是天,天的标准是原因,原因的标准是本质。"

这一章老子对"道"有三个层面的描述和阐释,先是"形",其次是"名",最后是与天地人之间的"关系"。卡鲁斯的译文把老子的原文分作6个句子来翻译表达,也就是6个层次:

对原文第一个层面"道的状态",他用1、2两句的两个层次在译文中表达。译文第一层次借用西方的哲学概念"存在"(Being)表达"有物","混成"意义则丢失,而"寂兮寥兮"的原意是"无声、无形",则被译为"多么宁静!多么空灵(精神)";译文第二层次说"道"可以独撑一面,可是接着说"道"在周围运行,从不会有痛苦,因此可以成为"天下之母"。在这个层面,可以看到卡鲁斯译文把两个层次的关系最终归结为一种因果——yet therefore(总之、所以),甚至为了突出这种因果,不惜错译、误译,如在后一层次中"痛苦"和"可是"之间的转折,译文显然对原文产生了误解:把"殆"——"停止"的意思,错译为"痛苦",又把"可以为"理解为"可是"和"因为",其目的都是在强化他对《道德经》根本含义即是对"原因"的理解与发扬。

原文第二层面的"道之名",卡鲁斯在译文中也分为两个层次的3、4句来翻译表达。译文第一层次说"我不知其名,但是我称其本性为原因"。译文第二个层次,卡鲁斯把"返"译为home,其暗含的意思仍然在突出因果关系,因为在他看来"道"的本性就是"原因",所以最终要"归家",这与老子之道螺旋式上升的"返"相比,以及老子对螺旋式循环动态的道的轨迹的描述相比,当然是大相径庭了。

老子原文第三个层面描述"(道)与天地人之间的关系"时,先说"道大",接着说"天也大,地也大,人也大"。这样既是说明"道"不与"天地人"争大,又与天地人的关系通过"大"字联系起来,然后进一步阐述"人法地,地法天,天法道,道法自然"。"道法自然",把最后的落脚点放在自然上,自然就是自然而然,既是最低级的规律,也是最高层的境界。实际上指出"人地天"和"道"最终都是法自然,这又进一步加强了"天地人"和"道"之间的和谐共通关系。译文对原文的第三层面也用5、6两句两个层次来表达。第一层次"道(Reason)大,天大,地大,王权也大"。这儿的问题是译者参照了王弼原本或河上公本,以讹传讹地把原文中的"人"当成"王"[1],如果是"王"字,就不能与第二层次中的"人法地"相贯通呼应。何况译文第一层次中也并没有译出单个的"王"字,而是把"王"字译作"王权",译文的两层意思就无法贯通。译者甚至把第二层次译成:"人的标准是地,地的标准是天,天的标准是道,道的标准是本质(固有的)。"显然这个译文既失去了老子原文的通透性、连续性、周延性,更失去了老子"道法自然"的哲学精髓。

卡鲁斯虽然从哲学的角度在翻译解读《道德经》,但他把"道"译成"原因",并贯穿其译本始终,导致他的译本产生严重的问题。因为当卡鲁斯定位老子之"道"就是"原因"时,也就失去了涵盖81章中出现74次之多的老子之"道"的其他的丰富内涵,甚至本质特征。即使在第二十五章中仅出现4次的"道",如果稍加分析,卡鲁斯也无法用他的"原因论"自圆其说。如他把25章中第一次出现的"强字之曰道"的"道",翻译成"道的本性"(the nature of Reason),而不是"原因"。因为他已经发现,连老子本人都无法给它一个名,所以才强字之曰"道",他又如何能给他一个"原因"之名呢。对于"道法自然"这句话,卡鲁斯同样也难以前后一致,于是在翻译中把"自然"略去,因为他心目中的"道"是上帝的"第一原因"[2]。既是"第一原因",怎能再去"法自然"?于是他又把译文变

---

[1] 参阅《老子今注今译》,陈鼓应注译,商务印书馆2003年版,第171、172页。
[2] 据基督教的解释,世上的每一事物都有别物作为原因,推导到最后一个因称为第一因即为上帝。上帝是全能全知全善的,他没有外物作为自己的原因,而是世界其他物的第一因。罗素指出,这个论证开始的前提是每物都以别物为因,但得到的结论却是有一不以别物为因之物,即第一因,因而陷于自相矛盾。

成"原因的标准是其内在性"。因此,从卡鲁斯对"道"的翻译解读来看,与其说是在解读老子《道德经》,还不如说是卡鲁斯在把自己理解的"道",或是自己的"原因论"借用老子的嘴巴说出来。

二 巴姆的"自然智慧"论《道德经》

阿契·J.巴姆(Archie J Bahm,1907—1996)是美国现代著名的比较哲学家,新墨西哥大学教授,主要致力于中国、印度和西方哲学的宏观比较研究,著述颇丰,代表作有《老子道德经》(1958)、《佛陀的哲学》(1958)、《瑜珈——终极的和谐》(1961)、《世界现存宗教》(1964)、《孔子精神》(1969)、《薄伽梵歌——黑天的智慧》(1970)、《比较哲学——西方、印度和中国的哲学比较》(1977)等。他通过研究中、西和印度哲学思辨的不同特征,颇有见地地揭示了中国哲学中对立面的互补、相反相成的思维特点,通过对老子"道"的体验,他认为"道"就是"自然"、"德"就是"智慧",因而他多从"自然智慧"的角度解读《道德经》。他1958年翻译出版的《老子〈道德经〉:自然与智慧》,堪称哲理性译本的代表。巴姆曾撰写《哲学概论》《佛陀的哲学》,他在《比较哲学与比较宗教》[1]中,曾形象地用被一条线从中间分开的一个圆、太极图和一个空圆来分别描述西方、中国和印度的哲学思维方式的主要差异:西方哲学是二分法逻辑,是A和非A,二者必居其一;中国哲学是互补的逻辑,两端互补,相反相成;印度哲学是双重否定逻辑,非A,非非A。他在解读《道德经》时,运用了中西哲学的眼光,把《道德经》的核心概念与其他哲学概念如西方哲学概念和佛陀哲学概念相比较,得出老子《道德经》是智慧的和语言的哲学,因而他的译文义理贯通,富含哲理。

首先,从《道德经》第五十五章"物壮则老,谓之不道,不道早

---

[1] [美]巴姆(Archie J. Bahm):《比较哲学与比较宗教》,巴姆比较哲学研究室编译,四川人民出版社1996年版。

已"极富哲理的典型的例句,看巴姆的译本如何体现与其他非哲学译本的不同之处。巴姆对此句的译文是:"For when things exhaust their vigour, they age quickly. Such impatience is against Nature. What is against Nature dies young."

回译汉语:"一旦万物尽自己的元气或能量,就会立刻衰老。如此急躁地(过早耗尽)发展,就会违反自然规律,而任何违反自然规律的事物就会早逝。"

为了更加透彻地说明巴姆翻译中体现的哲理层面,我们选取非常受西方读者欢迎并再版过多次且学界比较认可的理雅各的非哲理性译文加以比较。理雅各的译文为:"When things have become strong, they (then) become old, which may be said to be contrary to the Tao. Whatever is contrary to the Tao soon ends."

回译汉语:"当事物长壮,就会衰老,这一点据说是违反道的。无论谁违反了道,谁就会迅速地结束。"

比较巴姆和理雅各的译文,很明显看出巴姆的译文富于思辨,义理非常清楚——耗尽元气或能量就会迅速衰老,而违反自然、提前耗损就会过早地结束生命(巴姆译文的回译)。这个译文前后既符合逻辑,又一以贯之。而理雅各的译文虽然也暗示这个道理,但缺少思辨和内涵,内在的逻辑关系不严密,甚至与原文相突兀:"物壮则老"是符合自然规律的命题,但不能因此推出"违反道"这个结论,因为"道"的基本属性就是符合自然规律。

其次,再看巴姆在用哲学的语言表达老子思想时,如何克服中西方语言差异的限制,用高度哲学化的内涵与概念驾驭不同文化的差异,从而达到自圆其说。

例如,《道德经》第二十六章:"重为轻根,静为躁君。是以君子终日行不离辎重。虽有荣观,燕处超然。奈何万乘之主,而以身轻天下?轻则失根,躁则失君。"

巴姆的译文是:"Saneness or sobriety is more basic than frivolity. Calmness or self-sufficiency is superior to being agitated. Therefore the intelligent man, though he goes on a long journey, will never depart far from his means of conveyance. No matter how exciting the distractions, he never submits to their lures. /What would happen if Nature were to act frivolously? /If it became frivolous, it would be deprived of its sanity. If it became agitated, it would lose control of itself."

回译汉语:"清醒和节制比浮躁更重要,是基础。宁静或知足胜过被挑动。因此聪明的人尽管长途旅行,也不离开自己的交通工具;无论什么样激动人心的引诱,也从不违背自己的原则。如果道(Nature)本身就很轻浮地作为,会发生什么样的情况呢?如果它变得轻浮,就会失去清醒,那么一旦被引诱,就会失去自我的控制。"

首先看巴姆对"重为轻根,静为躁君"的处理。老子这两句话表达的哲学含义既相互独立又相互关联,前者为后者铺垫,使后者表达得更深刻。所以从哲学角度,巴姆的理解主要在后者,他的译文节略了前半句,着重解释后半句,可以说是准确把握了老子的重点。

其次看其对原文化"是以君子终日行不离辎重"中"君子"和"辎重"的处理。"君子"在中国语言中具有厚重的文化含义,指行为端正、道德高尚、知识才能超出一般人,堪称楷模和典范的人。如果要找一个对等的西方词汇来表达实在太难了,巴姆很聪明,他避开了所有其他文化方面的"辎重",而只挑选一个与此段文字表达相关,且最恰当的表达——"聪明人",来体现其"智慧哲学",而理雅各就把这个"聪明人"翻译成"王子",使其负载了别样的文化内涵。同样对"辎重"二字,实际上原语的含义是笨重的行李,在这里他用"交通工具"来表达,也显得比较顺畅。比较原文和译文,虽然不是字字对等,可是其中的"智慧"表达却没有那么大的差异。

再次，巴姆在翻译中舍弃了"重为轻根"和"虽有荣观，燕处超然"三句，虽然和原文比较有很大程度失真，但从积极的方面看，在总共9句话的一章中，竟然在漏译了3句话的情况下还能自圆其说，要表达的"清醒是本，而轻浮必然容易被鼓动，被鼓动或引诱必然失去自我控制"的核心观念丝毫没变，前后一气。这显示了他是在用高度哲学化的内涵驾驭着跨文化间的翻译，其本身也可称为哲学智慧。

哲学著作的翻译解读，如果译者把握准确，显然对传播老子哲学、对读者正确地解读老子起着很大的作用，巴姆也根据自身的理解努力向原文本靠近，但由于他本人对汉语言缺乏了解，译文中也有很多不足甚至谬误的地方。如《道德经》第四十四章："故知足不辱，知止不殆，可以长久。"巴姆的译文是："He who knows how to discriminate wisely avoids danger, And continues safely on his way."

回译汉语："明智的有辨别能力的人可以避免危险，从而安全地走自己的路。"

译文一方面译出了"知足不辱，知止不殆，可以长久"中所包含的"明辨"的智慧，可是另一方面也丢失了原文中"知足""知止"的哲思，而"安全地走自己的路"也失之肤浅。

再如，《道德经》第四十章的一句："反者道之动；弱者道之用。天下万物生于有，有生于无。"巴姆的译文是："Nature alternates dynamically. When it completes what it is doing, then it starts all over again. All that is springs from such alternation."

回译汉语："自然动态地更替着。当它完成了自己的使命，就会从头再来，这个周期循环往复。"

译文显然没有全面理解领会原文的内涵，限于汉语水平，以及敝于文化差异与背景的不同，只翻译了其中的"道之循环往复"内涵，其他重要思想和哲学概念如"道之动""道之用""有""无"等都统统丢失了。

本章仅四句话，竟然漏译这么多核心概念和重要思想，可见巴姆对老子哲学解读的疏漏之多，有人甚至怀疑他的译本还是不是《道德经》的译本。他把"道"译为 Nature，"德"译为 Intelligence，然后以这两个概念——"自然智慧"，套解全篇思想，出现的问题更多更复杂。如第五十一章，"德蓄之"，只能译为"Intelligence guides them"（用智慧指导之）。尤其严重的是，由于概念错用，在当其他地方真正需要 Intelligence 这个词翻译时，就与不该用而用了 intelligence 或同源词的翻译解读混为一谈，使人无所适从。

如"使我介然有知"的"知"字，在《道德经》第五十三章"使我介然有知，行于大道，唯施是畏"，巴姆的译文是："Let us be intelligent and follow Nature itself. Let us not stray."

这里的"知"有"智"的意思，选择 intelligent 来译没有问题。可是对于"圣人"和"善者"，他也一概用 intelligence 或同源词来翻译，如《道德经》第六十三章的"是以圣人终不为大，故能成其大"一句，巴姆的译文是："Therefore the intelligent man, although never troubling himself with big things, still accomplishes the same result." 又如"善者"《道德经》第八十一章有"善者不辩，辩者不善"一句，巴姆翻译成："He who is intelligent is not quarrelsome; He who is quarrelsome is not intelligent." 这两句话，巴姆将前一个"圣人"译为"聪明的人"，第二个"善人"也译为"聪明的人"，甚至如上文提到的"君子"也译成"聪明的人"，显然会给译本读者带来误导与混乱，会让读者感到已偏离了《道德经》。[①]

但不可否认的是，巴姆是在努力从哲学的角度对整篇《道德经》做翻译解读，解析了其中的智慧真理。从以上例子可以看出，在涉及智慧的地方，巴姆总是不遗余力地把它们剥离出来，留下的或是语言的外壳或是还连带着的文化根茎。这种解读有时看似清凌凌的（因为

---

① 此段 intelligence 的解读参考台湾学者张起钧：《老子道德经的英文译本及其翻译的途径》，《辅仁大学文学院人文学报》1970 年 9 月第 1 期。

剥去了语言外壳），有时又看似血淋淋的（剥离连带了文化内涵），凸显了他对老子"智慧"的领悟，尽管不全面，但其价值也显而易见。因此，对于这类译本，我们既要看到它的长处优点，又要谨慎对待其疏忽遗漏甚至曲解的文化内涵。

三　安乐哲和郝大维的"开路"论《道德经》

美国夏威夷大学哲学教授安乐哲（Roger T. Ames）致力于中西方哲学比较研究和中国经典的翻译。他翻译的中国经典除《道德经》外，还有《论语》、《孙子兵法》、《孙膑兵法》、《淮南子》等。他和郝大维在2003年合译出版的《道德经》（*A Philosophical Translation*: *Dao De Jing, Making This Life Significant*）直接冠以"哲学"二字，可见其对"老子之道"哲学价值的认同，书名翻译成汉语为"哲学地解读《道德经》：使此生伟大"。郝大维（David L. Hall，1937—2011）曾是美国得克萨斯大学哲学教授，早年研究美国哲学和怀特海哲学，后转向道家哲学和希腊哲学的研究，曾与安乐哲合作出版《孔子哲学思微》一书，并合译《道德经》《中庸》等。

在《哲学地解读〈道德经〉：使此生伟大》导论中，安乐哲与郝大维认为"道"就是"way-making（开路）"。同时他们还对以前译本中的哲学性解读作了评论，如对卡鲁斯和D. T. Suruki于1913年的合译本《理性美德之宝典：老子〈道德经〉》所揭示的哲学性问题，他们认为译者把"道"理解成"原因"，而这个"原因"很容易让人联想起"上帝第一因"（Divine Reason），这就会使读者感到中国的天子就是"负有人类原罪的高等神父"。[①] 安乐哲和郝大维进而评论说，这样的哲学解读的译本是不能接受的，因为葛兰言（Marcel Granet）早就在其著作《中国思想》中明确提出："中国的智慧不需要上帝这

[①] Roger T. Ames and David L. Hall: *A Philosophical Translation*: *Dao De Jing*, *Making This Life Significant*, New York: Ballantine Books, p. 12.

一观念。"①

鉴于此,在自己的翻译实践中,安乐哲与郝大维既极力改变他们认为前人不当的解读与翻译,同时又提出了自己对中国哲学、老子之"道"的许多新认识、新观点,以构建自己的"开路"论《道德经》体系。他们首先极力摆脱西方宗教哲学的影响与附会式翻译,这在对《道德经》第四章和第四十二章有关句子的翻译中,体现得非常明显。

如第四章"吾不知谁之子,象帝之先"一句,安氏和郝氏译文是:"I do not know whose progeny it is; It prefigures the ancestral gods."

回译汉语:"我不知它是谁的后代;它预兆于祖先神之前。"

译本在选词中之所以做这样处理,笔者认为有两个基本的考虑,首先安氏和郝氏的译本,摆脱了先前的用各种拐弯抹角的方式最终指向西方宗教哲学解读的束缚,即不再在原文中的"子"和"帝"上做文章,而把"子"译为"后裔","帝"译为小写的与西方"上帝"无关的"帝王"。其次译者还考虑到了中华文化中对"帝"的理解,加了一个修饰语"祖先的"。这些细微的用心,既可以感受到译者对中华文化的认识与理解在加深,并在翻译实践中予以充分运用,也可以感受到译者对老子哲学的精髓有了更深刻的把握。

再如第四十二章"道生一,一生二,二生三,三生万物"一句,安氏和郝氏的译文是:"Way-making (dao) gives rise to continuity, / Continuity gives rise to difference, / Difference gives rise to plurality, /And plurality gives rise to the manifold of everything that is happening (wan-wu)."②

回译汉语:"路的开辟产生连续性,连续性产生差异,差异产生

---

① [美]安乐哲、郝大维:《道不远人:比较哲学视域中的〈老子〉》,何金俐译,学苑出版社200 年版,第2页脚注(1)。

② Roger T. Ames and David L. Hall: *A Philosophical Translation: Dao De Jing, Making This Life Significant*, New York: Ballantine Books, pp. 142–143.

多元，多元产生万物的多样性。"

　　这一句是理解老子之道的关键句。首先，安氏和郝氏没有利用"道"的这种创生性，推论出"道是万物创造者"这个接近西方宗教哲学的命题，而极力想表现的是"道"在老子哲学中的原文化指称。他们认为"道"是"开路"，具有"流动性"和"延续性"的特质，因此他们把"道"译为way-making——"路的开辟"①。他们反对把老子之"道"物化和僵化，认为如果把"道"译成"道"（dao）或"那个道"（the dao），就是背叛它本身的特质——"流动性"和"自反性"。同样，把"道"翻译为 way，path，road 等名词化或概念化的方式，也是"用物质的本体论替代了过程的感受性"②。

　　其次，安氏与郝氏的译本对老子哲学包含的连续性与多样性有深刻的把握。安氏与郝氏用"连续"和"过程"构建老子"道"的哲学，他们在翻译"道生一，一生二，二生三，三生万物"时，就没有拘泥于原文的数字，而是从数字中挖掘其抽象性、连续性，所以译文中虽然没有出现数字，然其深刻的抽象逻辑性丝毫不差，由原文"一、二、三……"的数据连续，变成了"道（开路）—连续—差异—多元—万物"的贯通。这样的翻译解读更接近现代西方哲学的发展与变化的实际，也更加体现出老子哲学思想中所包含的万物发展的连续性、过程性和多样性。

　　再次，安氏和郝氏译本对《道德经》的哲学超越性、开放性和时空合一性思想的认识非常深刻。老子之"道"的超越性和开放性在第四章有较详尽的描述："道冲，而用之或不盈。渊兮，似万物之宗。挫其锐，解其纷，和其光，同其尘。湛兮，似或存。"安氏和郝氏对此做了如下翻译："Way-making being empty, /You make use of it/But

---

① Roger T. Ames and David L. Hall：A Philosophical Translation：Dao De Jing, Making This Life Significant, New York：Ballantine Books, pp. 57–59.

② Roger T. Ames and David L. Hall：A Philosophical Translation：Dao De Jing, Making This Life Significant, New York：Ballantine Books, p. 59.

do not fill it up. /So abysmally deep—/It seems the predecessor of everything that is happening (wanwu). /It blunts the sharp edges/And untangles the knots; /It softens the glare/And brings things together on the same track. /So cavernously deep—/It only seems to persist."

  回译汉语:"路的开辟是一种空无,你可以用它,但永远不要填满。非常之深——似万物的前身。锉掉锋利的边缘,解开其中的结节,柔和锐利之光,与万物融入一个轨道。像洞穴一样深啊——似乎还在那儿坚守。"

  以上译文与原文在字面上靠近,其中对"道"的开放性和超越性的哲思,则在他们的另一本著作《道不远人:比较哲学视域中的〈老子〉》中得到充分阐释:"'道'的不可确定的本质使得它就像一个无底的杯子,无限宽敞。经验过程性和流动性的品格为自我的内部更新提供了一个发展空间,因而戒绝了拥有最初源起或最终闭合的任一可能性。在生命节律内部,那摇摆的门打开,新奇自然而然产生,为世界注入新鲜血液,冲淡那些走入极端的,改造所有脱离轨道的。无论再具持久性的事物都会在事物之间无休止的转化中最终被超越。经验的深微、奥妙之处就在于它无可穷尽的可能性。是真正的新奇产生了这些无可穷尽的可能性:它是自存且无法言明的。作为万物的创造性源头和所有关系的处所,经验自身就是敬畏和宗教崇拜的适当对象。"①

  "道"的开放性像一个无底的杯子,然而这个看似空空的杯子却充满了流动的万物,它无限宽广,没有最初的起源和最终的闭合。这个思想让西方哲学中"第一因"和"终极审判"没有了存在空间,这个决心让我们感到,译者真正试图从中国哲学的角度来解读《道德经》。

  "道"的超越性表现在流动的万物不断地产生和灭亡,所有的

---

① [美]安乐哲、郝大维:《道不远人:比较哲学视域中的〈老子〉》,何金俐译,学苑出版社2004年版,第96页。

新鲜、丑恶和死亡都不能长久，在恒久流动的变化中最终被超越。这种超越否定了西方哲学意义上的"超绝"（归入上帝的审判）①。中国哲学是万物自身的超越，万物还是万物，主体没有发生转移，与西方万物和上帝的关系形成鲜明的对比。所以在译文中，译者把万物与道的关系处理为一体的关系，没有产生第一因等任何一个第三者。

老子哲学的时空合一性在第九章有详尽体现："持而盈之，不如其已；揣而锐之，不可长保。金玉满堂，莫之能守；富贵而骄，自遗其咎。功遂身退，天之道也。"安氏和郝氏译文是："It is better to desist/Than to try to hold it upright and fill it to the brim. /Pounded out to a point/Its sharpness cannot be long maintained. /When treasure fill the hall, No one is able to keep it safe. /Those who are arrogant because of station and wealth/Bring calamity upon themselves. /To retire when the deed is done/Is the way (dao) that tian works."

回译汉语："紧抱着不放而且还要装得满满，不如断了这个念头；在一点上用力捶，锐利不可常保；厅堂里堆满财宝，没有人可以看守得了；因为自己财富和地位而骄傲的人只能给自己带来灾祸；事情做完，就隐退是天的行事之路（道）。"

老子第九章字面上表达"正反相承"，但原文并没有直接说明其中的原因，所以解读者需要根据自己的经验去感受其中的哲学智慧。安氏和郝氏的译文与老子原文同样没有解释一句话前后之间的关系，然而却在译文后的注解中阐述了其中的关系：如果时间变了，构成产生某物或某件事情的条件变了，结果自然就变了，这是时空合一的辩证关系。比如金玉满堂，赚取金玉的人和条件随着时间的变化而变

---

① 关于"超越"和"超绝"的区分请参考胡治洪、丁四新：《辨异观同论中西——安乐哲教授访谈录》，载《中国哲学史》2006年第11期。其中部分解释为："'内在超越'与'超越'的原来含义还是不一样。或许可以用'超绝'特指西方的柏拉图式的'超绝'，有断开、独立的意义，而'超越'就具有连续性。用这两个不同的概念来分别表示西方的和儒家的超越观。"

化，虽然物在，然时间更替，事异人异，怎么能让财物永恒保留在老地方呢？同理，人的地位随着时间的改变也会改变，因为人已有变化，怎么还能固守虚名而沾沾自喜呢？

实际上第九章所揭示的前后句之间的关系，都是时间和空间的并存性关系，如果谁只抱着其中一个不放，只能自遗其咎。老子的时空辩证统一的关系，在安氏和郝氏的译文注释中得以阐释，这是译者的一种正确解读方法。

安氏和郝氏译本中所表现的深刻而丰富的哲理，不仅体现在以上三个方面，文中还有许多类似的例子，如认为老子的智慧在内涵上浑然一体，老子之"道"是整体投射的启示，以及"道"是一种关系、"德"是一种关系、"天"也是一种关系等等哲学思想观念，都在其译本中得到体现。但译本也存在着很多不足，如在句读上理解不准确，哲理上解读牵强等，在此不一一赘述。

四 结论

《道德经》虽仅五千言，但其中智慧哲论俯拾皆是，因此有人把《道德经》比喻为白矮星，其中能量高于核聚变，可谓取之不尽、用之不竭。可以说，自古以来，注家译者万千，然而没有谁能够完全穷尽其内涵妙义。以上所选三篇代表性哲理类解读译本，只可谓万花丛中几点红，其用典型的哲学观点、哲学方法对《道德经》加以释读，亦是把利弊皆有的双刃剑，故此，下面就哲理类解读出现的典型问题进行思考与归纳。

首先，因历史上中西哲学的差异性而产生的问题。差异产生对立，对立容易转化为遮障。中西哲学之差异，正如方东美先生描述的那样："中国哲学一向不用二分法以形成对立矛盾，却总是要透视一切境界，求里面广大的纵之而通、横之而通，借《周易》的名词，就是要造成一个'旁通的系统'。这是中国哲学与其他哲学最大的差异。"① 具体到《道德经》中，老子对"道"的阐述就体现了中国哲学这一特点。西方译本多以某个具体词汇如上文提到的"Reason""intelligence"等来翻译老子之"道"，这势必落入西方哲学概念的体系，因而不能全面、客观、准确地反映老子之"道"的真实内涵。

其次，《道德经》域外传播的过去几百年，正经历中国由封建帝制衰落、近代的多难和现当代的民族振兴过程，而西方的话语霸权却正是乘着工业革命的强势一路扶摇直上的时期，西方文明被追捧而泛化，东方文明则遭贬低排斥，长期处于弱势地位。"专业西方哲学界一直颇为怡然地坐视亚洲哲学被忽视。仅是靠对这些文化传统浮光掠影的一瞥，他们便可以波澜不惊地轻下断论：这些思想学派并不是真正的哲学。"②《道德经》被基督化和庸俗化的解读过程，实际上就落入西方文化简约主义（cultural reductionism）、沙文主义和殖民主义的思维陷阱。

再次，具有深厚西方哲学背景的译者在解读《道德经》时，所遇到的语言问题、文化问题和历史问题，加深了他们翻译解读《道德经》的难度。同时由于哲学家解读《道德经》关注的是自身的义理通畅，或者着重自己所能理解出的义理结构的架设，或者只注重自己哲学思想的渲染，对于原文中的九曲回廊、曲径通幽的缜密哲理，在不能充分揭示和充分表达的情况下，往往采取裁弯取直，或架桥铺路的方式予以翻译替代，出现漏译、转意甚至误译的现象就不可避免。

因此，可以说，传统中西哲学思维的差异性以及近代以来东西方社会经济文化发展的不平衡，导致话语权不对等，最终导致了近代以来西方在翻译解读最能代表中国古代哲学思维的经典《道德经》时，出现了以西哲代替中哲、以西方思维模式代替东方思维模式的现象，

---

① 方东美：《原始儒家道家哲学》，黎明文化事业股份有限公司1983年版，第22页。
② 胡治洪、丁四新：《辨异观同论中西——安乐哲教授访谈录》，《中国哲学史》2006年第11期。

从而使《道德经》的原典内涵被误解、曲解,甚至漏译,成为跨文化传播史上最奇特景象之一。作为中国传统文化的传人和研究者,我们对此不能不引起高度重视,西译者亦应从中吸取教训,不断寻求新的突破。

第四节 《道德经》的语文类解读

在《道德经》翻译传播的历史上,译者有很多是传教士、神学家、哲学家,也不乏学术严谨的汉学家、翻译家,这类学者怀着对中国古代经典的崇敬之情,仔细研究,深入挖掘其中人类的共同财富,并以个人的理解向读者展示自己心目中《道德经》的"图景"。

一 拉法格"阐释学中"的《道德经》

拉法格是耕耘在翻译解读《道德经》这块肥沃的田野里辛勤而又执着的学者之一,他试图用《圣经》阐释学的方法恢复《道德经》原始意义。

所谓阐释学,又称"释义学""诠释学"等,类似于明清时盛行的考据学,通过对语言学、文字学、哲学、历史学、文献学、版本学、目录学等学科的综合运用,探究和揭示文本的意义。这在当时既是一门边缘学科和一种新的研究方法,又是一种哲学思潮。拉法格通过阐释学方法的运用,对《道德经》文本产生的历史背景和流传情况,加以系统的梳理考察,认为《道德经》原是"士阶层"口头的交流,后把曾经各自独立的章节汇编成书。为此,拉法格不但把老子的81章《道德经》重新排序、重新划分章节,还根据自己的研究把它们分为从"个人修养"到"统治原则"的7个主题章节——每个主题为一个章节。他的执着还表现在,企图通过对各章的分析、比较、研究、联想、推测,得出《道德经》的整个内容是由包括批驳类的格言、教导和赞颂品质类自我修养的警句,以及与之相关联的本源谚语组成。下面通过对他的译本的详细分析，透过他的执着，看他得到什么样的收获？收获的效果又是如何？

麦克尔·拉法格（Michael Lafargue）出生于1939年，1978年从哈佛神学院博士毕业后，在马萨诸塞大学（University of Massachusetts）教授宗教与哲学，任该校东亚研究所主任。1992年出版译本《〈道德经〉之道：译和析》①（*The Tao of the Tao-te-ching*：*A Translation and Commentary*）；1994年出版关于《道德经》翻译的方法论一书，题为《道与方法：对〈道德经〉的推理探讨》（*Tao and Method*：*A reasoned approach to the Tao-te-ching interpretation*）②；1998年与利维亚·科恩（Livia Kohn）合编出版《老子和〈道德经〉》一书，在其中发表论文《重新揭示〈道德经〉的原意》（*Rediscovering the Original Meaning of the Tao Te Ching*）③。拉法格的这两本著作和一篇论文都在向读者表明，他力求通过阐释学方法的运用，重新揭示《道德经》的内在结构和原文本意义。

拉法格声称自己的译本，是研究了许多先前的译本、翻阅了大量有关老子和《道德经》的历史、调动了所有现代的词汇和表达的结晶。事实也是如此，他先后用了18年的时间，比较研究了据他自己认为是可获得的学者型的译本，如卡鲁斯（Paul Carus）、陈荣捷（Wing-tsit Chan）、初大告（Ch'u Ta-kao）、戴闻达（J. J. L. Duyvendak）、Carmelo Elorduy、韩禄伯（Robert Henricks）、Bernhard Karlgren、刘殿爵（D. C. Lau）、理雅各（James Legge）、施特劳斯（Victor Von Strauss）、亚瑟·韦利

---

[1] Lafargue, Michael：*The Tao of the Tao Te Ching*：*A Translation and Commentary*，Albany：State University of New York Press（SUNY Press），1992.

[2] Lafargue, Michael：*Tao and Method*：*A reasoned approach to the Tao-te-ching interpretation*，SUNY Press，1994.

[3] Lafargue, Michael："*Rediscovering the Original Meaning of the Tao Te Ching*" IN "*Lao—tzu and the Tao-te-ching*"，Edited by Kohn, Livia& LaFargue, Michael，Albany：SUNY Press，1998.

（Arthur Waley）以及额克斯（Erkes）、朱利安（Julien）等的译本①，最终完成自己的定本。

拉法格之所以选择用阐释学方法解读《道德经》，主要为解决三个方面问题：1.《道德经》产生的历史背景；2.《道德经》一书如何形成；3.《道德经》中的格言警句是什么意思。

波士顿大学神学院副院长、宗教对话研究所所长约翰·白诗朗（John Berthrong），对拉法格的《道与方法：对〈道德经〉的推理探讨》一书曾做出这样的评价：拉法格在前言介绍中明确了三个方面：1. 要找到一种新的跨文化的诠释学来理解《道德经》；2.《道德经》产生于周朝及其后演变过程中的固定时间和地点，是一批观点相似的人收集和修撰老子的格言警句，形成本学派一致的教本；3. 最后根据自己对这一学派作用和目的的历史研究，重新给《道德经》划分了章节。②

白诗朗的评价比较中肯。在历史背景方面，拉法格参考许华云的《先秦社会史》（Ancient China in Transition）③等著作，认为《道德经》源于春秋战国时期"士阶层"的崛起，他们有很强的社会责任感，是政治上的理想主义者，热衷于向统治者提供新的文化和政治主张，他们并不想改变社会结构，认为统治者的内在修养是管理好国家的关键——这些就是当时的"士阶层"为什么需要《道德经》的历史背景。④

---

① Lafargue, Michael: *The Tao of the Tao Te Ching*: *A Translation and Commentary*, Albany: State University of New York Press (SUNY Press), 1992, p. 214.

② Reviewer: John Berthrong, Tao and Method: A Reasoned Approach to the Tao Te Ching. By Michael LaFargue. State University of New York Press, 1994, *Journal of the American Academy of Religion*, Vol. 65, No. 2 (Summer, 1997), pp. 494–496, Published by Oxford University Press.

③ Hsu, Cho-yun: Ancient China in Transition: An analysis of Social Mobility, 722–222 B. C. Stanford, Calif. : Stanford University Press, 1965; Creel, Herrlee G. , Sinism: A study of the Evolution of the Chinese Worldview, Chicago: Open Court Press 1929/The Origins of Statecraft on Ancient China Vol. I. Chicago: University of Chicago Press; Bodde, Derk: Essay on Chinese Civilization, Philadelphia: University of Pennsylvania Press.

④ Lafargue, Michael: The Tao of the Tao Te Ching: A Translation and Commentary, Albany: State University of New York Press (SUNY Press), 1992, pp. 190–195.

那么,《道德经》又是如何编撰成书？拉法格比照《圣经》的解读方式，认为《圣经》产生于当时的口头语言，《圣经》的编纂是从口语到书面语，《道德经》的产生也是如此，最初也没有书面语，而只是口语相传——一群"士阶层之间"口语的交流，或者"士人与访客（统治者）"交流如何统治的智慧，并且一般都是以格言的形式表现。这是老子中格言产生的第一个背景。第二个背景是老师教导学生如何自我修道的格言警句，这类格言警句是对老子培养修道心境品质的赞许，第二、第三代的"士阶层"对已有的格言警句，经过反省并作为群体的智慧予以整理编辑，并补充一些格言警句作为培训学生的资料，于是，这些格言警句就按照一定的目的和方式编撰在一起，成为《道德经》的一部分。

拉法格经过重新整合，把81章《道德经》分为7个主题的大章节：第一、第二两章的主题是老子理想的两个中心，一是培养那种无干扰的"善"，二是培养精神和身体上的健康；第三章的主题是自我品质修养；第四章的主题是教与学；第五章的主题是理想的统治原则；第六章的主题是老子提倡的"柔"管理；第七章的主题是老子对当代社会的发展方面提出的观点。在此基础上，拉法格详细剖析了组成各章内容的格言警句是按什么方式联合在一起的，也就是说，它们之间有什么样的关联？他认为这种关联可分为两类：

第一类是"同字相关"。例如《道德经》第五十五章："益生曰祥，心使气曰强"和第三十章的"善有果而已……果而不得已，果而勿强"，两者通过"强"字把前后联系起来。

第二类是靠标准的"文字处理"。这种处理包括"连接转换"（connective alteration）、"制定框架"（搭架，framing）和"启下"（take off）等几种模式。

所谓的"连接转换"，是指原本行文顺畅的内容、结构、节奏或韵律，突然被一个突来的词或一句话打断，而这个突如其来的词或句子为的是连接和强调其后的内容。例如《道德经》第十章：

载营魄抱一，能无离乎？专气致柔，能如婴儿乎？涤除玄鉴，能无疵乎？爱国治民，能无为乎？天门开阖，能为雌乎？明白四达，能无知乎？生而不有，为而不恃，长而不宰。是谓玄德。

拉法格认为本章中的"爱国治民，能无为乎"一句，不是原格言里的内容，而是后来编辑的人加上的，目的是引起对"生而不有，为而不恃，长而不宰。是谓玄德"的强调，应是同一个编辑加上的。①

再如《道德经》第三十九章：

　　昔之得一者：天得一以清；地得一以宁；神得一以灵；谷得一以生；侯得一以为天下正。其致之也，谓天无以清，将恐裂；地无以宁，将恐废；神无以灵，将恐歇；谷无以盈，将恐竭；万物无以生，将恐灭；侯王无以正，将恐蹶。故贵以贱为本，高以下为基。是以侯王自称孤、寡、不谷。此非以贱为本邪？非乎？故致誉无誉。是故不欲琭琭如玉，珞珞如石。

拉法格认为其中的"侯王无以正，将恐蹶"，打断了上文平行对比，但同时引出下文："故贵以贱为本，高以下为基。是以侯王自称孤、寡、不谷。此非以贱为本邪？非乎？故致誉无誉。是故不欲琭琭如玉，珞珞如石。"②

"搭架"指的是，为了把一些散落的格言集中起来，不得不把一个格言打开，把杂乱的内容放在中间，这样被打开的格言放

---

① 参见 Lafargue, Michael: The Tao of the Tao Te Ching: A Translation and Commentary, Albany: State University of New York Press (SUNY Press), 1992, pp. 60, 61, 224。

② Lafargue, Michael: *The Tao of the Tao Te Ching*: *A Translation and Commentary*, Albany: State University of New York Press (SUNY Press), 1992, pp. 76, 77, 224.

在杂乱的格言前后，行成一个章节。这种章节的结构呈现出三种特征。

第一种"搭架"标志非常明显。例如《道德经》第二十二章：

> 曲则全，枉则直，洼则盈，敝则新，少则得，多则惑。是以圣人抱一为天下式。不自见，故明；不自是，故彰，不自伐，故有功；不自矜，故长。夫唯不争，故天下莫能与之争。古之所谓'曲则全'者，岂虚言哉？诚全而归之。

拉法格认为，被打开的是第一句（"曲则全"）和最后一句（诚全而归之），中间散放的是一些杂乱的格言，这样组成一章。这种乱而有很明显的标志在于第一句的"全"和最后一句的"全"呼应。

第二种"搭架"标志不太明显。如《道德经》第七十九章：

> 和大怨，必有余怨；报怨以德，安可以为善？是以圣人执左契，而不责于人。有德司契，无德司彻。天道无亲，常与善人。

不明显表现在只有第一句的结束语"安可以为善？"处的"善"字和最后一句的"善"呼应，拉法格认为这是可能的关联。

第三种特征是这种"搭架"标志还不清楚是否是当时编撰者的有意识行为。如《道德经》第十五章：

> 古之善为道者，微妙玄通，深不可识。夫唯不可识，故强为之容：豫兮若冬涉川；犹兮若畏四邻；俨兮其若客；涣兮其若凌释；敦兮其若朴；旷兮其若谷；混兮其若浊；澹兮其若海；飂兮若无止。孰能浊以静之徐清？孰能安以动之徐生？保此道者，不欲盈。夫唯不盈，故能蔽而新成。

拉法格认为第一句的"不可识"和最后一句的"蔽"字是关联的，故可以看出是上下连在一起的一章①，但这是不是编撰者的故意所为，还说不清楚。拉法格做这样的推断，其中的用心值得赞赏，但缺乏足够的证明和内在逻辑。

"启下"指的是，《道德经》中的章节引用一些谚语只为引起下文，成为对另外内容的评价。如第七十九章："<u>持而盈之，不如其已</u>；揣而锐之，不可长保。金玉满堂，莫之能守；富贵而骄，自遗其咎。功遂身退，天之道也。"拉法格认为其中画线的一句是为了引发下面具体的内容。又如《道德经》第四十章："<u>反者道之动</u>；弱者道之用。天下万物生于有，有生于无。"拉法格认为画线一句是为了引出其后的句子。②

拉法格还根据自己文化中格言警句的形成方式，认为包含在《道德经》中的所谓格言警句包括三类元素：一类元素是"（批驳）对象"（Target），一类元素是"意象"（Image），一类元素是"态度"（Attitude）。

他认为含"（批驳）对象"元素的第一类警句，总是与大众的取向相悖。这种警句一般对主流观点有修正和补充的作用，例如，大众的倾向：谁跑得快，谁得第一。可这不是格言，与其相对的"慢而稳者取得名次"才是格言，因为这种观点是补充纠正主导趋势的观点。这类格言有具体的批驳对象，如欲望、炫耀等，所以不能通用于任何情况，并且与其中的真理和原则没有必然的联系。

含有"意象"元素的第二类警句，在于唤起人们感官的联系。但这种联系往往是一种主观感受，而不是普遍的准则，如"等车不至""观水不开"。这种意象常常故意用夸张、矛盾、刺激，甚至惊骇的方

---

① Lafargue, Michael: *The Tao of the Tao Te Ching*: *A Translation and Commentary*, Albany: State University of New York Press (SUNY Press), 1992, pp. 20, 21, 228.

② Lafargue, Michael: *The Tao of the Tao Te Ching*: *A Translation and Commentary*, Albany: State University of New York Press (SUNY Press), 1992, pp. 74, 75, 244.

式作语言描述，以唤醒人们心中被忽视的，但清晰、准确，且非常有价值的一般真理，如《道德经》里的"光而不耀"等。

含有"态度"元素的第三类警句，选择哪种说法往往由某种态度或选择决定，如"劳有所得"和"得不偿失"，当需要鼓励孩子学习、工作时，家长就会倾向于选择前者，而工作之余想休息一下，放松放松，就会选择后者提醒对方。

拉法格告诫读者，含有这三类元素中某一类元素的格言，并不会清晰地显示在格言本身，然而人们解读格言时套用某种元素，却关系到对格言理解的对与错。他列举了《道德经》中最难判断的警句"知者不言"予以分析说明：如果从"批驳对象"元素理解，这句批驳的是：口才好的人知道得多；从"意象元素"理解，这句的意象是：头脑空虚的辩才缺乏知识；根据"态度元素"分析，态度是：主旨比表象重要，或者表象一点也不重要。[1]

对于最难解读的本源谚语（Original Sayings），拉法格认为是《道德经》中那些描述世界本源的谚语。如《道德经》第一章："无名，万物之始"；第四章："吾不知谁之子，象帝之先"；第四十章："有生于无"；第三十九章："万物得一以生"；第四十二章："道生一，一生二，二生三，三生万物"；等等。这些谚语不是教化，而是赞美，赞美在经过自我修养道家理想后，经过内心体验，转化为认知外部世界意义的基础。

为了让读者明白本源谚语表达的方式，拉法格用爱情诗的结构来加以说明。他认为爱情诗歌中观察事物的角度是一方以另一方（被爱方）为中心，在心中产生的美妙感觉折射到自己的环境中，就产生对周围事物的美妙印象，这成为这个自己居住的美好世界意义的基础。以此，拉法格类比《道德经》中所包含的本源谚语：对本源谚语的理解，就是因为"道"在人们心中的美好印象，转换成对周围事物的美

---

[1] Lafargue, Michael: *The Tao of the Tao Te Ching: A Translation and Commentary*, Albany: State University of New York Press (SUNY Press), 1992, pp. 202–205.

好感觉，从而成为我们认知居住的这个世界事物意义的基础。拉法格甚至引用葛瑞汉（A. C. Graham）翻译的《荀子·礼论篇》的句子，来分析证明其理论的正确性。荀子的原文是："天地以合，日月以明，四时以序，星辰以行，江河以流，万物以昌。"

葛瑞汉的译文是：

By this heaven and Earth join
By this sun and moon shine
By this the four seasons proceed
By this the stars take their course
By this the Yangtse and the Yellow River flow
By this the myriad things flourish[①]

回译汉语是：

礼让天地合，礼让日月明，礼让四时序，礼让星辰行，礼让江河流，礼让万物昌。

拉法格嫁接了"礼"的作用和爱情诗歌里那份美好感情的作用，来说明他对"道"的本源性谚语的理解。这份用心让人不得不佩服。不仅如此，他还通过精心设计的爱情诗与老子之"道"的嫁接图，来让读者进一步理解他所说的本源谚语及其作用。其嫁接如下图所示：

---

① 转引自 Lafargue, Michael: *The Tao of the Tao Te Ching: A Translation and Commentary*, Albany: State University of New York Press (SUNY Press), 1992, p 209, 原文在 A. C. Graham: *Disputers of the Tao: Philosophical Argument in Ancient China LaSalle*, Ill: Open Court, 1989, pp. 56, 118–125。

(C) Image (You put the bright stars in a dark sky)

(B) Background Assumption
(The sky is the largest, most "ultimate"
Backdrop-context for human life)

(A) Perception
(A transformed experience of the
World, in which one experiences
the loved one as a center and
source of meaning fundamentally
affecting everything)

(D) Substantive Implication
(You are the center and
foundation of meaning in a
wonderful new world I live in)

译成汉语：

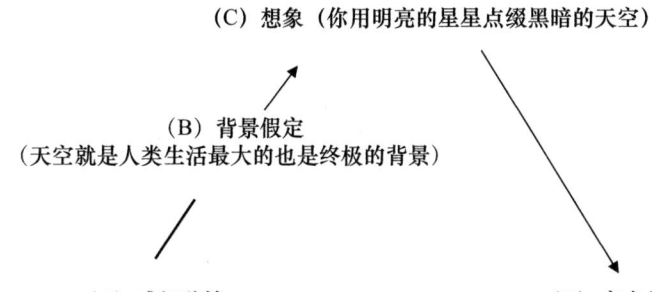

(C) 想象（你用明亮的星星点缀黑暗的天空）

(B) 背景假定
（天空就是人类生活最大的也是终极的背景）

(A) 感知移情
（把所爱的对象作为中心和意义的
源泉，这种情感移情到对周围其他
事物的影响）

(D) 实在的意义
（在这个美好的世界中你就是
我生活世界里的中心和意义的基础）

基于以上对爱情诗的理解，拉法格用它来解读老子之"道"：

(C) Image (Tao is the origin of the world)

(B) Background Assumption
(The "origin" of the world, is the most foundamental basis of its true meaning)

(A) Perception
(A transformed experience of the World, in which one experiences Tao as a deeper level, underlying And giving meaning to everything)

(D) Substantive Implication
(The best way to understand events is to see them in the light cast on them by seeing Tao as their deeper foundation)

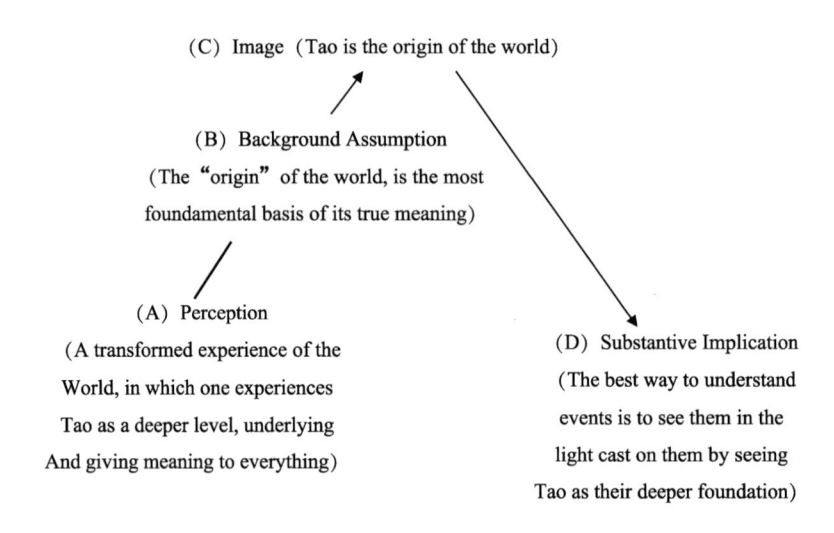

译成汉语：

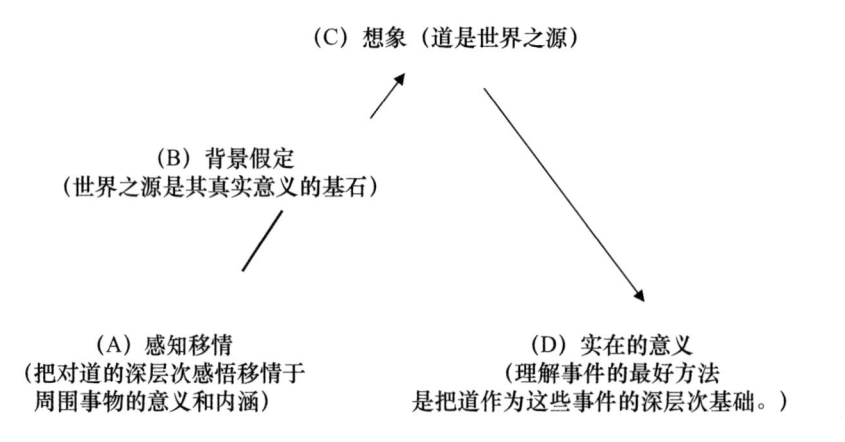

(C) 想象（道是世界之源）

(B) 背景假定
（世界之源是其真实意义的基石）

(A) 感知移情
（把对道的深层次感悟移情于周围事物的意义和内涵）

(D) 实在的意义
（理解事件的最好方法是把道作为这些事件的深层次基础。）

通过"道"的本源性与爱情诗的嫁接，可以看出拉法格是怎样解读老子之"道"的。在爱情诗里，相爱的人原本生活在一个大而无极的宇宙背景之下，然而在情人眼里，穿越其原背景，点亮这个无边黑暗中宇宙的，就是爱人的眼睛，并产生星星和月亮，使这个宇宙充满生机与光明——实则是爱人们的眼睛，是它们挂上天空的"想象"。之所以会产生这种想象，是因为诗歌的主角把对方作为自己世界的中心和生活意义的基础。这种移情穿越原背景产生了美的想象，或者超越实际的想象。而这种想象进而产生了现实生活的意义，就是对方是自己所生活着的世界的中心和意义的基础。把这个认知爱情诗的过程，嫁接到理解认识老子之"道"的本源性的描述就是：老子对"道"的本源的讨论，基于"世界有个本源"这个大背景。由于对"道"的深层次感悟，从而产生了如爱情一样的美好感觉，这个感觉被"移情"到周围事物中，产生了事物的新意义和新内涵——"道生万物"。也就是说，这种感觉穿越"世界有个本源"的大背景，产生了"道就是世界本源"的美好想象。

尽管拉法格还指出，爱情诗和老子之"道"的本源性有很大的不同，这不仅在于恋爱史短暂的现象，而且还在于老子的世界本源格言是以"道"为生活中心；爱情是个人的感受，而老子之"道"是他推想出的这个"新"世界的基石。可是这两方面的嫁接可以说是简单的一厢情愿，用一个不恰当的比喻，就好像要用豆芽去嫁接果树，如果把老子之"道"比喻为大树，那么拉法格的爱情诗至多是一棵豆芽，把老子之"道"这棵大树嫁接到爱情诗的豆芽上，以此想象推断老子之"道"的世界本源，其结果不言自明。

通过对拉法格的译本分析，一方面佩服他的勇气，即重新解读《道德经》所需要的勇气；另一方面感谢他为解读《道德经》所做的如此艰难的工作。然而让读者感到他的这些工作目前来看似乎价值不大。他通过大量阐释学上的研究工作，对《道德经》所做的章节划分、结构体系重建以及格言警句的解释，试图还原老子著《道德经》及其编辑者的真意的愿望是美好的，但是这种种假设和做法给读者展现的则是其主观的臆断。结果，他找到的所谓《道德经》文本的本义只能作为他的一己之见。例如他把第五十九章和第六十七章归为"个人修养"类，第四十九章与第五十一章归为"政论"类，明显带着个人的一厢情愿。这正如约翰·白诗朗所说的那样："拉法格尽管为其章节的重新划分提供了充分的证据，然而仍不免使人感到如怀特海（Whitehead）所评价的那样，有些假设与其说是使这项工作更接近真实,还不如说是使此项工作增加了一些兴趣。"① 也可以这样理解,拉法格的解读只是他的兴趣而已,其翻译解读的准确性、合理性如何,分析思考的逻辑性、辩证性如何,尚需考量。

二 阿迪斯和拉姆巴都"字斟句酌"的《道德经》

斯蒂芬·阿迪斯(Stephen Addiss)生于1953年,美国弗吉尼亚州里士满大学人文学科教授。斯坦利·拉姆巴都(Stanley Lombardo)生于1943年,美国堪萨斯州大学古典文学教授,教授拉丁语和希腊语,翻译了《伊里亚特》和《奥德赛》。他们两人都十分喜爱老子之"道",1993年合作翻译出版了《老子道德经》(*Lao-Tzu Tao Te Ching*)。美国波士顿大学宗教系副主任利维亚·科恩(Livia Kohn)认为他们的译文尊重原文、尊重历史,把中华文化语言用相应的西方对等语言表达。在行文和安排上,阿迪斯和拉姆巴都的译文字斟句酌,做到从不加字减字。② 这样的评价十分符合阿氏和拉氏在译本前言中阐述的4个标准:1. 译而不释;2. 保留单音原文;3. 避免性别限定;4. 保留与原文交流的元素。下面就按照这4个标准,对他们的译本做一具体分析。

阿迪斯和拉姆巴都对第一个标准做了解释。他们认为以前译者主要是解释《道德经》,而不是翻译《道德经》,是释而不是纯译③。可是《道德经》文本言简意赅,含义深刻,所以最靠近原文的译法就是言简意赅。因此他们要求自己的译文紧扣原文字数,译而不释。例如,《道德经》第四十八章:"为学日益,为道日损。损之又损,以

---

① Reviewer: John Berthrong, Tao and Method: A Reasoned Approach to the Tao Te Ching. Translated by Michael LaFargue. State University of New York Press, 1994, *Journal of the American Academy of Religion*, Vol. 65, No. 2 (Summer, 1997), pp. 494 – 496, Published by Oxford University Press.

② Reviewer: Livia Kohn, "Tao Te Ching", translated by Stephen Addiss and Stanley Lombardo, Philosophy East and West, 47: 3 (1997: July) p. 441.

③ Stephen Adiss & Stanley Lombardo: *Lao-Tzu Tao Te Ching*, Indianapolis: Hackett Publishing Company, 1993.

至于无为,无为而无不为。取天下常以无事,及其有事,不足以取天下。"

阿迪斯和拉姆巴都的译文:

Pursue knowledge, gain daily. Pursue Tao, lose daily. Lose and again lose, Arrive at non-doing. Non-doing-and nothing not done. Take the entire world as nothing. Make the least effort, And the world escapes you.

回译汉语:

追求知识,与日俱增,追求"道",与日俱减,失之再失,达到无作,无作则无不作。视天下为无,不做任何努力,你就失去了这个天下。

原文一共40个汉字,而译文总共只有35个单词,因为有的英文单词是汉字两个字的意思。从字面上看,阿氏和拉氏的译文的确没有解释《道德经》,只是逐字翻译。这正如他们在前言中所言,他们的译文追求字字对译。这里需要指出,前面部分的译文的确如此,可是后面部分的"取天下常以无事,及其有事,不足以取天下",他们的译文为"视天下为无,不做任何努力,你就失去了这个天下",这与原文的内涵差异较大,即使在字面上也不对等。这是他们译文中经常出现的问题,这既是他们理解上的问题,也是他们教条地追求"字对字"翻译的结果。

试比较阿瑟·韦利(Arthur Waley)的这段译文:

Learning consists in adding to one's stock day by day; The practice of Tao consists in subtracting day by day, Subtracting and yet again subtracting Till one has reached inactivity. But by this very inactivity Everything can be activated. Those who of old won the adherence of all who live under heaven All did so not interfering. Had they interfered, They would never have won this adherence.

回译汉语：

学习由日复一日地累加构成，为道由日复一日的减少构成，减之再减直到无作为，通过无作为，一切又都可再激活（启动）。先人们得到生活在天下人的追随，为此要停止干预，如果他们去干预，那么就不能赢得追随。

韦利译文共67个单词，大大超过了原文的字数，增字增意明显，明释译《道德经》的方式较突出，而且译文的后半部分也存在问题，即原文的"取天下常以无事，及其有事，不足以取天下"的内涵，与他的译文出入很大。

再比较韩禄伯（Robert G. Henricks, 1989）的译文：

Those who work at their studies increase day after day; Those who have heard the Dao decrease day after day. They decrease and decrease, till they get to the point where they do nothing. They do nothing and yet there's nothing left undone. When someone wants to take control of the world, he must always be unconcerned with affairs. For in a case where he's concerned with affairs, He'll be unworthy, as well, of taking control of the world.

回译成汉语：

以学习为务的人每天都在增加,听道的人每天都在减少。他们既增又减,直到达到一个可以不做任何事的点;他们什么都不做,可是又无事不做。当有人想控制天下,他必须对一切事物不关心,因为,如果他们关心一切事物,他就能控制天下了。

韩禄伯的译文共有79个英语单词,并在两个地方增加了原文意思。第一是对"无为"的理解。韩禄伯认为,"无为"就是"为道日损"和"为学日益"之间不增不减的平衡点,通过这个点,即可达到"无为"。第二是对上面已讨论过的后一部分,韩禄伯的理解是:取天下如果要去关心天下之事,就不能取天下。

比较以上三位译者的译文,阿迪斯和拉姆巴都的译文力求简洁,对每个字词的选择都强调与原文的对应,践行"译而不释"。虽然其中有些部分不恰当,但那是对原文理解的偏差,相对而言,他们的译文风格更接近原文的风格,即这种"译而不释"比"释而不译"似乎更符合原文。韦利的译文在释义原文,这种解释有时可以帮助读者更好地理解原文,如第一句和第二句"为学日益,为道日损",可也有些解释是译者自己的个人认知,不一定具有广泛性,如对后一部分的理解。韩禄伯的译文前两句也是在解释《道德经》原文,这个解释比韦利的解释更到位,可是接下来的"损之又损,以至于无为,无为而无不为",韩禄伯的解释显然与老子"无为"的思想差别较大。老子的"无为"思想是不干预、不做人为的破坏,而韩禄伯称"不关心天下的事"是"不作为"。

阿迪斯和拉姆巴都的译本的第二个特点:保留单音原文。阿氏和拉氏认为汉语文字是单音文字,所以译文中尽量使用盎格鲁—撒克逊单音词,而不是拉丁文衍生的多音词。如《道德经》第十一章:"三十辐,共一毂,当其无,有车之用。埏埴以为器,当其无,有器之用。凿户牖以为室,当其无,有室之用。故有之以为利,无之以为用。"

阿迪斯和拉姆巴都的译文：

Thirty spokes join one hub. The wheel's use comes from emptiness.
Clay is fired to make a pot. The pot's use comes from emptiness.
Windows and doors are cut to make a room. The room's use comes from emptiness.
Therefore, Having leads to profit, Not having leads to use.

回译汉语：

三十辐，合一毂，轮之所用在于空。黏土烧成罐，罐之可用在于空。凿户牖以为室，室之所用在其空。所以有导致利，无导致用。

原文 49 个汉字，译文 49 个单词。这个译文还是比较好地翻译了原文，不但字面对等，而且意思上没有太大差异。试比较韦利的译文：

We put thirty spokes together and call it a wheel; But it is on the space where there is nothing that the usefulness of the wheel depends. We turn clay to make a vessel; But it is on the space where there is nothing that the usefulness of the vessel depends. We pierce doors and windows to make a house; And it is on these spaces where there is nothing that the usefulness of the house depends. Therefore just as we take advantage of what is, We should recognize the usefulness of what is not.

回译汉语：

我们把三十个辐放在一起，称之为轮；可是其中的空间什么都没有，这就是轮子能被使用的空间所在；我们把黏土做成器皿，可是其中的空间什么都没有，这就是器皿能被使用的空间所在；为了造房子，我们凿门窗，可是其中的空间什么都没有，这就是房子能被使用的空间所在；因此，正如我们利用我们所拥有的，也应该意识到"没有"用处所在。

韦利的译文 95 个单词，每一句都在释义。与阿迪斯和拉姆巴都的译文相比，显然是释义大于翻译。

阿迪斯和拉姆巴都译文的第三个特点是，在所有需要用人称代词的地方，阿氏和拉氏的译文都避开使用需要区别性别的"他"或"她"指称。如《道德经》第四十七章："不出户，知天下；不窥牖，见天道。其出弥远，其知弥少。是以圣人不行而知，不见而明，不为而成。"

阿氏和拉氏的译文：

Without going out the door, Know the world. Without peeping through the window, See heaven's Tao. The further you travel, The less you know. This is why the Sage Knows without budging, Identifies without looking, Does without trying.

回译汉语：

不出门，知世界。不窥牖，见天道。你走得越远，你知道得越少。这就是为什么圣人不挪动脚步就知，不看就能识别，不试而做。

第一、第二、第三句原汉语无主语，很明显是承后省略，后一句主语是圣人。阿氏和拉氏的译文中为避免使用带性别的人称代词，把主语圣人换为第二人称"你"。译文第一、第二句用祈使句的表达方式，实际上祈使句的逻辑主语就是"你"，与第三句一致。后部分的主语共用"圣人"。

比较韦利的译文：

> Without leaving his door.
> He knows everything under heaven.
> Without looking out of his window.
> He knows all the ways of heaven.
> For the further one travels.
> The less one knows.
> Therefore the Sage arrives without going.
> Sees all without looking.
> Does nothing, yet achieves everything.

回译汉语：

> 不出门，他知道天底下的一切；不用窥牖，他知道天底下的所有道道，一个人走得越远，知道得越少。因此，圣人不走就到达，不看却尽收眼底，不做却获得一切。

韦利的译文第一句和第二句都添加了同样的第三人称主语"他"，接着用泛指的人称，后用"圣人"作主语结尾。这说明在韦利的眼里，可以不区分前面的第三人称和泛指与圣人之间的关系，他们之间也可以没有关系。但是在阿氏和拉氏看来，圣人不应该只有男性，也可以有女性，况且老子赞扬的"雌""柔"该如何体现？

阿迪斯和拉姆巴都译文的第四个特点是：试图与原文建立"交流

平台"。为此,在每一章译文中都为其中的一句原文用传统的威妥玛式拼音法(Wade-Giles,韦氏拼音)① 标注音,然后再做字对字翻译,或为句首,或在句中,或在句末。

如第二十八章首句:"知其雄,守其雌。"阿氏和拉氏的注音:Chih ch'i hsiung, shou ch'i tz'u;随后字对字翻译:"Know the male, maintain the female." 回译汉语:"了解雄性,保持雌性。"

再如第二十九章中第三句:"天下神器"的注音:T'ian hsia shen ch'i;字对字的翻译:The world is a spiritual vessel;回译汉语:"天下(世界)是精神上的器皿。"

许抗生对该句是这样释义的:"天下是神妙之物。"② 严灵峰在其《老子达解》引河上公注:"器,物也";引薛综注:"神器,帝位也"。从以上中国代表性的注疏看,把"天下神器"译为"世界是精神上的器皿",是不合适的。

再如阿氏和拉氏为建立互动的第三十章最后一句:"不道早已"加拼音注:Pu tao tsao i,译文:Not-Tao soon ends. 回译汉语就是:"不道早早地结束。"

以上三个句子就是阿氏和拉氏译文中为原文与译文建立的一种交流平台,他们认为所有的译本都很难译出《道德经》的原意,因此有必要提醒读者老子的原文是什么。从以上分别在每章不同部分出现的句子的介绍来看,的确有助于读者理解,但条件是这样的读者必须对源语有足够的了解,比如说通过音能判断出其所代表的汉字,通过汉字的组合能了解整个句子的意思。可是这样要求读者未免有些苛刻,如果读者可以懂源语言,他们又何必读译文?且正如阿氏和拉氏在译者的前言中说明的那样,汉字有四个音调,即使通过威妥玛式拼音法

---

① 又称威妥玛—翟理斯式拼音,由英国驻华使官威妥玛(Thomas Wade, 1818—1895)根据北京读书音制订的拉丁字母拼音方案给汉字注音,后又经过翟理斯(H. A. Giles)修订,合称 WG 拼音法(Wade-Giles System)。

② 许抗生:《老子研究》文史丛书 A081 水牛出版社 1999 年版,第 115 页。

标注也很难搞清楚到底是哪个汉字,又如何知道其在整个句子中的意义呢?所以说,以上译者试图为译语和源语建立交流平台的努力只是一种尝试,离达到其预想的效果还有距离。

阿迪斯和拉姆巴都译文的以上四个特点,使其明显区别于其他译本,在精练简洁、造词用字方面对前人译本有很大的突破,特别在"译而不释"和"字字对译"方面做了勇敢尝试,可以为后来者学习借鉴和发扬光大。当然,其中也有理解错误、翻译错误的地方,需要纠正,特别是在避免性别偏差和建立交流平台两个特点方面,不但效果没达到所期望的目标,与译者的初衷差异较大,而且与原文的差异就更大了。

三 乔纳森·斯达"解剖刀下"的《道德经》

几百年来,《道德经》翻译的速度不是随着译本的增多而减慢或停止,而是始终有增无减,甚至越来越多。为了更接近原文本,从内容到形式,西方译者都在做不断地调整。有的译者试图重建《道德经》体系,有的认为《道德经》意义多变,词义组合千变万化,实在无法确定哪个意义才最合适。有的译者试图对《道德经》文本进行逐字逐句解剖,看看里面到底是什么东西(含义),并且认为这是很好的方法,即把可以有各种解释的单字或词组的意义罗列上去,称为"字对字翻译",这样读者可以根据自己的理解任意组合,达到对《道德经》理解的最大化。殊不知,这种以几何数字激增的组合种类岂是人类能够组合得完的?即使组合得完,读者理解的意思就是老子表达的意思吗?姜生先生对理解"道"有这样精辟的比喻:"道的本质好比是一只自由飞翔的小鸟,如果你把它捉住,问这是道吗?那已经失去本质。"[①] 如果承认这种比喻形象恰当,那么对《道德经》字

[①] Jiang Sheng: "*Daoism and the Uncertainty Principle*," IN: Perspectives on Science and Spirituality, edited by Pranab Das, West Conshohocken/Pennsylvania: Templeton Foundation Press, 2009, pp. 69–92.

对字的翻译不但可以说捉住了小鸟,而且把它剥解得支离破碎。这样经过解剖的"道"还能还原成小鸟?它还有原先的生命力吗?再退一步说,即使小鸟还能苟延残喘,它还能在天空自由自在地翱翔吗?因为"道"不仅是一只活着的小鸟,还是一只自由飞翔的小鸟,"道"是包括小鸟在内的一个整体的生态环境。

乔纳森·斯达（Jonathan Star）即是这样一位试图通过"解剖"《道德经》,来理解它、掌握它的学者。斯达1957年生于美国,毕业于哈佛大学,现在作为一名独立学者,致力于他的哲学"冥想"（meditation）和"启示"（enlightenment）的研究。关于老子和他的《道德经》,笔者在与斯达的学术通信交流中,斯达表示同意刘殿爵的观点,认为《道德经》是由不太连贯的格言/谚语组成的。刘殿爵认为81章《道德经》由196个独立的谚语组成,各个谚语之间基本上没有联系,而斯达甚至认为《道德经》一章内的很多词语、观点都是不相联的,比如,第二十七章有5个完全不同的观点:1."善行无辙迹";2."是以圣人常善救人";3."是谓袭明";4."故善人者,不善人之师";5."是谓要妙"。这个例子说明斯达对第二十七章乃至对整部《道德经》进行解剖的动机,他认为老子的话毫不粘连,所以可以任意拆开。如果单单把这5句话剔出来看,真看不出联系,可是如果把这5句话还原到原文本,效果就不一样了。下面具体考察第二十七章文字内容是否毫无联系。

善行无辙迹,善言无瑕谪;善数不用筹策;善闭无关楗而不可开,善结无绳约而不可解。是以圣人常善救人,故无弃人;常善救物,故无弃物。是谓袭明。故善人者,不善人之师;不善人者,善人之资。不贵其师,不爱其资,虽智大迷,是谓要妙。

老子在整个第二十七章,以"善"字贯穿始终,可分为三个层次:第一层次是说生活中方方面面的"善";第二层次是说圣人擅长救助人和物，这种表现可称为"袭明"；第三层次是说善人与不善人之间的关系，以及如何恰当把握这种关系——"要妙"。三个层次步步推进，层层上升，成为认识老子"自然无为之道"的又一关键链条。这是一个有机的、实在的、又是超越的、完备的思想形成之路，竟然被乔纳森·斯达作为《道德经》中不连贯的典型，究其因实际上是他对产生《道德经》的深厚的文化背景和东方周延的思维判断习惯缺少理解，在东方人看来说理清楚、判断周延、层层深入的论证形式与过程，他则感到不知所措、无所适从。

乔纳森·斯达译本在版面安排上也非常有趣，他把每页上的文字全部放在该页的底部，一页一章，上部基本上空着，他自己解释这是尊重中国的空间感，"无"——中国艺术和道家哲学的中心概念。同时，在一个章节内，在一些句子之间夹一个汉字，而这个汉字与本章内容并无联系。如《道德经》第十七章原文为：

太上，不知有之；其次，亲而誉之；其次，畏之；其次，侮之。信不足焉，有不信焉。悠兮其贵言，功成事遂，百姓皆谓："我自然。"

斯达的译文：

To know Tao alone,

without trace of your own existence,

is the highest

Next comes loving and praising it

Then fearing it

Then despising it

万

If one doesn't trust himself

how can he trust anyone else?

　　物

The great ruler speaks little

and his words are priceless

He works without self-interest

and leaves no trace

When all is finished, the people say,

"It happened by itself."

回译汉语：

了解了道，

毫无自己存在的痕迹，

是最高的。

其次产生爱，并赞扬道，

其次畏惧道，

其次辱没道

　　万

如果一个人不相信自己，

他又怎能相信别人呢？

　　物

伟大的统治者说得少，

可是他所说的无价。

他工作不是根据自己的喜好

也不留下任何痕迹

当工作完成后，人们说：

"那是自然而然地发生。"

从以上译文看，斯达把第二十七章分三个层次，中间用不相干的汉字"万"和"物"隔开。在他认为的第一层和第二层的原文是"太上，不知有之；其次，亲而誉之；其次，畏之；其次，侮之"和"信不足焉，有不信焉"中间，以"万"字加以割裂，显然有失偏颇。因为懂得汉语与中国古代文化的人都知道，这两句不是孤立的，第二句事实上是第一句的总结，这是中国汉文化写作中常用方法——先分后总。一般而言，西方写作的习惯是先总后分，这有可能是导致译者不能理解原文逻辑的原因；其次译者认为第三层"悠兮其贵言，功成事遂，百姓皆谓：'我自然'"，也是与前两层无关的——以"物"字隔开。从字面上看来，联系不太紧密，可是这一部分和前部分一样，仍然在论述"统治之道"，前部分说明几种不同层次的领袖水平，后部分则以最好的统治之道做结论，并且与开章第一句呼应。因此，从汉语的行文来看，此章论证充实，论述充分，首尾呼应，言简意赅，说理透彻，实为老子阐道释理的佳作，却被译者这样生硬地"解剖"，从而导致译文失真失准。

以上举出的第十七章和第二十七章两例，由于译者对原文的认知和解读缺少关联性和整体感，并且把这种"碎片化"的认知直接体现在他的译本里，反过来更加促使他认为，采用另一种方式即"字对字"翻译《道德经》，不会对《道德经》的翻译产生太大的影响。

斯达通过分析，发现《道德经》大部分章节之间或内部存在不连贯性，但同时也有一些章节符合译者的审视标准，比较连贯，如第十三章和第二十六章。下面就以第十三章为例，看斯氏的字对字译文（见下表）[①]：第一栏是章节数加字序及标点符号，第二栏是原文及断句号，第三栏是可能的解释包括某些译者使用过的译文。

[①] Jonathan Star: Tao Te Ching: the Definitive Edition, New York: Jeremy P. Tarcher/Penguin, 2003, pp. 121 – 123.

13－01	宠	honor/praise/favor/glory/kindness/ "inclination" /（when receiving）favor
13－02	辱	dishonor/blame/disgrace/insult/humiliation/ "disinclination"
13－03	若	then/as/bring about/cause/sources of/seem/like（ly）/resemble/related to
13－04	惊。	fear/dread/apprehension/anxiety/trepidation/dismay/shock/surprise/startle/alarm/ "pleasant surprise" /warning
13－05	贵	esteem/honor/high rank/respect/ "high status" /treasure/prize/value/regard/dignity/ "regard seriously" / "highly regard" />wei（be afraid）—HSK
13－06	大	great（highly）
13－07	患	affliction/trouble/misfortune/calamity/suffering/sorrow/distress
13－08	若	like/as/then/to be/the same as/as one's/ "are both bound up with"（Ould）
13－09	身。	self/body/person/ "sense of self" / "are within ourselves"（Yutang）
13－10	何	what is/why
13－11	谓	implied by/means/say
13－12	宠	honor/praise/favor
13－13	辱	dishonor/disgrace/insult
13－14	若	then/as/to be/bring about/seem/are like（ly）（to cause）
13－15	惊。	fear/dread/anxiety/shock/surprise/startle/alarm
13－16	宠	favor/honor/praise/kindness
13－17	为	makes/renders one/is/is（for the）
13－18	下。	lowly/inferior/depressed/below/ "a base"
13－19	得	obtain/receive/get（one）receives
13－20	之	it/them
13－21	若	is like/feels like/seems/causes/then/brings about/is likely（to cause）
13－22	惊。	fear/dread/apprehension//a shock/surprise
13－23	失	losing/loss
13－24	之	it/them
13－25	若	is like/feels like/seems/causes/bring about/is likely（to cause）
13－26	惊	fear/dread/apprehension/a shock/surprise
13－27	是	This
13－28	谓	implies/means/suggests/is due to the fact（that）
13－29	宠	favor/honor/praise（and）
13－30	辱	dishonor/disgrace/insult
13－31	若	is like/feels like/seems//causes/brings about/is likely（to cause）

续表

13-32	惊。	fear/dread/apprehension//a shock/surprise
13-33	何	what/why/is
13-34	谓	implies by/means/say
13-35	贵	esteem/honor/high rank/values/treasure/prize//regard
13-36	大	Great
13-37	患	affliction/trouble/misfortune/anxiety/suffering/sorrow/distress
13-38	若。	like/as/the same way as
13-39	身	self/body/person
13-40	吾	I
13-41	所	(一)
13-42	以	therefore/thereby the reason why（I/we/you）
13-43	有	Have
13-44	大	great/much
13-45	患	trouble/misfortune/affliction/anxiety/suffering/sorrow/distress
13-46	者。	(the one) that
13-47	为	act/claim/（identity oneself as）/"on that account"/"due to the fact that"
13-48	吾	I/me/my/we/you
13-49	有	have/am/"concious of"
13-50	身。	body/person/"self"/"limit sense of self"/"me and my selfishness"（Blakney）
13-51	及	"when"/reach/effect/
13-52	吾	I/we/you（am/are）
13-53	无	without/don't have/have no/-less
13-54	身。	a body/self/sense of self/selfless
13-55	吾	I/we/you
13-56	有	have/bear
13-57	何	What
13-58	患。	trouble/misfortune/suffering/sorrow/distress//what trouble could I have?
13-59	故	therefore/thus（one who）
13-60	贵	values/honors/treasures/regards
13-61	以	thus/accordingly
13-62	身	himself/his person/body/"embody"/his

续表

13-63	为	act (ions) (ing) /doing/serving/role/duty
13-64	天	Heaven
13-65	下	below/the world/everyone
13-66	若	(The one) / (oneself) / (he) / (those)
13-67	可	can/is able/is fit
13-68	寄	be trusted with/entrust/trusted to/care for/deliver/govern//draw to
13-69	天	Heaven
13-70	下。	below/the world/everyone
13-71	爱	love (s) /cherishes/ "take care of"
13-72	以	thus/accordingly
13-73	身	himself/his person/body/ "embody" /his
13-74	为	act (ions) (ing) /doing/serving/role/duty
13-75	天	Heaven
13-76	下。	below/the world/everyone
13-77	若	(the one) / (oneself) / (he) / (those)
13-78	可	can/is able/is fit (be fit to)
13-79	托	entrusted with/care for/be guardian/trustee of/ "give custody" /commission
13-80	天	Heaven
13-81	下。	below/all below heaven/the world everyone

斯氏认为这种"字对字"翻译，可以给读者一个多样化的选择和所有可能的诠释，这样读者就可以根据自己的组合给出新的译文。① 这种愿望很美好，然单看第一句前4个字"宠辱若惊"中的字对字解释，就足够让人眼花缭乱：

"宠"字给出的解释有：荣誉/赞扬/喜爱/光荣/仁慈/倾向/（接受）荣誉（之时）。

"辱"字给出的解释有：蒙羞/责备/失宠/侮辱/丢脸/不感兴趣；

"若"字给出的解释有：那么/作为/带来/引起/之源/似乎/向

---

① Jonathan Star：*Tao Te Ching*：*the Definitive Edition*，New York：Jeremy P. Tarcher/Penguin，2003，p. 10.

（可能）/类似/与……相关。

"惊"字给出的解释有：担心/害怕/恐惧/焦虑/惊恐/惊慌/震惊/惊讶/惊愕/惊慌/惊喜/警告。

通过对每个字分别解释，就如汉字"解剖"一样，把这种翻译比喻成"解剖"一点不为过，因为按照斯氏的愿望：每个读者可以根据自己的理解再做一个《道德经》。也许读者通过斯达的这种翻译，再根据自己的"臆想"真的能重新建构包含自己的思想、自己的语言，甚至自己对人生感悟出来的"道德经"，可是那还是原文本的《道德经》吗？还有老子的思想精髓？那肯定不是。这种翻译就好比对原文"剔骨""抽筋""放血"——"剔骨"这里指丢弃原文的精神；"抽筋"指解除原文所有的关联和连贯；"放血"是指原文有机的生命力彻底失去。结果，被留下的解释就好像是罗列在一起的一块一块的"肉坨"。

第五节 《道德经》的演义类解读

"《道德经》的开放性内涵＋西方文化中功用性思维模式"，造就了西传《道德经》中的"演义类"译本。这类译本与其他译本相比，一个显著特点是译者自认为领会了老子思想或智慧的精髓，所以翻译时可以不顾原文，且假之以无限的想象和发散性思维方式的自由发挥。另外，这些译作者大多不懂源语言——汉语，只能借助其他译本，因而理解时可以根据自己的需要有选择地截取其中符合自己的认知观点，再结合自己的体会，完成翻译或著述。因而，从严格的翻译角度来说，他们的作品与其说是翻译，不如说是"演义"——就像《三国演义》对于《三国志》一样，成为《道德经》西传中的另类解读。虽然如此，由于他们的作品借用老子哲学的部分内容尽情发挥，甚至不惜"篡改"以符合西方人的"胃口"，因此很受西方读者欢迎，且大大促进了《道德经》与老子哲学及中国传统文化在西方的传播。所以，有必要把他们单独作为一类加以考察研究。

在《道德经》西传的数百年中，演义类解读者可谓代代不乏其人，其中较有典型的代表性解读者可以说是勒奎恩（Le Guin）、宾纳（Witter Bynner）。首先宾纳最早不敢称自己的作品为《道德经》译本，为此，他把自己的译本命名为：《从老子思想感悟生活之道》（*The Way of Life According to Lao Tsu*）①。其次为勒奎恩（Ursula K. LeGuin），她也把自己的作品冠以《老子〈道德经〉：有关道及其力量的一部书》（*Lao Tzu: Tao Te Ching: A Book about the Way and the Power of the Way*）。演义中的极品要数马丁（William Mardin）了，目前，他已编写了8本《道德经》，分别适用于父母、恋人、老人、爱心奉献者等八个类别的人。本节主要剖析勒奎恩、宾纳和马丁这三位演义类翻译解读的典型作者及其作品。

一　勒奎恩对《道德经》的解读"钟情大于忠实"

阿苏拉·勒奎恩生于1929年，美国现当代重要的奇幻、科幻、女性主义作家，曾经是雨果奖和星云奖（西方科幻小说最高奖）的双料得主。她创作的《地海传说》，文字功底和想象力都被认为超越了约翰·罗纳德·瑞尔·托尔金和多丽丝·莱辛的代表作（前者英文名为John Ronald Reuel Tolkien，1892—1973，英国人，牛津大学教授，《魔戒三部曲》的作者；后者英文名为Doris Lessing，英国作家，2007年诺贝尔文学奖得主，代表作为《金色笔记》）。那么究竟是什么使她的作品有如此的魅力和生命力呢？耶鲁大学教授哈罗德·布鲁姆（Harold Bloom）认为她的小说创意新颖，风格独特，内涵深邃，无人可及。这其中"深邃的内涵"又从哪里来呢？在《地海传说》中，阿苏拉·勒奎恩摒弃了西方基督教的"善恶二元"对立观，取而代之的则是中国传统道家学说中的核心理念——这就成就了她的作品活力

---

① Witter Bynner: *The Way of Life According to Lao Tsu*—John Day, New York.: An American Version, Capricorn Books, New York, 1944. 1972/A Perigee Book in 1986/1994.

与魅力。"阿苏拉·勒奎恩善于从各民族文化渊源中汲取其思想内涵，无疑为其作品注入了新鲜并且永恒的生命力"，① 作品中所包含的全新的生命哲学观，也在西方世界引起极大反响。

出于对道家思想和文化的热爱，勒奎恩对《道德经》可谓一见钟情。勒奎恩最早通过被誉为人类学家的父亲（Alfred L. Kroeber）接触到《道德经》，她在译本前言里介绍说："有一本《道德经》，父亲经常读。有一次他还做笔记，我就问他做什么笔记，他说他要在几个章节做上记号，以便在他葬礼上有人为他朗读。我们真的在父亲的葬礼上这样做了。"她还说："现在我也在几个章节标上了记号，我也希望有人在我的葬礼上为我朗读"，"这儿我要说的是发现老子是我的运气，因为老子如此年轻，我可以用一生伴随着他"。②

勒奎恩对道家学说的热爱还表现在实际行动中，她翻译了《道德经》，并为之作注，同时把老子的思想主张淋漓尽致地体现在自己的作品中。也许这就是作者对读者的一种期待：在享受极大丰富的物质生活的同时，要回到最初的逻辑起点——返璞归真之"道"，来面对纷繁复杂的世事，从而获得内心的强大。③

勒奎恩在《地海传说》（Earth Sea Cycle）作品系列中，运用了许多道家思想观点，例如放弃西方的基督教文化根源的"善恶二元"对立的思想，代之以道家的阴阳相生、二元互补、祸福相依、和谐平衡等理念；法师对魔法力量的解释不再以神秘的宗教信仰为依附，而是利用老子对自然运行之道的解释，即魔法乃是仿效自然之道；并且她塑造的奇幻故事不再只是以英雄冒险事迹为主要描写对象，同时兼具

---

① 杨云编译：《翻译〈道德经〉的科幻作家（阿苏拉·勒奎恩）》，《图书馆与阅读》2007 年第 5 期。

② Ursula K. Le Guin: Lao Tzu: Tao Te Ching: About the Way and the Power of the Way, with the collaboration of J. P. Seaton, professor of Chinese, University of North Carolina, Chapel Hill Boston/London Shambhala 1998, p. ix. 本论文所引外文内容的中文翻译，非特别注明皆为笔者翻译。

③ 杨云编译：《翻译〈道德经〉的科幻作家（阿苏拉·勒奎恩）》，《图书馆与阅读》2007 年第 5 期。

了主要人物的内心反思和自我观照等老子提倡的内在修养的因素。所有这些都深深表明，勒奎恩的思想和创作之路深受老子《道德经》的影响。勒奎恩对《道德经》的理解有自己独特的观点，她认为："《道德经》不是智慧，不是权威，也不是只针对男性读者，或者只是探索异域的神秘，而是让我们聆听一种与心灵的对话。"①

尽管如此，勒奎恩称自己的译本不过是《道德经》的"描述"或"再现"，而不是所谓的"翻译"，自己的评述也是"另类的""非学者型的"。她说在二十几岁就开始翻译《道德经》，可是每次总是翻了几章就搁在一边，这样几十年过去了，手里积累的《道德经》也多了，于是在参阅了卡鲁斯的译本中的字对字的翻译，以及很多别的译本后，着手系统地"翻译"她的《道德经》。②

下面以第三十五章为例，看勒奎恩对老子《道德经》是如何理解的。该章原文为：

执大象，天下往。往而不害，安平泰。乐与饵，过客止。道之出口，淡乎其无味，视之不足见，听之不足闻，用之不足既。

勒奎恩的翻译：

Hold fast to the great thought
And all the world will come to you,
Harmless, peaceable, serene.

---

① Ursula K. Le Guin：Lao Tzu：Tao Te Ching：About the Way and the Power of the Way, with the collaboration of J. P. Seaton, professor of Chinese, University of North Carolina, Chapel Hill Boston/London Shambhala 1998, p. x.

② Ursula K. Le Guin：Lao Tzu：Tao Te Ching：About the Way and the Power of the Way, with the collaboration of J. P. Seaton, professor of Chinese, University of North Carolina, Chapel Hill Boston/London Shambhala 1998, p. 107.

Walking around, we stop
for music, for food.
But if you taste the Way
It's flat, insipid.
It looks like nothing much,
it sounds like nothing much.
And yet you can't get enough of it.

回译汉语：

　　紧紧抓住伟大的思想，整个世界就会归顺，和平、静谧而安全。我们之所以停下脚步，为的是欣赏音乐和品尝食物；可是如果你去感受"道"，平淡而无奇，看起来似乎没什么东西存在，听起来也听不到什么，可是你却取之不尽。

　　勒奎恩理解的"大象"是"伟大的思想"，而这个伟大的思想是什么，她没做具体解释。据陈鼓应注："大象：大道"；河上公注："'象'，道也"；陈玄英疏："大象，犹大象之法象也"；林希逸注："大象者，无象之象也"。①

　　陈鼓应对此章的今译是：

　　执守大"道"，天下人都来归往。归往而不互相伤害，于是大家都平和安泰。音乐和美食，能使过路的人停步。而"道"的表述，却淡得没有味道，看它却看不见，听它却听不着，用它却用不完。

---

① 陈鼓应：《老子今注今译》，商务印书馆2009年版，第205页。

老子在此章中，对"大道"的论述分两层说明，第一层说"大道"的魅力在于能使民心归顺，国泰民安；第二层说明虽然有如此巨大威力的"大道"，比起音乐，却听而不闻，比起美食，却淡乎其味，可是"道"却用之不竭。

通过比较可看出，由于勒奎恩在第一层把"大象"理解为"伟大的思想"，所以就无法与第二层"大道"的淡乎其味、视之不见和听之不闻的属性建立逻辑联系。因而失去了对老子之道深层次的理解。并且，勒奎恩给这一章还加了标题"仁慈的力量"（humane power），说明她对此章的理解和翻译只是把握了字面上的内容，与老子之道的"淡乎其无味，视之不足见，听之不足闻"相去甚远。

再看《道德经》第五十八章："是以圣人方而不割，廉而不刿，直而不肆，光而不耀。"

勒奎恩的译文：

And so the wise

shape without cutting,

square without sawing,

true without forcing.

They are the light that does not shine.

回译汉语：

所以聪明人给物体塑型而不用刀削，做成方的不用锯，合准而不用压力，这些都是从不炫耀的智慧啊。

此处勒奎恩理解的原文是聪明人如何处理大千世界中的具体事件，她还在此章的注释中指出：道家不用谋略或方法，就能达到自己的目的，即把物体做成某个形状不用刀等方法或工具，而是自然达到。且最后一句是对前面的总结:"这些就可称为光而不耀的智慧。"

陈鼓应对此的译文是:"有道的人方正而不割人,锐利而不伤人,直率而不放肆,光亮而不刺目。"①

许抗生的译文是:"圣人就像方的东西一样,但不以方的边角割伤人;就像有棱角的东西一样,但不以棱角刺伤人;就像笔直的东西一样,但不自己伸张触犯人;就像有光辉的东西一样,但不炫耀人。"②

通过比较可以看出,勒奎恩只是根据自己的理解与想象在"演义"原文,虽然也把握了原文的一些内涵,但与原文的精髓相比,的确似是而非。

从整个这一章来看,老子主要是通过朴素的辩证法来说明事物两个方面的正反变化,而要适应这个变化,就必须像圣人那样"执守中道"。圣人是如何执守?就是"方而不割,廉而不刿,直而不肆,光而不耀"。因此,这四句在语法上都是并列关系,并不是像勒奎恩演绎的那样是因果关系。另外,这四句都是在集中说明同样一个道理——圣人是如何"执守中道",而并不是说明它们是"从不炫耀的智慧"。从这点来看,译者对老子的"道"还是没有真正把握透。

除此之外,另外一个明显缺点是由于缺乏对原文文化背景的理解,要么不知所云,要么经常丢掉原文的某些内容,如《道德经》第六十章原文是:

> 治大国,若烹小鲜。以道莅天下,其鬼不神;非其鬼不神,其神不伤人;非其神不伤人,圣人亦不伤人。夫两不相伤,故德交归焉。

勒奎恩的译文:

---

① 陈鼓应:《老子今注今译》,商务印书馆2009年版,第286页。
② 许抗生:《老子研究》,水牛出版社1999年版,第37页。

Rule a big country
the way you cook a small fish.

If you keep control by following the Way,
Troubled spirits won't act up.
They won't lose their immaterial strength,
But they won't harm people with it,
nor will wise souls come to harm.
And so, neither harming the other,
these powers will come together in unity.

回译汉语：

用烹饪小鱼的方式
统治大的国家。
如果你尊崇道的方法，那么制造麻烦的神灵将不会行动。
他们不行动，并不是失去了力量，
而是因为他们不再以此伤人，
同时圣人也不伤人。
所以，两不相伤，
所有的力量将汇集起来而成为一个统一体。

原文"其鬼不神；非其鬼不神，其神不伤人；非其神不伤人"中的"鬼"和"神"，译者很难理解。她把"鬼"理解为"鬼怪"，并解释"鬼怪"自己并不坏，但是如果鬼怪控制了你，就很危险了，其后的"神"没做翻译，因而漏译了"其神不伤人；非其神不伤人"。

此处的"鬼神"，范应元认为："鬼神，阴阳中之灵也。'鬼'，归也；'神'，伸也。张子曰：'鬼神者，二气之良能也。'朱文公曰：

'以二气言，则鬼者，阴之灵也；神者，阳之灵也。以一气言，则至而神者为神。反而归者为鬼，其实一物而已。'然则圣人以道无为，而临天下，则阴阳和顺，其归于阴者，不伸于阳也。"① 依此，"鬼神"乃分属阴阳之灵，只要以道临天下，则二者各归其属，两不相伤，天下和顺。译者不能理解中华文化中的"鬼、神"的原始概念，把"鬼"和"神"混而为一，且只知其一不知其二。译文"带来麻烦的精神"（Troubled spirits）的翻译，不但出入很大，而且影响到整章内容的贯穿。这种现象在译文里比比皆是，这里就不一一赘述了。

总的来说，勒奎恩把"道"译为 way、"德"译为 the power of the way，这种理解只停留在表层。以勒奎恩的学识和理解力，不应该出现这样的译文，问题不光在于她对中华文化缺乏了解，更在于她根本不懂中文，只能借助别人的翻译来理解翻译《道德经》。这种"二传手"的翻译，充其量只能算是个人的理解了。因此她自己也曾这样说："如果我能知道译者在翻译哪个汉字的意思，我就该知道为什么这个译本做这样的选择，那个译本又做那样的选择了。"②

对于这一缺憾，她采用的第一个锦囊是参考 1898 年卡鲁斯译本中字对字的汉英翻译，而对于卡鲁斯的译文，她又认为不值一看，因为其中的谬误与差错太多。比如"老子"，卡鲁斯认为"老"的意思是"old"，而"子"意思就是"哲学家"，如果用"字对字"模式翻译，"老子"就成了"老哲学家"，岂不十分荒谬，难怪勒奎恩不屑他的译本。于是她就用上第二个锦囊，一边参考卡鲁斯的字对字的译文，一边参考自己所收集的其他译本，当各家译本不同时，或相互矛盾时，她就根据自己的认知去感受老子要表达的"真意"，这样就出版了自己的译本 *The Way and the Power of the Way*。这种翻译的不对

---

① 陈鼓应：《老子今注今译》，商务印书馆 2009 年版，第 291 页。
② Ursula K. Le Guin: *Lao Tzu: Tao Te Ching: About the Way and the Power of the Way*, with the collaboration of J. P. Seaton, professor of Chinese, University of North Carolina, Chapel Hill Boston/London Shambhala 1998, p. 107.

等,实际上在上文对斯达的字字翻译已有所述,老子的思想是不能用解剖学来论证的,不是通过把组成老子思想的《道德经》文本,一个字一个字地拆开研究其意义,然后再拼到一起,就可以获得其真意的。卡鲁斯这样做了,可是他重组的译文同样受到学界批评,斯达的译文也是一样。老子的思想是一个有机的整体,只有放在中国先秦文化,甚至整个中国传统文化的大背景中去理解考察,才能悟出其中的真谛。

从以上勒奎恩解读《道德经》的历程不难发现,一个对中华文化和相关中国历史缺乏了解,且在西方成长起来的文学家,要想按照东方文化那样去理解、解读《道德经》是何等艰难,甚至可以说是奢望。但是由于东方文化本身的魅力,加上《道德经》中对自然与人类社会本质规律的清醒认识和迷人般的阐释,还是让勒奎恩始终孜孜以求不断翻译,并最终圆了她几十年的梦想,"翻译"了自己的《道德经》。从中也可发现,她多么渴望了解中华文化,以及将之积极运用到自己创作中的胆识和慧眼。

二 宾纳对《道德经》的解读"想象大于真相"

宾纳曾经与江亢虎合作翻译出版《群玉山头:唐诗三百首》(*The Jade Mountain*)。宾纳把翻译唐诗飘逸洒脱的风格特点与诗歌形式,搬进了对《道德经》的翻译工作中。

20世纪初活跃在英美诗坛上的领军人物庞德(Ezra Pound)、艾略特(T. S. Eliot)等,力图改变当时因循保守、一味模仿、毫无创新的局面,于是,庞德选择东方学家费诺罗萨(Ernest Fenollosa)留下的150首中国古诗笔记中的19首,编译成中国古典诗歌集《神州集》,以实践他的创新诗歌的理念,即把古典诗歌用自由体翻译。该书出版后产生了重大影响,据周建新在其论文中指出:"庞德的《神州集》翻译就是使中国古典诗歌符合英美诗歌的现代化,用现代诗歌的表现手法来释译中国的古典诗歌。"① 庞德不懂汉语，所以他的翻译不受原文本限制，可以无限驰骋想象的空间，加上践行自己改变沉闷的英美诗坛的雄心，他的译作被称为"自由体诗歌"的典范。

受他们的影响，宾纳在翻译中华文化典籍时，十分强调用现代诗体的表现手法，充分发挥想象力，把中华文化的内涵表达得"清楚明白易懂"。如在翻译《群玉山头：唐诗三百首》时，他给朋友写了一封信，充分表达自己的翻译理念。他在信中说：

> 我希望把中国诗译成人性的语言，这样西方人就可以学到更多的东西。要是他们注意到我的努力，就会看到中国人简朴的人性，也看到我们精神中虽然有那么多恶毒的东西，也有与人类相同之处；我很高兴能够揭露那些文学化的翻译家，他们把文字搞得不东不西，而且纠缠于他们认为是五色缤纷的新奇的形象，他们不知道应当作为的事是：把这些古代诗人那种活生生的简朴无华的风格，自由地表达出来。②

信中，宾纳非常清晰而坚定地阐释了自己的翻译理念，要着力突破源语的含蓄和简约，把他们那种"活生生的简朴无华的风格，自由地表达出来"。在宾纳的手中，他把《道德经》的严肃哲学内涵，简单化为"文学想象"。

宾纳在其《道德经》译本前言中提到，他想翻译《道德经》有如下考虑，首先是深受林语堂的影响，相信《道德经》是一本最值得读的东方圣典，深奥而简洁、生动而实用。其次是社会上已有一些译本，包括林语堂和亚瑟·韦利等的译本太忠实于原文，所以只适合东

---

① 周建新：《庞德的〈神州集〉与中国古典诗歌现代化》，《华北电力大学学报》（社会科学版）2010年第3期。

② Witter Bynner to Carl Sandburg, (circa 1918), Witter Bynner Papers, Houghton Library. 转引自赵毅衡《诗神远游——中国如何改变了美国现代诗》，上海译文出版社2003年版，第211页。

方读者，而老沃尔特（Walter Gorn Old）等的译本虽是西方人自己译的译本但伴有宗教特色，比如佛教和基督教特色，因此他认为不适合西方人阅读，或者美国人阅读。所以他认为，还没有一个足够智慧的译本把《道德经》介绍到西方，让西方人可以根据自己时代的语言理解老子的观念和思想，并运用于生活之中。鉴于此，他决定着手翻译一本专为美国人阅读的《道德经》。①

事实上，宾纳翻译《道德经》的想法早在翻译《唐诗三百首》之前就有了。最初他打算翻译王维的诗，然后再翻译影响王维思想源头的《道德经》。宾纳在加州大学遇见江亢虎以后，听从其意见才开始翻译《唐诗三百首》，以至于后来江亢虎也愿意帮忙翻译《道德经》，可是由于江亢虎方面的原因失去了得到帮助的机会。但是宾纳认为，即使没有得到帮助，自己也不懂汉语，但同样也可以翻译《道德经》，他认为，自己通过翻译《唐诗三百首》已认识了中华文化的真谛，在译文中，他甚至引用江亢虎给他的信作为开头：

> ……没有诠释原文，就做翻译是不可能的事，很多译本以注疏者的解释为基础，而您的翻译靠的是自己的洞察力，这也是您的先天智慧——以至于对《道德经》的解释深刻而简练，可以说您达到了在不懂原语的情况下还能使译文非常接近原文。对此，我不能给予任何帮助深表遗憾。②

笔者认为宾纳在译本开始引用江亢虎给他的信，主要是想表述两个意思：第一，表明译者虽不懂汉语，但仍有翻译的基础，和江亢虎合作翻译《唐诗三百首》使译者了解了中国传统的人文精神；第二，

---

① Witter Bynner: *The Way of Life According to Lao Tsu—John Day*, New York.; An American Version, Capricorn Books, New York, 1944, pp. 11 – 27.

② Witter Bynner: *The Way of Life According to Lao Tsu—John Day*, New York.; An American Version, Capricorn Books, New York, 1944. 1972/A Perigee Book in 1986/1994 To Kiang Kang-hu.

通过江亢虎的口来肯定自己的努力是值得的,并且评价很高。用宾纳自己的话说:"我不懂汉语,但是 2 年的中国经历及与江亢虎博士合作翻译《唐诗三百首》的 7 年,让我对'中国人的精神'感受很深。"① 宾纳的译文为避免翟理斯担心的"把如'日光和酒'般炽热而醉人的原文,变成'月光和水'般清淡的译文"② 的问题,他采用完全的诗歌体,把散文加诗歌体的《道德经》完全诗化。

以上这些,构成了宾纳翻译的两个显著特点,一是他不懂原文,译本是建立在自己理解老子精神上的创意;二是诗译,用诗歌化的节奏、语言和格律来翻译《道德经》。所谓领会其精神实质的方面,可以从《道德经》第十七章来看,该章原文是:

太上,不知有之;其次,亲而誉之;其次,畏之;其次,侮之。信不足焉,有不信焉。悠兮其贵言。功成事遂,百姓皆谓:"我自然。"

宾纳的译文:

A leader is best
When people barely know that he exists,
Not so good when people obey and acclaim him.
Worst when they despise him.
"Fail to honor people,
They fail to honor you;"
But of a good leader, who talks little,

---

① Witter Bynner: *The Way of Life According to Lao Tsu—John Day*, New York.; An American Version, Capricorn Books, New York, 1994, p.18. 以上译文为笔者翻译。本文所引外文内容的中文翻译,非特别注明皆为笔者翻译。
② 黄薇:《论宾纳英译〈唐诗三百首〉》,2007 年硕士学位论文,第 2 页。

When his work is done, his aim fulfilled.

They will all say, "We did this ourselves."

宾纳还用汉语给此章加了标题"领袖"。

回译汉语：

领袖
最好的长官
人们几乎不知道他的存在；
次等的长官
人们遵从他和赞扬他；
人们鄙视的长官就是最差的长官。
"你不尊敬人民，
人民就不会尊敬你。"
一位好的长官，说的话少，
当他工作完成了，目标达到，
人们将说，"我们自己做的"。

从此章宾纳的翻译来看，正如江亢虎和其他西方译者的评价，宾纳抓住了老子的思想"太上"、"其次"和"其次"的部分主要思想，可是具体到"信不足焉，有不信焉"，他的翻译就偏离了原文，变成了"你不尊敬人民，人民就不会尊敬你"，以及把最后一句"百姓皆谓'我自然'"，译成"人们会说，'我们自己做的'"。但总的来说，宾纳在这里的译文还是比较靠近原文的。

下面再看《道德经》第四十七章原文：

不出户，知天下；不窥牖，见天道。其出弥远，其知弥少。是以圣人不行而知，不见而明，不为而成。

宾纳的译文：

There is no need to run outside
For better seeing,
Nor to peer from a window. Rather abide
At the center of your being;

For the more you leave it, the less you learn.
Search your heart and see
If he is wise who takes each turn:
The way to do is to be.

宾纳给此章加标题为："是"。

回译汉语：

是
要想看得清楚，
没必要跑到门外，
也不是从窗子偷窥，
而是停留在你的心灵深处；
因为你离开心灵越远，学到的东西就越少。
返窥你的内心，
看它是否每次明智地遵循那个轨迹
——道之所是。

陈鼓应在《老子今注今译》一书中，对老子这章的内涵做了阐释，他说：

老子特重内在直观自省。他认为我们的心思如果一味向外奔驰将会使自己思虑纷杂，精神散乱。一个轻浮躁动的心灵，自然无法明澈地透视外界事物。所以老子说："其出弥远，其知弥少。"他进而又说："老子认为我们应该透过自我修养的功夫，作内观返照，清除心灵的蔽障，以本明的智慧，虚静的心境，去览照外物，去了解外物运行的规律。"[①]

如果把宾纳的翻译和陈鼓应的阐释相比较，就可以看出，宾纳译出的只是文字表意，对老子的思想精髓把握却显得十分单薄。

然而在译文里，我们也可以观察到宾纳对选词造句的特别用心，他采取诗歌体，形式既自由又严谨，同时韵律工整，如第一句句尾 side 与第三句句尾 bide 押韵，第二句句尾 seeing 和第四句句尾 being 押韵；第五句句尾 learn 与第七句句尾 turn 押韵；第六句句尾 see 与第八句句尾 be 押韵，此章的押韵为"ababcdcd"格式。而老子的原文不用押韵，却以三字、四字句整齐对偶：

不出户，知天下；
不窥牖，见天道。
其出弥远，其知弥少。……
不见而明，不为而成。

这是两种文化，两种表达，宾纳似乎只抓住了"神似"的尾巴，实则相去甚远，可以借用老子的话来评价这个译文："其出弥远，其知弥少。"

如果说上面的译文还能领会一点神韵的话，那么下面的译文又该如何评价呢？

《道德经》第四十九章：

[①] 陈鼓应：《老子今注今译》，商务印书馆 2009 年版，第 249 页。

圣人常无心，以百姓心为心。善者，吾善之，不善者，吾亦善之，德善；信者，吾信之；不信者，吾亦信之，德信。圣人在天下，歙歙焉为天下浑其心，百姓皆注其耳目，圣人皆孩之。

宾纳的译文：

A sound man's heart is not shut within itself
But is open to other people's hearts:
I find good people good,
And I find bad people good
If l am good enough;
I trust men of their word,
And I trust liars
If I am true enough;
I feel the heart-heats of others
Above my own
If I am enough of a father,
Enough of a son.

回译汉语：

一个善人的心不只为自己，
而且还接纳别人的心：
如果我足够善，
不仅发现善人之善，
也会发现歹人之善；
如果我足够真，
不仅相信一般人的话，

还会相信撒谎人的话；
如果我是个称职的父亲，
也是一个称职的儿子，
那么我就能首先感受别人心的热度，
而不是我自己。

从译文看，老子原文的"圣人常无心""德善""德信""圣人混其心""众人皆孩之"的思想，在译文里已荡然无存，译文既不能达到神似，也不能达到形似，又如何能传达《道德经》的哲学内涵？

可就是这样的译文，译者号称其是为美国人翻译的《道德经》，因为其他的译本在他看来，要么只适合东方读者，要么添加了许多自己宗教的语言，要么依旧继承英译的传统，因循守旧，没有新意。所以宾纳的译文不拘泥于原文本的字句，不添加宗教成分，任凭自己的想象，形成了自己独特的译文风格。可是为什么这样的译文能够受到美国读者甚至是欧洲读者的欢迎呢？这里有其历史和文化的原因：

首先，宾纳译本出版的时间恰好是第二次世界大战将近结束之时。在短短的 40 年时间里，世界竟然遭受两次世界大战的创伤，人民疲惫了，也觉醒了，认识到诉之于外的侵略占领以及无止境的工业发展并没有给世界带来幸福和安宁，而宾纳所认识到的老子思想是："当我们大多数人试图让宇宙向我们打开时，老子却把自己向宇宙打开"[1]，"老子不是依靠外在的支撑，而在于内心与宇宙良知的一致"[2]。这恰如一剂清醒剂为备受战争创伤的世人找到了疾病的根源，那就是一味地向外索取、侵略和占领，不符合天道。老子反对战争，提倡尚静、守柔，正是医治战争创伤的良药。宾纳译文中反映出的老

---

[1] Witter Bynner: *The Way of Life According to Lao Tsu*, New York: An American Version, Capricorn Books, New York, 1944. 1972/A Perigee Book in 1986/1994, p. 17.

[2] Witter Bynner: *The Way of Life According to Lao Tsu*, New York: An American Version, Capricorn Books, New York, 1944. 1972/A Perigee Book in 1986/1994, p. 25.

子的思想，正是当时西方人所需要的，译本自然非常畅销。

其次，宾纳发挥想象诠释《道德经》，当然谈不上忠实于原文，这一方面迎合了20世纪初如庞德等诗人兼译者提倡的自由体风格，另一方面也给满目创伤的世界带去一些轻松的气氛。经历了两次世界大战的人们，心累体乏，没有心思读那么严谨或深奥的经典，宾纳自由奔放式的译本风格恰恰符合战争后人们的需求，轻松而实用。

总体来看，宾纳的译本从内容到形式是应时而需，恰好赶上了这样的节点。虽然译文无法用"信达雅"来衡量，但是其实用价值不可无视，以至于自1944年首次出版后，分别于1972年、1986年、1994年再版多次。

三 马丁对《道德经》的解读"推理大于真理"

对《道德经》的演义类解读还有一种可以说使之达到极致的方式，即是根据老子的基本哲学观点，加上自己的各种生活感悟，肆意发挥"阐释运用"老子之"道"，其代表人物有威廉·马丁。威廉·马丁（William Martin）是美国加州伯克利和西方神学院的研究生，自称习"道"20年，现任Still Point（美国加州）中心参禅教练，Still Point中心主任、禅慈悲关爱的创始人南希·马丁则是他的妻子及合作者。

对《道德经》的解读，威廉·马丁认为可以运用在生活的各个方面。也许趣味相投，为他的译本写过前言的丹·米尔曼（Dan Millman，蹦床世界冠军，美国最畅销书作者之一，主要涉及健康、心理、教育、体育、娱乐、政治等领域）也这样认为："《道德经》乃世界通用的智慧"，所以"可以运用于任何领域，甚至可以运用于园艺或者机动车的维护"，正如"父母的《道德经》可以让父母艺术般地帮助孩子成长，同样也可以让我们的树苗迎着太阳茁壮成长"。[①]

[①] William Martin: *The Parent's Tao Te Ching: Ancient Advice for Modern Parents*, published by Marlowe & Company, 1999 forward by Dan Millman, author of Way of the Peaceful Warrior, 1999, p. x (forward).

第三章　多元化解读《道德经》的得与失　/　157

正是在这样的思想指导下，马丁与南希及他人合作出版了13种《道德经》"译本"，按出版的时间顺序前八种分别是：1.《父母之〈道德经〉：对现代父母的古老赠言》（*The Parent's Tao Te Ching：Ancient Advice for Modern Parents*，1998）①；2.《恋人之〈道德经〉：对现代恋人的古老赠言》（*The Couple's Tao Te Ching：Ancient Advice for Modern Lovers*，1999）②；3.《路与践行：利用老子的〈道德经〉智慧唤醒（人类的）精神生活》（*A Path and a Practice：Using Lao Tzu's Tao Te Ching as a Guide to an Awakened Spiritual Life*，2004）③；4.《圣人之〈道德经〉：对暮年之人的古老赠言》（*The Sage's Tao Te Ching：Ancient Advice for the Second Half of Life*，2010）④；5.《奉献爱心者之〈道德经〉：体恤关怀你所爱的人和自己》（*The Caregiver's Tao Te Ching：Compassionate Caring for Your Loved Ones and Yourself*，2011）⑤；6.《实践者之〈道德经〉：远古金言致现代革命》（*The Activist's Tao Te Ching：Acient Advice for a Modern Revolution*）；7.《行之道：〈道德经〉新译及学习指导》（*Walking The Tao-A New Translation with Study Guide*）；8.《原谅之道：原谅他人及自己乃新生之力》（*The Tao of Forgiveness：The Healing Power of Forgiving others and yourself*）。下面就其中的5种"译本"分别介绍讨论。

---

① William Martin：*The Parent's Tao Te Ching：Ancient Advice for Modern Parents*, published by Marlowe & Company, 1999 forward by Dan Millman, author of Way of the Peaceful Warrior, 1999.

② William Martin：*The Couple's Tao Te Ching：Ancient Advice for Modern Lovers*, published by Marlowe & Company.

③ William Martin：*A Path and a Practice：Using Lao Tzu's Tao Te Ching as a Guide to an Awakened Spiritual Life*, published by Marlowe & Company, 2005.

④ William Martin：*The sage's Tao Te Ching：Ancient Advice for the Second Half of Life*, forward by CHungliang Al Huang, Illustrations by Hank Tusinski, published by Marlowe & Company, 2000.

⑤ William Martin：*The Caregiver's Tao Te Ching：Compassionate Caring for Your Loved Ones and Yourself*, New World Library, 2011, first printed in Canada.

（一）《父母之〈道德经〉：对现代父母的古老赠言》

丹·米尔曼在为马丁译本撰写的前言中介绍说："孩子不是供我们装载的容器，而是等待父母点燃的蜡烛。通过倾听'道'的智慧，滋养并提升自己的精神境界。"[1] 所以丹·米尔曼认为："很少有人能够发展古代经典，并且把他用彩带装饰起来作为礼物献给当今世界。作为这样的人需要具有常人无法拥有的智慧、深度和用心，马丁做到了，《父母的〈道德经〉》就是这样一本书，这是自《朴之道》[2]以来，迄今为止唯一具有道家智慧的书，既实用，又是娓娓道来的一本好书。"[3]

福德（Judy Ford）（*Wonderful Ways to Love a Child*, on *The Parent's Tao Te Ching* 的作者）认为这是"一部杰作，马丁抓住了抚养孩子的本质，这是一本急切需要的书，它把父母的地位提到了新高度"[4]。

威尔·葛兰乐（Will Glenno，*Fathering and 200 Ways to Raise Girl's Self-Esteem* 的作者）评价道："如果说有那么一本书，能够运用古老的智慧的点点滴滴，那就是马丁的这本《父母的〈道德经〉》，它把我们带进了令人骄傲的、无比美好的父母的角色。"[5]

马丁认为老子《道德经》是道家哲学的基础，并深深影响世界上所有的哲学系统。他的这本书不是《道德经》的翻译，而是把"道"的智慧特别运用于指导现代父母。比如对《道德经》第一章，马丁做了以下的演义性理解和运用：

---

[1] William Martin: *The Parent's Tao Te Ching: Ancient Advice for Modern Parents*, published by Marlowe & Company, 1999 forward by Dan Millman, author of Way of the Peaceful Warrior, 1999, p. xi（forward）.

[2] Hoff, Benjamin: *The Tao of Pooh*, London: Methuen, 1982.

[3] William Martin: *The Parent's Tao Te Ching: Ancient Advice for Modern Parents*, published by Marlowe & Company, 1999, forward by Dan Millman, author of Way of the Peaceful Warrior, 1999, pp. ix, x（forward）.

[4] 摘自《路与践行：利用老子的智慧唤醒（人类的）精神生活》的封底。

[5] 摘自《路与践行：利用老子的智慧唤醒（人类的）精神生活》的封底。

Words of Life

You can speak to your children of life,

but your words are not life itself.

You can show them what you see,

but your showing and their seeing

are forever different things. ①

回译汉语：

生活箴言

你可以和孩子说到生活，

但你的话语不是生活本身。

你可以把自己看到的指给孩子看，

但是你所指的和你所看到的与孩子所看到的完全是不同的。

这一小节与《道德经》"道可道，非常道，名可名，非常名"原文相比，正如马丁所说的那样，他是先理解、感悟原义，然后将之运用到生活中。他把"道"联想为"生活"，把"名"联想为所看到的东西，并把原文的第一章加了"生活箴言"四个字的标题。就个人感悟而言，这样的联想还是可以接受的，但接下来他的发挥可以说背离了《道德经》的原文化，他接着说：

You cannot speak to them of Divinity Itself.

But you can share with them

the millions of manifestations of this Reality

---

① 《道德经》第一章：道可道，非常道。名可名，非常名。无名天地之始；有名万物之母。故常无，欲以观其妙；常有，欲以观其徼。此两者，同出而异名，同谓之玄。玄之又玄，众妙之门。

arrayed before them every moment.
Since these manifestations have their origin in the Tao,
the visible will reveal the invisible to them.

回译汉语：

你不能与孩子谈到"神本身"，
但是你可以与他们分享无数次"神"无时无刻不在他们面前的显证。
因为这些显证有"道"为源头，
因而看得见的显证还会向他们揭示看不见的。

从这一节的解读可见，由发挥第一小节，到证明上帝存在，马丁深受基督类译本的影响，认为"道"可以证明上帝的存在，并在这里成了教育孩子信仰上帝的素材。

在这一节的以后文字中，马丁重点对原文第一章的后两句做了演义，其原文是：

Don't mistake your desire to talk for their
readiness to listen.
Far more important are the wordless truths they
learn from you.
If you take delight in the ordinary wonders of life,
they will feel the depth of your pleasure
and learn to experience joy.
If you walk with them in the darkness of life's mysteries
you will open the gate to understanding.
They will learn to see in the darkness and not be afraid.

回译汉语：

不要受愿望驱使误认为孩子们时刻准备聆听你的教诲，
从你身边学到的更重要的是身教重于言教。
如果你在平凡生活中乐于发现奇迹，
那么他们就会感觉到你对快乐的深度理解，
也就学会了如何快乐。
如果你能够在神秘生活的黑暗中与他们一起行走，
那么你就向他们打开了未知的大门，
他们就能学会在黑暗中看清事理而不至于害怕。

这一小段文字几乎与原文不能相合，因为"无言之教"老子在第二十七章才说到，而唯一能看到的是对这一章的"玄"和"门"的发挥，但与原文的"同谓之玄。玄之又玄，众妙之门"的原意相比，已毫无关联。接下来，他还继续发挥：

Go for a slow and mindful walk.
Show them every little thing that catches your eye.
Notice every little thing that catches theirs.
Don't look for lessons or seek to teach great things.
Just notice.
The lesson will teach itself.

回译汉语：

一起散步，留心观察，
指给他们看任何细小的留住你视线的小东西，
再留意任何抓住他们视线的小东西，

不要试图说什么大道理或者实施任何教育，

就是留心。

因为事件本身就是教育。

这一段与原文"故常无，欲以观其妙；常有，欲以观其徼"似乎有一点关联，那就是"观"字还在，在译文里解释为"留心或关注"。除此之外，其他部分已经完全改编成与他的"父母教育孩子之道"相适应了。

《道德经》第二章①中，老子重点阐释了他的"有无相生"的辩证观，那么马丁又是如何把它演义成教育观的？他的原文是：

Take Care With Labels

When you teach your children that certain things are good,

they are likely to call all different things bad.

If you teach them that certain things are beautiful,

they may see all things as ugly.

Call difficult things, "difficult",

and easy things, "easy",

without avoiding one and seeking the other

and your children will learn self-confidence.

Call results, "results",

without labeling one as success and another as failure

and your children will learn freedom from fear.

Call birth, "birth",

---

① 《道德经》第二章："天下皆知美之为美，斯恶已。皆知善之为善，斯不善已。有无相生，难易相成，长短相形，高下相盈，音声相和，前后相随。恒也。是以圣人处无为之事，行不言之教；万物作而弗始，生而弗有，为而弗恃，功成而弗居。夫唯弗居，是以不去。"

and death, "death",

without seeing one as good

and the other as evil

and your children will be at home with life.

回译汉语是：

慎用标签

当你教孩子某些东西是好东西，

那么他们就有可能把其他的东西认为是坏东西。

如果你教孩子某些东西是美的，

那么他们就可能把其他的东西认为是丑的。

把难做的事叫"难"，容易的事叫"易"，不要寻易避难，

那么你的孩子就能学会自信。

把结果叫着"结果"，不要给结果标上成功或失败的标签，

那么你的孩子就能从恐惧中走出。

叫生为"生"、叫死为"死"，不说孰好孰坏，

那么你的孩子就会快活地生活在家中。

马丁在这段文字中要表达的中心观点是：不要让孩子把万事万物概念化、绝对化。辩证地看待事物的正反两面，是老子在该章通过对难易、美丑、善恶等相互发展、变化的讨论得出的观点。然而，马丁在把这种观点演义为教育孩子应"无须辨别"时，并没有说明其中辩证的哲学逻辑，如"有无相生，难易相成，长短相形，高下相盈，音声相合，前后相随，恒也"。这种永恒说明万物是不断变化的，所以领会的关键应该是美丑、难易等这些相对的概念之间相互转化的关系，不能为一时一事的暂时状况所迷惑。但是马丁把这个智慧运用到生活之中，也是一种生活感悟，只不过这些感悟是具象的，也就是说

与老子原文所蕴含的真理性哲学原理相比，可谓大相径庭，正如他对接下来的演义道：

> Notice today how your children label things.
> "That stinks."
> "That's stupid."
> Don't correct them.
> Just notice and consider how they learned.
> Start today to teach a different lesson.

回译汉语：

> 留心如今孩子们如何判断事件，"这个臭"，"那个笨蛋"，
> 不要去纠正他们，只是留心，去想想他们是如何学来的，
> 从今天开始，用不同的方式去教导他们。

显然马丁这种教育观还是值得商榷的，因为面对孩子的强烈的好恶之心，仅靠这种绵绵无声的、不加区别的、不分好坏的态度去教育引导，可能很难达到目的的。

再看马丁对《道德经》第三章①的演义和分享：

> Happyness is Contagious
> If you always compare your chilren's abilities to those of great athletes, entertainers, and celebrities,
> they will lose their power.

---

① 参见《道德经》第三章："不尚贤，使民不争；不贵难得之货，使民不为盗；不见可欲，使民心不乱。是以圣人之治，虚其心，实其腹，弱其志，强其骨。常使民无知无欲。使夫智者不敢为也。为无为，则无不治。"

If you urge them to acquire and achieve,

they will learn to cheat and steal to meet your expectations.

Encourage your children's deepest joys,

not their supercicial desires.

Praise their patience,

not their ambition.

Do not value the distractions and diversions

that masquerade as success.

They will learn to hear their own voice

instead of the noise of the crowd

回译汉语：

快乐是会感染的

如果总是把孩子的能力与那些出色的运动员、出名的娱乐界人士或者社会名人相比较，他们就会失去自己的能力。

如果你强烈要求他们获取成功，那么他们就会学会欺骗或偷盗来满足你的愿望。

鼓励孩子内心深处的喜爱，而不是他们表面上肤浅的需求。

夸奖他们的耐心，而不是野心。

不要重视分散注意力的事，那可能就是乔装打扮的成功。

他们将会学习听到自己的声音，而不是周围的嘈杂声。

该章原文表达的"不尚贤，使民不争，不贵难得之货，使民不为盗"，被马丁演义为不要强求孩子获得成绩，否则他们就学会了欺骗和偷盗。这种联想如果说还是牵强，而下面的一句原文"不见可欲，使民心不乱"，被联想为不要被分散注意力的事吸引，要学会聆听自己内心的声音，可谓是创造性的发挥：

If you teach them to achieve
they will never be content.
If you teach them contentment,
they will naturally achieve everything.

We all want our children to be happy.
Somehow, some way today
show them something that makes you happy,
something you truly enjoy.
Your own happiness is contagious.
They learn the art from you.

回译汉语：

如果你教他们获取，那么他们将永远不会满足。
如果你教他们满足，那么他们将会自然地获得一切。
我们都想要我们的孩子快乐，
那么今天无论以何种方式，都要在他们面前表现让你快乐的事，
让他们看到真正让你快乐的事。
你的快乐具有传染力，
他们会从中学会快乐的艺术。

这一小节的演义与第三章后面的部分毫不粘连，因为原文"是以圣人之治，虚其心，实其腹，弱其志，强其骨。常使民无知无欲。使夫智者不敢为也。为无为，则无不治"。而这一小节说的是如何让孩子知足常乐。马丁说他的演义建立在理解原文精神实质的基础之上，而在此小节中就是"嫁接的精神"，而非原文本身的精神了。

从以上分析可以得出，马丁在《父母的〈道德经〉》中对《道德经》原文的解读主要有三个方面的特点：

1. 只解读了部分的精神，如将第一章"道可道，非常道"解读为你可以说到生活，但你说到的生活不是生活本身；将第二章"美丑、善恶、成功与失败"解读为不要把它们贴上标签；对第三章"不尚贤"理解为不要鼓励他们只要成功，不要失败之心。

2. 丢弃了更多的内容，如第一章"故常无，欲以观其妙；常有，欲以观其徼。此两者，同出而异名，同谓之玄。玄之又玄，众妙之门"，第二章"有无相生，难易相成，长短相形，高下相盈，音声相和，前后相随。恒也"，第三章"是以圣人之治，虚其心，实其腹，弱其志，强其骨。常使民无知无欲。使夫智者不敢为也。为无为，则无不治"，这些内容或其精神实质，在其演义的《父母的〈道德经〉中》完全没有提到。

3. 在演义中对原文的精神随意嫁接，如第一章把"道可道，非常道"嫁接成为教育孩子信仰素材，马丁是这样阐述的："你不能与孩子谈到'神本身'，但是你可以与他们分享无数次'神'无时无刻不在他们面前的显证。因为这些显证有'道'为源头，因而看得见的显证还会向他们揭示看不见的。"这样的嫁接表现出马丁等人在译解《道德经》时的随意性，失去了对原典认知的客观性与准确性，正如美国《瑜伽》杂志社的评述那样："《父母的〈道德经〉》是从父母的角度，再度演义（而非再翻译）永恒的《道德经》。"[①]

（二）《恋人之〈道德经〉：对现代恋人的古老赠言》

这是马丁在继《父母之〈道德经〉》成功发行一年之后，1999年又出版的一部演义《道德经》的力作。在这本书中，他试图智慧性地把《道德经》用于探索两性关系译解，在"道"的指引下，让浪漫和现实合二为一。马丁为此感叹道："越是熟悉《道德经》，越是相

---

① 以上评论摘自《路与践行：利用老子的智慧唤醒（人类的）精神生活》的封底。

信《道德经》的智慧可以运用于我们生活的各个方面。"① 因而，可以指导我们为人父母，为人配偶，为人领导等。在这本书中，马丁"译解"的方式是："先消化《道德经》原文，然后再把各章的精神智慧运用于恋人之生活，最后还加上几行可供参考的建议。"②

为马丁这本书写序的普洛斯夫妇③（Hugh 和 Gayle Prather，《精神父母》《我永远也不离开你》的作者）认为：《恋人之〈道德经〉》一书，是可以随时翻开启迪心灵的，也可以长久学习不断得到智慧的书，它就像一位可爱的朋友可以直接进入我们的心灵深处。比如这本书揭示的真理：恋人并不是因为自己多伟大或者多有权势、多有才能，而是彼此双方看清了对方，感觉再也不需要强行改变对方了（无为而不为）。这种睁开眼睛看清对方的接受方式，可以处理好双方任何关系——因为缺点和不足已成为对方接受和爱的一部分，相爱的双方彼此融为一体。有很多种书在介绍如何控制伴侣的技巧，而马丁认为这种技巧只会让双方陷入永久的战争，相反，要意识到对方，把对方放在心里，而不是了解、控制对方。因为正是了解对方，吵架时才会知道说什么让对方愤怒、沮丧、害怕。真诚不是批评对方、以怨报怨，而应该是爱和温柔。取出对方脚上的刺，尽管味道不一定好闻，但一定能赢得对方的心。④

下面就以《道德经》第一章为例，来检验马丁演义的功效。马丁《恋人之〈道德经〉》第一章的演义原文是：

---

① Willim Martin：*The Couple's Tao Te Ching：Ancient Advice for Modern Lovers*，1999，Introduction，原文："The longer I work with the Tao Te Ching the more I become convinced that its gentle wisdom and penetrating insight may be applied to all arenas of modern life"。

② Willim Martin：*The Couple's Tao Te Ching：Ancient Advice for Modern Lovers*，1999，Introduction，原文："I have attempted first to digest each of the 81 chapters of the Tao Te Ching；then to express the essence of each as it applies to a couple；and finally to add a few lines of practical advice for consideration"。

③ 普罗斯夫妇著有：*I will never leave you：how couples can achieve the power of lasting love*，New York：Bantam Books，1995；*Spiritual parenting：a guide to understanding and nurturing the heart of your child*，New York：Harmony Books，1996。

④ 以上参考普洛斯夫妇为马丁这本书写的序言。

A Passion Not Tamed by Words

Spinning words together to create vows

will not unite two souls.

Pouring over words in marriage manuals

will not pour spirit into a relationship.

Words may speak of love

but they cannot create it.

The union of one soul with another

is born of a passion that must not be tamed by words.

Let your words be tools of this passion,

not barriers to it.

Words emerging from love's furnace

will be few but powerful.

A few words of understanding

may heal a wounded heart.

A few words of wisdom

may comfort a lonely soul.

A few words of sensuous longing

may kindle love's embraces.

回译汉语：

有一种感情，言语无法驯服

单词可以编织成誓言，但无法让两颗心相通。

言辞可以写进婚姻的宝典，却无法让两人的关系注入爱的灵魂。

话语可以表达爱，却无法创造爱。

一个灵魂与另一灵魂的相聚源于爱，而非言语的驯服；

就让言语成为爱的表达工具，而不是爱的遮障。

几句理解的话语可能治愈一颗受伤的心；
语言来自爱的熔炉，言语虽少却强而有力。
几句智慧的言语能够安慰一颗孤独的灵魂。
几句体贴的话语可能让两个人走进彼此的怀抱。

If you could speak but fifty words each day to your beloved, only that and no more, what would be your words today?

回译汉语：

如果每天只允许你向你的挚爱说50个字，只能说50个字，不能说更多的字，今天你会说什么？

放在这一章最后的几行文字，就是马丁所谓的"几行可供参考的建议"。这个建议是为了使两人之间的关系更融洽，而让对方说一些话语。可是有趣的是，这与马丁自己对老子第一章的诠释却有所抵触，因为第一章的标题是"有一种感情，言语无法驯服"。

《恋人之〈道德经〉》对《道德经》第四十章[①]的演义是：

Here Is Where Your Love Was Born
Let your shoulders drop and your eyes close.
Soften your muscles and remember a child's flexibility.
Breathe deeply and let your busy thoughts fade away.
There is a place of stillness and quiet
underneath your thoughts.
Here is where your love was born.

---

① 参见《道德经》第四十章：反者道之动；弱者道之用，天下万物生于有，有生于无。

回译汉语：

爱就在这里诞生

放下双臂，合上双眼，放松肌肉，像孩子一样轻松，做深呼吸，驱走忙碌的思想。在你的思想里，有一个安静得几乎停滞的地方，那就是你们的爱诞生的地方。

《道德经》第四十章的原文是："反者道之动，弱者道之用。天下万物生于有，有生于无。"

马丁在这里的诠释完全像是指导人们做思想上的放松，然后做深呼吸，排除杂念，平心静气地思考一个问题：爱从哪里来。这与《道德经》第四十章的内容相去甚远。同样，在这一章，马丁给出如下建议：

Some call it meditation.
Some call it relaxation.
Some call it prayer.
Whatever you call it,
do it.

It is the center
from which the rest of your life emerges.
Without it
your relationship is a carefully acted play.

回译汉语：

有人称它为冥想，

有人称它为放松，

有人称它为祷告，

无论你叫它什么，

只要去做，

这是中心，

是你今后生活开始的地方，

没有它，

你们的关系就是一部小心翼翼上演的剧本。

这几行字被马丁称为"可供参考的建议"，一方面是对上文的注解，另一方面是向他们自己的训练中心的宗旨或方式推靠。

《道德经》第三章[①]是老子批评物欲，实现"无为而无不为"政治主张的体现，马丁把它用作"恋人之道"时，做了如下演义式译解：

Distractions

Possessions may burden a relationship.

They distract, delude, and divide

instead of creating closeness and intimacy.

They create confusion and dissatisfaction

instead of peace and joy.

Quiet your noisy mind.

Simplify your busy life.

Reduce your many distractions

so that you and your beloved

---

① 参见《道德经》第三章："不尚贤，使民不争；不贵难得之货，使民不为盗；不见可欲，使民心不乱。是以圣人之治，虚其心，实其腹，弱其志，强其骨。常使民无知无欲。使夫智者不敢为也。为无为，则无不治。"

might live in deepest joy.

回译汉语：

> 分心
> 财产可能成为两人感情的负担，因为它们纷扰、迷惑，甚至分裂感情，而不是使爱情更牢固、关系更密切。它们会制造不满、混乱，而不是平静和快乐。让嘈杂的心平静下来，让忙碌的生活简单化，减少更多的纷扰，以便你和你的爱人生活在快乐之中。

这一章的演义只从表面把原文"不见可欲，使民心不乱"，诠释为"财产可能成为两人感情的负担"，各种纷扰可能迷乱感情，解决的办法就是让心平静，让干扰离开，于是，他给出这样的建议：

> Consider the things you have accumulated.
> Do they enhance your love
> and increase your intimacy?
> Or have they siphoned energy
> from the things you once knew to be important;
> walks, talks, leisurely love-making, laughter, and play?

回译汉语：

> 考虑下你们积累的"财富"（经历的事情），是否让你们的爱更牢固，让你们的关系更亲密？抑或花去了你们的精力，这些精力原本可以做你认为更重要的事：散步、倾谈、爱的小憩、大笑或者嬉戏？

这一段"可供参考的建议",还是在解释"财富"可能为两人感情带来不利,与前面的演义主题一致。

马丁对恋人或夫妇之关系的理解是:"恋人(夫妇)之间的关系可能是人生最美好、最有收获的历险,也可能是人生中最痛苦、最令人失望的经历。这两个极端发展的关键只在于一个细微的调整,那就是正确理解和看待两人关系。"通过以上的例子说明,马丁在《恋人之〈道德经〉》一书中,都是借用对《道德经》的一些概念、原理,来诠释他的这种恋人之间的关系"理论"。

(三)《路与践行:利用老子的智慧唤醒(人类的)精神生活》

丁特·摩尔(Dinty W. Moore[①], *The Accidental Buddhist* 的作者)认为:"《路与践行》为在这个艰难的现代社会中生活的人们,提供了达到自我满意的、高雅的、明智的、可行的生活指导。"

威廉·马丁《路与践行》既是《道德经》的译本,也是推演,目的是想从当今世界具有可行性的心灵的角度去翻译(找寻)一条切实可以走通的路[②]。

马丁认为:"老子的《道德经》远非一本智慧的诗集,而是通过'道'——'路径',向我们展示生活艰辛和美好的经历,它指引我如何意识、苏醒并生活在现实中。它还向我展示'实践'——即如何自由而快乐地生活。它让我看清自己有限的精神习惯如何限制我自己,分散了我的注意力,引起我不必要的痛苦。就是这样的道路和实践,我对老子拥有感激之情。也就是在这种感恩的心之下,我翻译了这本《道德经》。既然有那么多发表的译本,我为什么还要翻译呢?只是因为其本身的美和价值,而现代译本中没有哪一本抓住了其'道'实质性的切入口,作为'路与践行'——一条唤醒生命、为这

---

① Dinty W. Moore: *The accidental Buddhist: mindfulness, enlightenment, and sitting still*, Chapel Hill: Algonquin Books, 1997.

② http://www.taoiststudies.com/books.html,这个网站是马丁自己的网站,他的 5 本《道德经》著作在这里都有介绍。

种生活提供实践方法的向导,正是这条道路和实践赐予我自由和快乐,也是它让我完成这本书。"①

马丁把这本书分为两部分,第一部分是老子《道德经》之"路",主要是对老子思想中心的阐述,并从各个角度反复论证自己的观点。第二部分的"实践",是对老子主题思想的深化,是"践行"。马丁的感悟是这条"践行"之路已为无数先驱走过,无论你有无宗教信仰,这是一条醒悟、真理和了悟此刻才是你伙伴的路。马丁甚至认为通过翻译《道德经》,老子已成为他亲密可信的朋友,他愿意与读者同行,即马丁、老子和您一起在这条"路"上前行。这条路上走过无数的不同文化、不同种族的先行者,包括道士、佛徒、基督徒、犹太教徒、苏菲教徒、无神论者等。

马丁还强调老子给我们指出了一条"路",这条路不是抽象的哲学,而是直接的经验,是一条看清生活过程之路,是一条时时得走的路。这在他对《道德经》第八十章②中"小国寡民"的演义可以得到说明。

马丁的译解是:

The present moment is all we have, so we are not constantly seeking a faster way to do things or a better place to be.

回译汉语:

此刻就是我们所拥有的,我们不要总是寻找更快的方式做事,或者寻找可以逗留的更好的地方。

---

① William Martin: *A Path and a Practice: Using Lao Tzu's Tao Te Ching as a Guide to an Awakened Spiritual Life*, published by Marlowe & Company, 2005, pp. xv, xvi.

② 参见《道德经》第八十章:"小国寡民。使有什伯之器而不用;使民重死而不远徙。虽有舟舆,无所乘之,虽有甲兵无所陈之。使民复结绳而用之。甘其食,美其服,安其居,乐其俗。邻国相望,鸡犬之声相闻,民至老死,不相往来。"

马丁还对这一句做了进一步阐释:"在这里要表达的是:虽然大脑的本能会让我们幻想将来会成为某个人,或去某个地方,而实际上我们只生活在此刻,不会成为别人,也不会去任何地方。而一旦我们'践行',此刻,大脑则又会让我们把注意力转向将来,或者追悔过去本该做而没有做的事,因而使此时此刻显得那么可怕,或者有一种声音在说:'如果生活在此刻,那么就会停止前进,而停止提升自己必然会蹉跎一生。'实际上我们的生活就是对立面共同存在体:这里和那里、他们和我们、上和下、爱和怕、喜悦和悲伤、生和死等。我们偏爱的是好的一面,比如生好、死坏,喜悦好、悲伤坏,所以我们的一生就是要拥有好的,避免不好的。然而这种状况很难达到,因为生而会死,升而会降,有而会失,所以人的一生总是活在恐惧和尴尬之中。"[1]

再看马丁对《道德经》第三章[2]的演义式译解:

> Return to Passion
>
> If achievement is valued,
>
> Jealousy will result.
>
> If possessions are valued,
>
> Hoarding and stealing will result.
>
> Therefore this path is one
>
> Of contentment and simplicity.
>
> It empties the mind of its chattering,
>
> And fills the soul with truth.
>
> It frees us from our wanting

---

[1] William Martin: A Path and a Practice: Using Lao Tzu's Tao Te Ching as a Guide to an Awakened Spiritual Life, published by Marlowe & Company, 2005, p. xvi.

[2] 参见《道德经》第三章:"不尚贤,使民不争;不贵难得之货,使民不为盗;不见可欲,使民心不乱。是以圣人之治,虚其心,实其腹,弱其志,强其骨。常使民无知无欲。使夫智者不敢为也。为无为,则无不治。"

And returns us to our passion.

No longer needing to have our own way,

We are not fooled by clever plots and plans.

Our actions become focused, pure and effortless.

回译汉语：

回归本真
"如果重视成果，
就会产生嫉妒之心。
如果重视所拥有之物，
将会导致囤积和偷盗。
所以说此道者要么知足、要么简单
这条'道'空置心灵，
使其充满真理。
让我们放弃欲望
回归我们的心灵。
再不需要我们自己的方式，
再不被聪明的策划和计划所愚弄。
我们的行动专一、纯粹，无须强力。"

在这一节，马丁译解的主要精神仍然是要求心无旁骛，否则就会产生"偷盗"、产生欲望，只有空置和回归的心灵，才能回到本真。而这种做法不是来自强力，也不是靠周密的计划和聪明的策划，而是专一和纯粹的行动。以此可以得出，马丁领略老子第三章的精神实质就是几句话，并且其哲理理解也不是很透，然后附和自己的想法使之自圆其说。

对《道德经》第四十章"反者道之动；弱者道之用。天下万物生于有，有生于无"的译解，表面上看，马丁似乎有所领会，但与原文的精髓相比，还是没有抓住实质，他的原文是：

> Following this path
> Return us to our root.
> It is a tender and gentle path.
> Everything in the cosmos
> Depends on everything else.
> Even our experience of life
> Depends upon our death.

回译汉语：

顺着这条道，回到我们的根，这是一条纤弱、柔软的路。宇宙中的万物取决于他物，甚至我们生命的体验也来自死亡。

从这章的译解看，马丁真正理解的这一章精神是从首句"反者道之动"而来，其他几句的精神实质没有反映。对第一句的理解也仅限于"反"字，他理解为"归返""回到本根"，而"动"字蕴含的精神实质却没有反映。"反者道之动"，按照刘笑敢先生的理解："道的运动特点，或其功能、作用的特点就是'反'"①，这个"反"是"动"的方面，"反"是相反之反，是对立面，"返"包括在"反"之内。因此说，马丁的解读只是在这一章的某个点上演义，对整体的精神实质还缺乏理解。

马丁在后序中这样说：

---

① 刘笑敢：《老子古今：五种对勘与析评引论》，中国社会科学出版社2006年版，第421，422页。

此刻只需要你一小步，这一小步可能就是合上书吃顿中饭，或者返回到老子书的某个章节再探寻其中的思想，或者去会个朋友，或者去冥思……

无论做什么，都可能是很普通的事，奇迹和奇观都来自你的关注和意识。不用担心变革或变化，它们会照顾好自己的。

这本书是指导，而不是替代你的智慧，你有能力完成生活中的一切，希望你的一生没有对抗和痛苦、控制和磨难，而是发现有爱、有激情。①

从这段后序的描述，我们也可以理解马丁撰写此书的感受。其实老子的思想确实像种子，种在一个地方就可能生根开花，又像核能，其中的能量无限。马丁就是撷取了其中部分的能量或者说几粒种子，种在他开发的一片耕地上就产生了这样的效果，应该说从一方面这是老子思想的意外收获，从另一方面也反映出老子思想之深刻性和本原性。

《路与践行》被马丁自己称为《道德经》的真正译本，通过以上的分析，以及考究他在前言和后序中所表达的思想，可以得出三个方面的特点：1. 马丁试图从思想方面揭示《道德经》各章的含义；2. 他的解读仍然超越不了其本身对中华传统文化了解的局限性，从而对各章的解读也没有超越其前两本《道德经》的演义之作；3. 不乏随意嫁接和误解之处。

（四）《圣人之〈道德经〉：对暮年之人的古老赠言》

马丁认为："中国的圣人是智慧、文化、历史、价值观和精神的主要继承者和传播者"，"老子则坚持人老则可成为圣人而达到自由和满足，这是所有人都渴望的生活模式"。对于《道德经》一书，他认为"《老子》八十一章都旨在对圣人或者'智者'、以及'大师'的

---

① William Martin: *A Path and a Practice: Using Lao Tzu's Tao Te Ching as a Guide to an Awakened Spiritual Life*, published by Marlowe & Company, 2005, p. 203.

描述"，因此，他认为自己的这个《圣人之〈道德经〉》的译本，旨在"解读八十一章中每一章的核心，然后再形成老人的思想和社会对老人（智慧）的认识"①。

马丁编写这本《圣人之〈道德经〉》，一方面来自自己的经历；另一方面是想帮助那些正在迈向老年的人指出所谓的第三条道路，即既不任由自然老去，也不虚幻自己更年轻，而是在年龄增长时变得更智慧。马丁感觉人变老很容易，然而变为智者却很难，所以希望自己的知识能够帮助在某种程度上胆小怕事的中年人，开始为转变成真正的圣人做准备。这个转变并不容易，他认为原因主要是在自己文化中，已把老年人描绘为靠着自己的养老金在社区快乐生活的人，是健康、富有但未必智慧的形象。社区的老人有两种生活模式，一种是虽然白发苍苍，却仍然梦想回到少年时光（第一条路）；另一种是"老者老矣"，只好顺其老死（第二条路）。马丁认为这两种模式都不可取，所以梦想着第三种方式，即老者可以成为"智者"。因此在他的5种译解中，他对这本《圣人之〈道德经〉》最为满意，因为自己老了，开始收获生活中的爱和情，也希望把自己的这份收获与读者分享。②

在上文中，已经列举了《道德经》原文第二章的两种"译本"，来讨论马丁是如何演义"翻译"的，为便于比较研究，这里仍然以这一章为例，分三个小节分别说明。

  Putting It all Together
  Many in our culture
  regard youth as good

---

① William Martin: *A Path and a Practice: Using Lao Tzu's Tao Te Ching as a Guide to an Awakened Spiritual Life*, published by Marlowe & Company, 2005, p. xvi.

② William Martin: *A Path and a Practice: Using Lao Tzu's Tao Te Ching as a Guide to an Awakened Spiritual Life*, published by Marlowe & Company, 2005, p. xvii.

and old age as bad.

But is this true?

In the sage, youth and age are married.

Wisdom and folly have been lived fully.

Innocence and experience now support one another

Action and rest follow each other easily.

Life and death have become inseperable.

回译汉语：

我们的文化中，很多人认为年轻就是美好，

年龄大就是不好，真是如此吗？

在圣人那里，年轻和年老可以联合，

智者和愚顽同时伴随一个人的一生，

无知和有经验相互支撑，

行动和休整相互紧随，

生与死不可分开。

在这一小节，马丁把老子"美丑""难易"等所阐释的"无分别"的精神，演义为"年轻人与老年人可以联合""智者和愚顽可以相伴"等。再看第二小节原文：

The sage has experienced all opposites

and lets them come and go

without clinging or fretting.

Therefore the sage can talk without lecturing,

act without worrying about results,

and live in contentment with all events.

回译汉语：

圣人经历了所有（事物发展的）对立面，
让他们自由发展，
不附着也不损害，
因此圣人教导而不教训，
做事而不担忧事情的结果，
对发生的一切都很满意。

这一节马丁把老子阐述的对立面相互转化的哲理，演义为是圣人亲身经历的经验总结，把"行不言之教"说成是"教导而不教训"。这种推演从发挥应用的角度来说，不能说它没有合理性，然而把"为而弗恃"演义为"做而不担忧结果"有些不合理。接着再看第三节：

The first part of our life
was spent separating things into categories:
good and bad.
like and dislike.
me and you.
us and them.
Now it is time to put all the pieces back together
into a seamless whole.

回译汉语：

人的前半生是在把时间花在事物分类上：
好的与坏的，喜欢的与不喜欢的；
你的与我的，你们的与我们的，

现在该是把这一切统而为一的时候了。

这一部分的总结性演义比较有创造性，马丁不仅把老子的哲理智慧，转化为圣人才拥有的智慧，而且在与前半生世俗的做法相比较后得出，具有智慧的价值。

最能体现马丁对年龄之感悟的是第一章，其中很具体地展示了他自己的中心思想。马丁对这一章的演义：

Older or wiser

Growing older either reveals or hides the mystery of existence. If your are becoming a sage you will discover the light of life's deepest truths. If you are merely growing older, you will become trapped by fears and frustrations.

You will see only the darkness of infirmity and death.

The great task of the sage is learning to see in the darkness and not be afraid.

There is one primary choice facing every aging person:

Will we become sages, harvesting the spiritual essence of our live and blessing all future generations?

Or will we just grow older, withdrawing, circling the wagons, and waiting for the end?

回译汉语：

越老越聪明

年龄的增长是隐藏了存在的秘密，还是揭示存在的秘密。

如果你成为圣人，你就会发现生命最深处的真理之光，如果只是变老，你就会充满恐惧，掉进困窘的陷阱。那你就只能看到疾病和死亡的黑暗。

　　圣人的最伟大的工作就是学会在黑暗中看清事理,从而不会害怕。

　　对于步入老年的每个人都有一个重要的选择:我们是成为圣人,收获生活中精神本质,并为后代留下福音?还是任其老去、孤寂,围着马车转圈,等着自然了结?

　　这一章与其说是对《道德经》第一章的演义,不如说是这本书的核心提要,马丁给出的两个选择就是要引起下文。与老子原文相比几乎很难看出有任何联系。但通过这一章的描述,马丁告诉了读者他这本书的重要性。

　　威廉·马丁认为《道德经》就是向人们提供帮助和智慧,他的"道"意指"小路"(path),或者各种各样的路,还可扩展到宇宙呈现自己的神秘之方法。"德"指"道"运行的动力和能量。① 他还认为《道德经》是一本诗集,每一首诗都触及"道"的一个特征,有些诗段从不同的角度论及相同的主题,这让一些习惯于西方式"期待寻求答案"的思维方式着实感到困惑②。鉴于此,马丁能结合自己对生活的体验与老子的智慧相融合凝结成《圣人之〈道德经〉》,这是他对《道德经》研读后的一种感悟,也开辟了传播《道德经》哲理智慧的另一条途径。但是这其中产生的问题也不能无视或忽视,作为学者要研究这种演义型传播所带来的利和弊,从而趋利避害。

　　(五)《奉献爱心者之〈道德经〉:体恤关怀你所爱的人和你自己》

　　马丁在演绎了 5 本运用于生活中的《道德经》之后,与爱人南希

---

① William Martin: *The Caregiver's Tao Te Ching: Compassionate Caring for Your Loved ones and Yourself*, New World Library, 2011, first printed in Canada, p. 3.
② William Martin: *The Caregiver's Tao Te Ching: Compassionate Caring for Your Loved ones and Yourself*, New World Library, 2011, first printed in Canada, p. 4.

用两年的时间完成了这本"奉献爱心者"的《道德经》。马丁认为这个思想来源于自己对道家思想的学习以及南希作为救济院教育志愿者的经历。他们希望这本书可以鼓励那些不管是由于自己主动选择还是碰巧参与了这项活动的专业或非专业的爱心人士,"我们深深地希望老子的古老智慧透过'道'参与到每天都能收到或者给予别人的爱心经历当中。因为依靠这种智慧,这是我们同情心的力量和源泉,我们就可以以各自独特的方式完成这项任务"。[1] 基于这一目的,马丁和南希是如何把老子《道德经》各章的思想演义进"奉献爱心者"的心扉的呢?

马丁在前言的第二部分"二心"(Two Minds)中这样解释:每个人都有两个心,一个是从父母、朋友、文化和事件中学到的辨别这种做出判断和决定的"有条件的心"(conditional mind),另外一个就是"道心"(Tao mind)。"有条件的心"是狭隘的,它会限制我们,而"道心"更深、更广、更无条件,它不受人们的信仰、主张、恐惧等思想和情感所控制,所以更有可能让个人创造出独特的奉献爱心的方式。[2] 从这里我们可以从理论上明白马丁夫妇如何把他们对奉献爱的感悟与对老子之"道"的感悟嫁接的。那么下面结合具体章节看马丁夫妇如何在各章具体阐述的。

首先来看第一章:

Let go

Caring for loved ones with your ideas

And caring for them with your actions

are two different processes.

---

[1] William Martin:*The Caregiver's Tao Te Ching:Compassionate Caring for Your Loved ones and Yourself*,New World Library,2011,first printed in Canada,p. 3.

[2] William Martin:*The Caregiver's Tao Te Ching:Compassionate Caring for Your Loved Ones and Yourself*,New World Library,2011,first printed in Canada,pp. 5,6.

The first arises within your mind

And often brings confusion.

The second is a direct experience,

Free of mental voices,

and leads to clarity.

回译汉语：

放弃思考

关心自己所爱的人——开动脑筋，

关心自己所爱的人——付出行动，

这是两种不同的过程。

前者来自大脑考虑，所以经常产生困惑；

后者直接来自经历，

没有大脑的考虑，

所以走向清晰。

  这一小节通过对老子第一章原文"道可道，非常道"的理解演义出"关爱一个人付出行动比用大脑去想更清晰"。显然如果从文本的对应来说，无法找到衔接点。然而正如马丁自己所说，他们是通过"道"，这里的"道"已被他们理解为一个整体的概念，即一个无所不包，无所不能的"道"，他们就是借用这样一个"道"来说事。而从上文分析，"二心"可能正是他们想在这里分开讨论的。再接着往下看：

The mind that wants to help

doesnot know how.

The mind that lets go of wanting

第三章　多元化解读《道德经》的得与失　/　187

Knows exactly what to do.
Both minds reside within us.
Learning to live with both
unlocks the secret of caregiving.

回译汉语：

想要帮助的心不知道如何帮助，凭着感觉去帮助的心恰恰知道如何帮助。

这两个心都驻扎我们体内，学会与这两种心为伍，就打开了奉献爱心之秘密。

经过这一小节的分析，说明"想帮助的心"就是"辨别之心"，即"有条件之心"不知道如何做，而"凭着感觉去帮助的心"是"无辨别之心"，即"道心"就知道如何去做。这种演义，有其独特之处，然而仔细分析，它与原文第一章的联系到底在哪儿呢？

Be quietly present with yourself
in the presence of another human being.
If you can do this you will know
the next simple thing to do.
This is all that is ever necessary.

回译汉语：

当另一人在你眼前时，静静地与自己相处，
如果你可以做到这些，你就会知道下一步该做的简单的事。
最简单的事就是最必要做的事。

这一小节在上小节的基础上猛然一转，谈到奉献爱心时的一个简单的心理要求，实际上是要懂得如何与自己的心相处。这种转折与其说是老子原文的教诲，还不如说是马丁夫妇自己的思想，这样确实告诉了读者，如果按照马丁夫妇的这种知"道"，你就找到了该做的简单之事，即不分别，跟着"道心"走。但通过这种联想，已经很难找到与第一章原文的结合点了。这说明他们在演义这一章时，只是把《道德经》原文充当模型，里面装载着的是马丁夫妇自己的观点和感悟。

下面再选一章，看马丁是否也用同样的方式进行演义。《道德经》第四章：

道冲，而用之或不盈。渊兮，似万物之宗；挫其锐，解其纷，和其光，同其尘，是谓'玄同'。湛兮，似或存。吾不知谁之子，象帝之先。

Inexhaustible Source

Striving, we become exhausted.

Ceasing to strive, we find astonishing energy.

Tranquility rests within us,

softening our edges

and bringing us peace.

Where does it come from?

Someplace we can't name.

What is its source?

Something inexhaustible.

What does it do?

Everything that needs to be done.

回译汉语：

> 用之不竭
> 奋力拼搏，精力用尽，
> 停止拼搏，我们发现活力让人吃惊。
> 宁静就在我们心中，
> 挫其锐，就会带来和平。
> 活力是从哪儿来的？
> 我们说不出名字。
> 它的源头在哪儿？
> 用之不竭的东西。
> 它做什么呢？
> 做需要它做的一切。

马丁将"用之或不盈"及"挫其锐"作为这一章的中心，并以"用之不竭"为题，还联想到"宁静""和平"，其核心还是在向他们所定义的人之"二心"上嫁接，可是这种嫁接让读者很难再将第四章原文与爱心奉献者之间建立起联系。

从以上两章的演义来看，马丁对 5 种《道德经》演义的方式几乎是相似的，即从各章找到可以发挥或者可以提炼的智慧点，然后把自己的思想装扮一下，用"道"的智慧来揭示其中深刻的内涵。所以这里不必再举出更多的例子，就可以得出以下结论。

首先，从第一本 1998 年《父母之〈道德经〉》的出版，到 2011 年《爱心奉献者之〈道德经〉》的发行，历时只有 13 年，一个作者用一本原典做范本，演绎了 5 种《道德经》，这种传播的效果一定是很好，否则演义者哪里会有如此的热情和动力？

其次，在《道德经》翻译和演义的传播史上，马丁堪称极致，因为据笔者收集，除了对自己原来译本进行修改再出版的译者外，没有哪一位译者再以另外的主题重译《道德经》。马丁的尝试在畅销和发行量上无疑取得了巨大的成功，同时也给如何传播《道德经》的智慧提供了新的窗口。

再次，马丁的这许多本《道德经》之演义为《道德经》的西传研究带来了新问题，这种演义是否有存在价值？如何对其加以研究和引导？演义当中到底出现了什么问题？如对以上演义本的具体讨论，可以发现存在的共同的问题：1. 对各章的演义仅限于其中几句话的理解，如对第三章只解读了"不尚贤""不见可欲，使民心不乱"；2. 由这几句话所演义成的一章内容里，马丁也不是坚持其中不变的本质，而是任意发挥，把原文当作一个壳，里面塞进自己的观点和理解，如第五本《奉献爱心者之〈道德经〉》之第二章，在"用之不竭"中加入了"平静"及"和平"的想象，结果使这些添加的内容与其演义的对象看不出任何关联（分析见上）。这些问题的出现会不会误导读者对《道德经》原文本的认识？

最后，造成马丁演义性译解《道德经》出现的根源在哪里？道德经思想的神秘性事实上已被一些西方人作为一种开放的环境，其实质是利用翻译过程实现其思想再创作。通过以上译本的研究发现，"《道德经》的开放性内涵＋西方文化中的发散性、功用性思维模式"，造就了西传《道德经》中的"演义类"译本。西方根据其固有的发散思维和原文本开放性文化特征，把《道德经》看作"放之四海而皆准的真理"，任何一个有机会接触《道德经》的译者或读者，只要稍有理解与感悟，就可以把它转译为各类功用性读本，把《道德经》的严肃哲学内涵，简单化为"文学想象"，实现其功用性目的，满足其创作灵感价值的需要。

第 四 章

《道德经》核心概念的翻译云变问题

"道""德""无为""自然"等,都是《道德经》中的核心概念。这些概念是构成老子博大精深思想体系的基本元素,它们既揭示了对象世界的本质属性,又体现着哲学道家的思维形式。核心概念内涵的内延、外扩及其相互交织,共同构成了老子的哲学架构和核心内容。因此,通过对《道德经》中核心概念的把握与理解,我们就能较清晰地洞察老子的哲学观点和思想主张,同样,对西译文本的考察,也可以使我们掌握了解译者及其译本是如何对这些核心概念选词翻译或解读阐释的,以此来了解他们翻译是否准确、解读是否"归真"。

在《道德经》一书中,老子提出了许多哲学概念,如"道""常道""大道""无为""有为""有""无""自然""道法自然"等,对这些概念,限于篇幅,笔者不能一一论述其在西译文本中是否得当,只能选择其核心加以剖析。

第一节 "道"如何翻译

"道"是老子哲学思想的精髓,在《道德经》中共出现74次,由此可见"道"在老子哲学体系中的地位和重要性。在这些"道"中,老子既描述了它的特征与内涵,又阐述了它的特性与实质。

在老子看来,"道"是自然规律与法则,万物皆从"道"而生而存,因此,老子在《道德经》第二十五章和第四十二章对此做了详尽阐述:"有物混成,先天地生。寂兮寥兮,独立而不改,周行而不殆,可以为天地母。吾不知其名,强字之曰道,强为之名曰大。大曰逝,逝曰远,远曰反(返)。故道大,天大,地大,人亦大。域中有四大,而人居其一焉。人法地,地法天,天法道,道法自然。"四十二章又说:"道生一,一生二,二生三,三生万物。"

这样一个"道"字,它本身是看不见、摸不着的,是无状无象的,"视而不见,名曰夷,听之不闻,名曰希……迎之不见其首,随之不见其后"。① 尽管如此,"道"的作用和能量是显而易见的,这就是"执古之道,以御今之有。能知古始,是谓道纪"。②

"道"的作用还体现在它与"德"相表里,共同被万物尊崇贵重:"道生之,德畜之,物形之,势成之。是以万物莫不尊道而贵德。"③ 因此,老子"道"的哲学内涵十分丰富而深刻,是其哲学概念中最高范畴。其实在春秋时期,讲"道""天道""人道"的思想家大有人在,《论语》中出现"道"的次数甚至比在《道德经》中出现的次数还多,达到76次。然而,老子不仅在《道德经》的第一章就提出了"道",还开宗明义地提出了"常道"这个概念,此处表明,老子之"道"远非一般的"道"可比,由此形成《道德经》的特质。因此,本文在论述老子"道"这个核心概念的翻译与理解的准确性时,即从首句入手,采取层层扒皮的方式考察"道"在西译传中的云变得失。

"道可道,非常道",作为老子五千言开篇论道首句,体现了全文主旨。此句仅六字却出现三个"道"字,从句式结构、语法功能方面看:第一个"道"是名词主语;第二个"道"是动词作谓语;第三个"道"是名词宾语;逗号前句子是主谓结构,逗号后的句子以前句所指为主语部分,其本身是谓语部分,由名词担任。可以说译者是否

---

① 老子:《道德经》第十四章。
② 老子:《道德经》第十四章。
③ 参见老子《道德经》第五十一章。

正确领会《道德经》，第一句"道"字的翻译显得十分关键。但纵览西传西译之本，不难发现不少译者翻译时对老子之"道"存在内涵缺失，对"可道"之"道"存在句法失误，对"常道"之"道"存在文化丢失之现象。本文以世传本①"道可道，非常道"为英译本的底本，以所收集到的近 200 种译本为蓝本，分别通过译本与原文的比较、译本之间的比较以及选词、句式的变化，探讨西译文本云变之谬误及原因，进而论述跨文化翻译传播须力戒误译误释，译者既要忠实原文，更要尊重原文化。

一 "大道"如何归本——译本首个"道"概念迷失及修正

"道可道，非常道"通览全篇，直指主题，句式隽永，含义丰盈，包含了"道"既可以是形而上的哲学所指（常道），也可以是形而下的实存（可道之道）；既指出了可道之道与常道的区别，又分开了老子之"大道"与世俗之道的界限。译者选择什么样的词来翻译老子开篇之"道"，既体现了他们对《道德经》的理解程度，又体现了他们的跨文化传播观念，甚至决定着译本的学术价值。那么老子之"道"寓意究竟何在？

依河上公、王弼注：第一个"道"字，通名也，指一般之道理②。

《庄子·渔夫篇》曰："道者，万物之所由也。"则道为万有之根源，乃道体之"道"。

老子之"道"内涵深刻，外延无穷，如此之"道"，老子称之为"大道"。对此，译者是如何发掘目的语中的对等概念来选词翻译？根据笔者对百余种英文译本统计，首个"道"的英文本主要有如下选词：principle、road、truth、teaching、spirit、Cosmic Consciousness、the Ineffable、path、direction、infinity、atheism、nature、way、Tao 等，其中尤以 way, nature 和 Tao 占绝大多数。下面就以这三个英文词汇为重

---

① 参见世传本指王弼本、河上公本和傅奕本。
② 高明：《帛书老子校注》，中华书局 1996 年版，第 222 页。

点，分析译者对老子之"道"的追寻及得失，并阐释其文化根源。

（一）Way 译"道"的宗教性

虽然不像选用 God（上帝）、Logos（逻各斯）、Word（上帝之言）、Reason（理性，第一原因）、Creator（世界创造者）等词那样，用上帝的代名词来译"道"直接，但用 Way 译"道"更具有宗教概念转移的隐藏性。在统计的百余种译本中，有大约四分之一的译者选用 Way 来译"道"，有的用大写的 Way，有的则用小写的 way，有的在其前用定冠词 the，有的用不定冠词 a。这其中包括像韦利（Arthur Waley）、梅维恒（Victor H. Mair）、韩禄伯（Robert Henrics）等深受读者欢迎的译者，他们的译本在西方多次重印。

把老子的"道"译为（the/a）Way 或（the/a）way，表面上看义近词同，但稍加分析就不难看出其中所含的深刻的基督教根源，因为在《新约》之《约翰福音》第十四章就有这样的对话：

耶稣："You know the way to the place where I am going."（你们知道我将去的路。）

门徒："Lord, we don't know where you are going, so how can we know the way?"（主啊，我们不知道你要去哪里，怎么能知道你要去的路呢？）

耶稣："I am the Way and the truth and life. No one comes to the Father except through me."（我就是路，就是真理，就是生命，不借助我，没有人能到"父"那里去。）

由此可见，Way 在西方已成一个家喻户晓的、含有基督意义的专有名词，只要一提起它，西方人第一印象就会想到"上帝之路"，而这个"道路"如无耶稣基督的帮助，则无以达成，所以耶稣是连接上帝的通途。译者从老子《道德经》里读出了通向上帝之路——the Way，正是译者这种基督文化"本位性"的体现。

亚瑟·韦利（Arthur Waley）选用大写的"Way"译"道"，他的第一句译文"The Way that can be told of is not an Unvarying Way"，

让人很自然地联想起耶稣的话:"I am the Way and the truth…"罗伯特·威尔金森为韦利的译本所撰写的序言中明确指出"the Way"具有基督色彩,他说:"译本中的 Way,很显然是基督思想中同一个词的类推。"①

另外在身为传教士来到中国传教的布莱克尼(R. B. Blakney)译本中,也直言不讳地说出自己之所以用 Way 译"道",是因为 Way 与"上帝"的概念相符。而另外能与 Way 相比美的词则是 Logos(逻各斯)和 Word(上帝之言)。②

从选用 Way 译"道"的译者的思考可以看出这样的问题:第一,他们对老子"道"有比附《圣经》中耶稣的倾向。第二,又借助老子之"道"在原语中有"道路"或者"人的行为方式"等意义,使译文表面上更接近原语,而实际上是把具有深刻基督文化内涵的 Way,巧妙地隐藏在看似可以与原语对接的选词当中。这样既避免了直接译为 God 等词的生硬、牵强,又达到了文化概念的偷梁换柱,可谓用心良苦。

(二) Nature 译"道"的局限性

用 Nature 译"道"的译者着重把老子之"道"定义为"自然而然"和自然的总原则。巴尔福(Frederic Henry Balfour,1871—1908)在其译本《道家著作:伦理、政治和思辨》中,分析指出了用 Reason 和 Way 来翻译"道"都不能表达"道"的确切意思。而相较而言,他认为 principles 或者 principle of nature 比较合适,因为在他看来老子之"道"是"花儿自开水自流,日月星辰各自行,红发黑发人自长,所以老子之'道'即为自然(Nature),或自然之法则(the principle

---

① Arthur Waley, *Tao Te Ching* (*The Way and its Power*), translated with an introduction by Robert Wilkinson, Wordsworth Editions Limited, 1997, p. Viii.
② R. B. Blakkney, *Tao Te Ching* (*The Way of Life*), translated with an introduction and with a new afterword by John Lynn, Signet Classics, 2007, pp. 43, 44.

of nature)"①。巴尔福进而指出这里的自然不单是物理方面的自然，还包括人类，人类被认为是赋予自然的最直接的礼物，也是自然的一部分。因此，与其说巴尔福把"道"翻译为"自然"，倒不如说是把它翻译为"自然的总原则"。

对巴尔福用 Nature 译"道"，同时代的理雅各则有不同的看法。他认为巴尔福不过是借用了哈德威克（Hardwick）对"道"的翻译，并且根据他所解释的意义理解"自然"——上帝是总的原因和指挥者。因为 Nature 可以为 Way（自然之法），可以为 reason（道理），可以为 teaching（教理）。理雅各在其《道家经籍》中指出："如果用 Nature 译'道'果真如巴氏解释的那样，涵盖了这许多意义，那么他也会毫不犹豫地选择这种译法。"②但他又指出，巴尔福理解的"道"既重在自然之理，却又把非自然的东西加进去，只能惑人心智，使老子的思想更加扑朔迷离。此外，翟林奈（Lionel Giles）也坚决反对巴尔福的观点。翟氏在其译本《老子箴言》中对"道"的先验性特点描述时，发现老子的论述是在证明"道"的先验性特点在物质方面得到显现，因此很难用一个合适的词表达其哲学概念。

由此可见，用 Nature 译"道"，即使同在西方文化背景下，西方译者之间都不能达成一致，说明译文对原文的意涵丢失现象已显露无遗。也有较少译者选用如 teaching、path、ineffable 等词来翻译，但他们彼此都不能说服，更不要说翻译老子之"道"既是本体的形而上之本根，又是形而下之万物，既有"非在"，又有"此在"的哲学内涵，岂是一个区区的 Nature 或其他个别译词所能指称？

（三）Tao 译"道"的"无译性"

在笔者收集统计的百余种《道德经》西译本中，用 Tao 来音译老

---

① Frederic Henry Balfour, *Taoist Texts: Ethical, Political, and Speculative*, London and Shanghai, first published in 1884, Republished in 2008 by forgotten Books, pp. 1 – 3.

② James Legge, *The Texts of Taoism published in "The Sacred Books of the East"* edited by F. Max Mulle, Vol. XXXIX, 1891, p. 14.

子之"道"的占了一大半,有62人之多,可见译者们已逐渐达成了一致:首先他们明白了老子之"道"正如古希腊的"逻各斯"、印度的"佛陀"一样,是属于中华文化特有的概念,或思想体系,或哲学范畴,因而老子之"道"也就不是任何一个英文名词、概念或者意义所能取代的。

那么音译的"Tao"果真能译介老子之"道"吗?或者能算得上是翻译?其实在翻译实践中,译者常常会碰到"译过"或"不足"的问题。当这种翻译的"欠额"或"虚值"太大,"硬译"必然影响读者的理解,甚至产生误解。为避免这种"硬译"而产生的"过与不足"的问题,就经常会用到音译。具体到老子之"道"来说,就连他本人也说:"吾不知其名,强字之曰道。"再统揽《道德经》全文可发现,这个"道"是"一"抑或"万物",是"无"抑或"有",是白抑或黑,是本体抑或实体,是终结抑或过程……"道"的这种周遍无限、全息全能性,决定其无法找到合适的概念性词语来界定翻译。

另外,对原文本的翻译与否,及正确与否虽有很多标准,如严复提出的"信达雅",鲁迅的"宁信而勿顺",以及奈达提出的"动态对等"——即"以译文读者的反应与原文读者的反应加以比较"① 来衡量翻译的标准等,但是核心只有一个,即要忠实于原文。如果对"道"的翻译体现不出"信"或"动态对等",那就只能造成"误译"。在这种情况下,译者就当灵活变通。

按照奈达的"动态对等"理论,译者在翻译老子之"道"时就应当思考,这个"道"在原文本中是否也为读者留下大量的"空白"和想象空间?如果有,那么又何妨把这种原文本对应的效果也留在译入语中?而事实正是如此。中文读者对"道"的理解可以说是仁者见仁、智者见智,采取音译,实际上就是对翻译学中最基本、最核心的

---

① Engene A Nide, *The Theory and Practice of translation*, Shanghai: Shanghai Foreign language Education Press, 2001, p. 86.

"信"的理念尊重与实施。如果套用老子的话来说,这种音译体现出了"无译性"——无译而无不译。

综上所述,虽然不能说音译"道"就是最佳翻译,但"实译"则会出现"误译"。因此,在现当代的英汉语境下,与其误译而产生误解,不如音译为上,因为其他任何一个词都无法吃透与表现作为老子最高的哲学范畴"道"的内涵与外延的无穷性与丰富性。这正如巴尔福所说:"任何一个翻译'(老子之)道'的词,都是一个'道'的杀手,因为一旦'道'被某个词翻译,那么'道'所表达的其他意思就全被抹杀了。"① 从某种意义上来说,这种音译也是对诸如Way、Nature、truth等对老子之"道"翻译用词的修正。当然,仅仅把"道"翻译为Tao是不够的,也是对读者的不负责任,所以有译者就在音译Tao后追加解释。从现当代西方语言文字学来看,Tao作为老子之"道"的特有词汇和一个崭新的概念已被人们所接受,如《牛津英语大辞典》1736年版、《韦氏新国际词典》第三版、《兰登书屋英语大词典》第二版②、《牛津哲学辞典》等等,都把Tao作为专用词汇来加以定义与解释③。

二 "可道"能否归真——译本第二个"道"的语法病句

朱熹曰:"道者,日用事物当行之理。""可道"犹云"可言",在此作谓语④;而据陈鼓应《老子今注今译》注:第二个"道"字,指言说的意思。

从句法结构而言,汉英两种语言的翻译体现了"可道"二字的复

---

① Frederic Henry Balfour, *Taoist Texts: Ethical, Political, and Speculative*, London and Shanghai, first published, 1884, republished, 2008, by forgotten Books p. 2 原文:The letter Killeth: it has killed all sense and meaning out of the word it was attempting to explain。

② 汪榕培:《比较与翻译》,上海外语教育出版社1997年版,第8、9页。

③ 另外 Webster's Ninth New Collegiate Dictionary(1983年由Merriam-Webster Inc. 出版),以及英国的Chambers 20th Century Dictionary都把Tao作为英语语言的一个词条收入,专指老子的"道"。

④ 高明:《帛书老子校注》,中华书局1996年版,第222页。

杂性。首先，可以肯定的是汉语"道可道"的"可道"是谓语部分，由情态动词+谓语动词构成，意思是"道是可以说的"或者"道是可以被说的"。与目的语相比，原语的主动句式还可以表示被动。其次，"非常道"意思是"（可以被说的道）不是常道"。这句汉语的主语是承前省略。再次，从整个首句来看，"道可道，非常道"实际上是转折关系的并列句，意思是：道是可以说的，但是可以说的道不是常道。正是由于第二个"道"在这里体现出句法上的复杂性，西方译本只是从表层领会词义，而忽略了汉语句式架构的触类旁通，译本产生多种在句法结构上的歧途，大体说来存在以下几个问题。

（一）"可道"谓语部分可否译为定语从句

在统计的百余种英译本中，90%的译本都把第二个"道"译为"可以言说的"，或"可以表达的"，或"可以描述的"，或"可以谈论的"，或"可以被理解的"等。典型的译文如"Tao (The Way) that can be talked about"，其他译文或把"that can be talked about"替换为"that can be voiced"（Tao Huang），或替换为"that can be spoken of"（Ren Jiyu, 1985, John Dicus, 2002, Tim Chilcott, 2005）、"that can be put in words"（Keith H. Seddon）、"that can be spelled out"（Lok Sang Ho, 2002）、"that can be expressed"（C. Spurgeon Medhurst, 1905, Isabella Mears, 1916, Herman Ould, 1946）、"that can be spoken"（Aalar Fex, 2006, Derek Lin）、"that can be told of"（Lin Yutang, 1955, Arthur Waley, 1934）等。这样"道可道，非常道"原本的两句话。就被译为一句话。回译成汉语就成为"可以说的道不是常道"。目的语的这句话显然丢掉了原语中的前半部分句意，即与前半句"道是可以说的"相比，强调"道"的可道性，而不是只能做定语帮助说明后一句话的意思。这种翻译变化显然是不恰当的。

（二）"道可道，非常道"的并列结构如何体现？

少数译者考虑到了原语句式情况，没有随大流，而是根据自己的理解用了和原语近似的句式，把第二个"道"译作动词，这其中有把它作为目的语条件句谓语部分，如："If Tao can be described, then it is not general Tao."（Thomas Z. Zhang）； "If Tao can be Taoed, it's not Tao."（Herrymon Maurer, 1985）。

目的语以"条件句+主句"译原语的并列句，似乎靠近原意，但是条件句把原语句的外延限定了，它既没有译出原语的前半部分句意，反而把后半部分的句意更加缩小了，试比较"可以说的道不是常道"和"如果道可以说的话，它就不是常道"之间的差别。老子的意思是："道是可以说的"，这是肯定，然而在定语从句中却没有肯定这层意思，只是假设道可以说，合为主语的一部分。

鉴于以上问题，也有译者把它直接翻译为主句中的谓语，如："The Tao can be explained, but this is not the real Tao"（Roderic & Amy M. Sorrell, 2003）； "The DAO can be talked about, but that is not the ever-lasting DAO."（Xiaolin Yang）； "The TAO, or Principle of Nature, may be discussed."［by all］； "it is not the popular or common Tao."（Frederic Henry Balfour, 1884）。这样的翻译看起来符合原语文本的句式结构，但在目的语中是否达到了与原语同样的接受效果呢？下面以刘殿爵的译文为例，来看这样的翻译是否为目的语读者所接受。

刘殿爵（D. C. Lau）于1963年首次出版自己的《道德经》译本，由于受欢迎而重印再版了10多次。1982年，他根据帛书本又重新做了翻译。这次他把前译本中"The Way that can be told is not the constant way"的句式，改成"The Way can be spoken of, but it will not be the constant way"，使之成为与汉语相当的句式即并列句。1984年，韩禄伯针对刘殿爵这个新译本做了书评。韩禄伯认为刘殿爵的第一句翻译有问题，他说："'The way can be spoken of, But it will not be the constant way.'是一个并列句翻译，回译汉语：道（1）可道也，（2）非常道也。如果（1）（2）是并列同等的谓语，那么就推导出'The way is not the constant way,'于是就得出：X（名称短语）也，非Y也。

这是很奇怪的。"① 根据韩禄伯的阐释，这样的翻译产生了严重的逻辑混乱。表面上看，目的语译本句式符合原语的句式，但事实上它只是硬译，译者没有根据目的语的语境和逻辑思维习惯去处理译文，只是一味追求形式上的统一，结果使目的语读者对此难以理解，甚至产生抵牾。这样的翻译显然不符合"信"的要求，也不符合奈达"动态对等"的原则。

（三）"道可道"同源宾语如何译？

"道可道，非常道"中，动词的"道"和其主语"道"是逻辑上的同源宾语关系，有的译文考虑到了这层关系，如"Tao can be taoed"（Herrymon Maurer，1985）、"No Tao that may be Tao"（Ha Poong Kim）、"To guide what can be guided"（Chad Hansen，2004）、"The Reason that can be reasoned"（D. T. Suzuki & Paul Carus，1913）等，就仍然保留了原语中这种关系。但问题是，这些译者为了使译文符合原文的同源宾语句式，在音译 Tao（道）名词的基础上又创造了 tao 的动词。这样的 tao 势必规则不一，出现了上文的被动语态既可以是 taoed 也可以是 tao，这就让译文的读者既诧异又难以理解。更有甚者，有的译者试图在目的语中解决这个问题，于是找到了如 tread（踩）这样的词与原语"道"来搭配，结果译文就成了"The Tao is that on which one can always tread""The Tao that can be trodden"。这样译文大概只有译者才看得懂，或者懂得两种语言（原语和目的语）的人才能明白译文的意思，因为这里音译的 Tao 已经预设它在目的语读者中被明白了，而且是"道路"的意思——因为只有道路才能被"踩"。因此，要想这样的搭配为目的语读者普遍接受理解，可谓是难上加难。如"A way that can be walked"（Jonathan Star，2001）、"A path fit to travel"（Bradford Hatcher，2005）的译文，从英文字面上

---

① Robert Henrics, *Book Review of Tao Te Ching*, *Chinese Classics*. Translated by D. C. LAU. Hong Kong: Chinese University Press, 1982. *The Journal of Asian Studies*, Vol. 44, No. 1 (Nov., 1984), pp. 177–180. Published by: Association for Asian Studies.

看，这种翻译似乎更接近汉语，然而这种英文搭配，在英文里的确是令人啼笑皆非的。Way（方法）如何被 walk（走）？path（小径）如何被 travel（旅行）？正如 tao（总原则）被 tread（践踏）一样。

可见翻译要想贴近原文，是一个全方位的系统性工程，从选词到句式、到修辞都要尽量无限地接近原文。《道德经》本身内涵丰富，对那些惜墨如金的格言警句，译者在考虑如何译出句意的同时，一定得考虑是否丢掉了部分内容，否则"丢此加彼"就会直接影响或误导目的语的读者。

三 "常道"是否对等——译本第三个"道"的文化丢失

《韩非子·解老》有言："夫物之一存一亡，乍死乍生，初盛而后衰者，不可谓常；惟夫与天地之剖判也俱生，至天地之消散也不死不衰者谓'常'。"

老子之"道"是天地之理、宇宙之法，是一切存在的本根。然而"包罗世界万物及其规律的'常道'，是不可如此明确分析名说的，这种可以分析名说的道，乃是人们可以感受得到的所谓养生、经国、政教之道。老子多处用'水'的自然特性来晓喻道性，不仅阐明了道的柔弱、就下和应时达变特征，而且表明'常道'乃是无法用语言进行符号化描述的一种存在，它是宇宙间永恒的大道，它只能由人们自己去体验，去感受。"[1] 老子之"常道"乃永恒之道，而可以眼见、可以分析的道乃是永恒之道的显现。

恒常之道即恒久永远之道，是不变，然而这种不变不是指具体事物之一成不变，而是指永远处在永恒不变之中的"永远变化"之规律，即"道法自然"。[2] 自然之法相依相克，万物自生、自化、自成、自灭，生生不息，循环往复。

译文"常"的选词主要有：constant, eternal, unchanging, unvar-

---

[1] 卿希泰、姜生：《道德经》首章研究，中国道教1998年第1期。
[2] 《老子》第二十五章："人法地，地法天，天法道，道法自然。"

ying, perennial, everlasting, permanent, changeless, fixed, enduring and unchanging, lasting, Immortal, absolute, Ultimate, primal, or cosmic, infinite, entire, ever-abiding, popular or common, general, true, all-embracing, universal and eternal 等。下面分类阐释，探讨其是否符合文本的原意。

(一)"常道之恒久"如何译

在统计的百余种英译本中，选择译词"eternal"的译者多达33人，其次用"constant"的译者9人，选择其他译词多在1—3名译者之间。那么这些词能否表达"恒久"？（参见下表）

译者	译词	回译
D. C. Lau，1963 through 1982 Robert G. Henricks，1989 Chad Hansen，2004① 等9人	constant	不断的（反复出现） 不变的（如常温）
Bram den Hond 2003 Karl Kromal，2002 Victor H. Mair，1990② 等33人	eternal	永久（时间上） 上帝的属性
James Legge，1891 C. Spurgeon Medhurst，1905 Herman Ould，1946	unchanging	未变化的 稳定的
Arthur Waley，1934 Tormond Byrn，1997	unvarying	无变化的 千篇一律的
David Hinton	perennial	长久的 多年生的
Cheng Lin 1949 Ellen M. Chen 1989 Isabella Mears，1916	everlasting	永久的 the Everlasting 上帝

---

① 译者还包括 Ha Poong Kim, Nina Correa, 2005, Patrick E. Moran, Richard John Lynn 等。
② 译者还包括 D. T. Suzuki & Paul Carus, 1913, David Bullen, Tormond Byrn, 1997, Wing-Tsit Chan, 1963, Gia-Fu Feng & Jane English, 1972, Tao Huang, Ren Jiyu, 1985, Paul J. Lin, Derek Lin, Ned Ludd, Tolbert McCarroll, 1982, John H. McDonald, Charles Muller, 1997, Gu Zhengkun, Andre Gauthier, John C. H. Wu, Stephen Mitchell, 1988, John Louis Albert Trottier, 1994 等。

续表

译者	译词	回译
Jan Julius Lodewijk Duyvendak	permanent	持久，永久
Tim Chilcott，2005	changeless	不变的；单调乏味的
Thomas Cleary，1991	fixed	固定的
Red Pine（Bill Porter），1996	Immortal	不死的，永生的
Aalar Fex，2006	lasting	持续的
Moss Roberts，2001	common lasting	常，久

从上表可以看出，这些译词的共同义项点在"不变"上，其中 eternal 和 everlasting 两个词已被宗教化成为专有名词，the Eternal 和 the Everlasting 成为恒久存在的上帝代名词。可见译者理解老子之"常道"还是偏向于从宗教方面理解。而 unchanging、unvarying、changeless、fixed 则是不变的表层意思；immortal、permanent、lasting、common lasting 则是在表层意思基础上延伸得来的。如果说用 eternal 和 everlasting 译"常道"之"常"，一方面丰富了"不变"这个一般内涵，另一方面强化了老子之"道"的宗教含义；那么用 changeless、unvarying 等，则只停留在对"常"的内涵的表面理解上，同时附带了不该有如"千篇一律的""单调乏味的""多年生的"等的联想意义。

（二）"常道"是否是"大道"

把"常道"译为"大道"的疑似翻译选词有 universal、Ultimate、primal、or cosmic、entire、general、all-embracing 等。从中可以看出，译者是在试图译出"大道"之含义——universal 是"世界性的"，cosmic 是"宇宙的"，all-embracing 是"无所不包的"，general 是"总的"，entire 是"完全的"，Ultimate 是"终极的"。

老子曰："强字之曰道，强为之曰大，大曰逝，逝曰远，远曰返。"[①] 又曰"迎之不见其手，随之不见其后"[②]。可见老子之"道"

---

① 老子《道德经》第二十五章。
② 老子《道德经》第十四章。

的确大，然而老子之"道"就是大到可以用"宇宙""世界（性）"来规定？那么世界或宇宙之外，老子之"道"是否就无能为力？抑或用"总体""无所不包""完全"来描述"道"之大，既然是总体，这个"总"必然有个界限；"完全"，这个"全"也必然有个界点；"无所不包"也同样是通过观察所能得到的所有，那么观察不到的无、空，是不是也包含在所有中呢？这样追问下去，必然到达一个界点，即这个"终极（Ultimate）"，从而冻结了"道"，使其无限性无以伸展。

当然，除了"大"外，选词还会指"道"之"普遍性""恒常性"，不过相对于其明显表达的"大"，"恒常"的意思显得很弱。

（三）其他诸种"常道"译法

Infinite（无限的）译"常道"指"道"存在范围的无限性；ever-abiding（永在者）是把老子之"道"比附基督神性的"永在性"；popular or common（受欢迎或普遍）是指老子之"道"的"普遍存在"或受到大家的欢迎；true（真实的）也是指老子之"道"的真在性；absolute（绝对的）是指老子之"道"有独一无二、绝对真理之意。"道"有以上含义，可是它存在于万物之中，又化为万物，是一种"超越"，而不是"超绝"[①]。

从这几个词的意义即可看出，译者在理解"常道"之时，好比盲人摸象，揣摩到什么样的意义，也就认为那就是老子之"道"（象）。然而老子之"道"既不只是译者所感觉到的"道"（象）的某一部分，也不只是他们所感觉到的所有部分的叠加，老子之"道"乃是一个无以用语言表达的，任何具体的所指都同时否定了它不可指的另一面，这就是语言的局限性。

老子的"常道"，是超越的哲学。《道德经》第一章第一句是概

[①] "超越"与"超绝"的区别参见胡治洪、丁四新文《辨异观同论中西——安乐哲教授访谈录》，《中国哲学史》2006年第4期。

括，统领全文，而第二十五章①是对第一章的阐述，也是对"道"的具体的说明。在笔者看来，老子在这里至少就他的"道"阐释了五层意思：一是"道"乃天地之本根，万物之母；二是"道"混沌无分别，浑然一体，没有名称可以命名；三是勉强给个名称的"道"，绝对不能完全表达老子心中之"道"；四是无声无形之"道"存于域中，无处不在，无时不有，循环往复，无始无终；五是域中四大，人地天道依次效法，而道则归于自然而然之本体。仔细观察以上五点，一、二描述的是本体之"道"，属于形而上的范畴；四、五表述的是实体之"道"，属于形而下的范畴；三"强为之名"把形而上与形而下之"道"紧紧相连，从而构成了老子完美之"道"。这就是老子之"道"的高度哲学性或文化性所在。

对比汉语注释与英文选词，可见汉语的"常"是"种"，英文的选词是"属"，它们分别只包含其中的部分含义，所以以上的选词一方面只译出了原文"常"的一个方面，另一方面却抑制了对"道"的其他性征的体悟。这说明了原文本与译本之间存在着某些文化背景的差异，使译本丢失了文本原有文化含义，造成了二者之间的不可译性。

四 结语

《道德经》译本及译语之多堪与《圣经》相提并论，可谓中国传统文化在海外传播的瑰宝。然而就其译文与原文的差异以及译本之间的差异，却是《圣经》译本不能相比的，也可以说，世界上任何一部经典的译介所产生与原文的差异都不能与之相比。无论从核心概念的翻译，还是对其固有的文化内涵的理解，甚至是句法结构的把握，西

---

① 老子《道德经》第二十五章内容：有物混成，先天地生。寂兮寥兮，独立而不改，周行而不殆，可以为天地母。吾不知其名，强字之曰道，强为之名曰大。大曰逝，逝曰远，远曰反。故道大，天大，地大，人亦大。域中有四大，而人居其一焉。人法地，地法天，天法道，道法自然。

译文本都有大量的谬误。究其原因，除了客观上的中西文化背景与思维习惯的差异，亦有主观上的原因。自近代以来的中西跨文化传播中，中华文化在西方的翻译流传，一开始就缺少主动性，更无话语权。这样，带有西方文化背景的译者在译介《道德经》时有意无意地戴上了"有色眼镜"，给原本白炽的道家文化加上了不该有的颜色，供译者自己或特定的读者群"把玩"和"欣赏"。这造成《道德经》译本越来越多，质量不但没有增加，问题却不断增多。然而仅凭一篇文章，甚至一本书，难以列举与校正其中的种种谬误。这里仅从《道德经》开篇第一句，从选词到语法进行分析比较，探讨译本和原文之间的巨大差异以及误译所在，以求窥一斑而见全豹。目的是通过进一步分析《道德经》云变之误译误传问题，对中国传统经典在海外的传播进行系统梳理，剔除糟粕，使中国传统文化在西译西传中为世人所真正理解，从而赢得尊重。

第二节 "德"如何翻译

《道德经》英译研究多限于对某个译本或多个译本之间进行比较，对其中核心概念的英译研究，也多限于老子之"道"。《道德经》又称《德道经》，其中分为《道经》和《德经》两个部分，"德"的重要性不言而喻，然而对老子之"德"的专门翻译研究几乎空缺[①]。本节旨在通过对老子之"德"的阐述，厘清其原有之含义，再通过考察研究有代表性的译本对"德"字的翻译和阐释，以及其选词用句时的

[①] 对"德"字意义的研究，国内学者有袁玉立先生（《先秦儒家德性传统的核心价值》，《孔子研究》2005年第3期）、巴新生先生（《试论先秦"德"的起源与流变》，《中国史研究》1997年第3期）、思维至先生（《说德》，《人文杂志》1982年第6期）等，笔者已参考，但本文重点是讨论老子之"德"的翻译，所以仅限于对《道德经》文本中"德"义的阐述。对道家思想翻译中的"不确定性"原则，笔者参考国内学者姜生先生发表于美国的论文（Daoism and the Uncertainty Principle, IN: Perspectives on Science and Spirituality, edited by Pranab Das, West Conshohocken/Pennsylvania: Templeton Foundation Press, 2009, pp. 69–92）。

意图，进而探究译本之"德"与老子之"德"的差异性及原因。

一 老子"德"之内涵

老子之"德"的含义远非现代汉语字典（辞典）所解释的，依据世传通行本，"德"字在《道德经》中共出现43次，老子从不同角度、不同层次、不同语境对"德"的哲学范畴做了全面、深入的阐述。在这些阐述中，既包含了"道"与"德"之间的关系，又指出了"德"的功能与特性，甚至还论及不同层次的"德性"。老子"德"之广大内涵，不是笔者阐述的重点，本文旨在分析比较译本对"德"的解读是不是老子之"德"的本真，或者多大程度上把握了老子之"德"的哲学内涵，进而探讨造成误译误释的原因。因此，以下阐述的老子之"德"，只是其一般意义上的或基本的内涵特征。

（一）"德"与"道"的关系——"德"从"道"

老子之"道"是本体，无以名，无以描述，老子之"德"得之于"道"，是"道"之体现，无"道"则无"德"。老子不知其名，强字之曰"道"的概念并不是无，而是《道德经》第二十一章"恍惚中有象，惚恍中有物"，这个"象"和"物"就是老子之"德"。老子又说："孔德之容，惟道是从。"《尔雅·释言》："孔，甚也。"河上公注："孔，大也。"《广雅·释诂》曰："搈（容），动也。"高明注曰"言大德者之动惟从乎道也"[①]。也就是说，一切德高德大之事之物之人，都是依"道"而行的。因此，在"道"与"德"的关系上，"道"是本是根、是体是唯一的，"德"是从是属、是用是多样的，但二者又是一个整体，可分而论之却不可割裂。

（二）"德"之用——化育万物

《道德经》第五十一章说："道生之，德畜之，物形之，势成之。"许抗生注曰："'道'生出它，'德'畜养它，物从而有了形状，

---

① 高明：《帛书老子校注》，中华书局1996年版，2007年第5次印刷，第328页。

器从而能造成。"① "道"体现万事万物生存发展的根本规律，而"德"就是畜养它们、化育它们，使它们保持各自的本质与特性，使它们各自成为自己而非它者。关于"德"的这种功用，《管子·心术上》的相关阐述不但与老子的观念相呼应，而且更加明确："虚无无形谓之'道'，化育万物谓之'德'。"颜昌峣对此注释曰："虚者，不囿于己，无者，不滞于物。"《管子·心术上》又云："德者，道之舍。物得以生，生知得以职道之精。故德者，得也。得也者，其谓所得以然也。"颜昌峣注释曰："德者，道之舍。德为己之内成道之舍，殆因依物之自然为定止也……舍之者，入处而非可逾越，故道之与德无间，谓德即有得于道，道即所凝之为德。"② 也就是说，物生则可识别出其出自道之精髓，"德"即是得"道"之精髓，才成就了"德"化育万物、物各随其自然之性。

（三）"德"之性——自然质朴如"赤子"

关于"德"之特性，老子在《道德经》第四十一章做了描述："上德若谷；广德若不足；建德若偷……"在这里，老子用了"正言若反""正反统一"的辩证观来说明"德"的特性，目的是为了让人充分而完全地理解他所倡导的"德"。如果把老子之"德"再具体化付之于人，那就更好理解了，比如许抗生是这样注释的："上'德'之人犹如虚怀若谷，德行广大犹如愚顽不足，有所建为之'德'犹如怠惰一样……"③ 这种体现在人身上的"德"的特征，老子还在自然现象中找到了证明：最大的方形没有边角，最大的声音没有声响，最大的形象没有形象。这些看似矛盾对立，实则既和谐又统一的"自然状态"，就是老子描绘的"德"之特性。

在《道德经》的其他章节中，老子还通过论述"同德""常德""上德""下德"，进一步揭示"德"的自然状态。例如，他说"德

---

① 许抗生：《老子研究》，水牛出版社1999年版，第23、24页。
② 颜昌峣：《管子校释》，岳麓书社1996年版，第324、328页。
③ 许抗生：《帛书老子注释与研究》，浙江人民出版社1985年版，第13页。

者,同于德"①"常德不离,复归于婴儿"②"上德不德,是以有德;下德不失德,是以无德"③等,就是"德"的自然质朴、和光同尘的流露。而这种质朴自然之"德",即如第五十四章"德长""德普"④,第四十九章"德善""德信"⑤,以及五十五章"德厚"⑥等,都是"德"之自然特质在包括人类在内的万事万物中的体现。

总之,老子之"德"是凝结并超越于万物具体特征之上的形上之"德",而不是具体的,或后天所塑造的、社会所倡导的具体的美德、官德、道德等,其实质在于"德"之同于"道"的统一性、和谐性、包容性、完整性和超越性。

二 译者认知老子之"德"得失考

对《道德经》中出现的43处"德"字,不能把它们看作一个个单独的汉字来理解,它们如"道"一样,是老子要表达的一个非常重要的哲学范畴,应当把它们作为一个整体,予以全面地、系统地领会,理解其哲学内涵与外延。这一点,即使是西方学者或译者也非常认同,在他们的各自译本中,绝大多数对"德"的翻译始终如一,并没有因为"德"在不同地方或在不同语境出现,而任意变换"德"的选词。不过不同的译者,由于所处的历史文化背景不同,或者自身的理解不同,他们对老子之"德"的认知有很大的差异。

为了系统而深入地分析研究英译西传《道德经》的得失与否,在前人的基础上,笔者通过对自己所收集到的数百种译本进行系统的梳理与研究,将《道德经》的译本分为宗教类、哲理类、语文类和演义

---

① 参见《道德经》第二十三章。
② 参见《道德经》第二十八章。
③ 参见《道德经》第三十八章。
④ 参见《道德经》第五十四章:"修之于身,其德乃真;修之于家,其德乃余;修之于乡,其德乃长;修之于邦,其德乃丰;修之于天下,其德乃普。"
⑤ 参见《道德经》第四十九章:"善者,吾善之;不善者,吾亦善之;德善。信者,无信之;不信者,吾亦信之;德信。"
⑥ 参见《道德经》第五十五章:"含德之厚,比于赤子。"

类四大类别。下面结合《道德经》中论"德"的关键句子，分别选取四类译本中典型译者的译文进行分析评述，以考察其对老子之"德"认知的得与失。

（一）"孔德之容，惟道是从"（第二十一章）

老子这句话非常清晰地表明"德"与"道"的关系——"德"从"道"。然而西方的译者并非完全如此理解，首先来看奥斯沃德（H. G. Ostwald）解读宗教类代表人物尉礼贤的译文：

The substance of the great Life completely follows DAO（SINN）.

回译汉语：

伟大的生命实体完全跟随道（意义）。

奥斯沃德的译文是根据尉礼贤（Richard Welhelm，1873—1930）的德文译本转译来的，通篇保留了德文的原旨。在这里他虽然把"道"做了音译处理，但在他的阐释中，一脉相承地遵从了尉礼贤的宗教比附性解读。尉礼贤是德国魏玛共和国时期派往中国的传教士，在中国传教生活20年。他在德文中把"道"译为"SINN（意义）"，这个"意义"在德语中代表"逻各斯"，指上帝的话；又把"德"译为"生命"，很清楚，整句话的意思是"生命听从上帝"。这与上帝创造生命、是唯一的创造者一致。因而"德"从"道"就成了比附"生命听从上帝之言"。

安乐哲（Roger T. Ames）和郝大维（David L. Hall,）的译文：

Those of magnificent character（de）
Are committed to way-making（dao）alone.

回译汉语：

［德］宏大的特性，唯独跟随铸造永远不断向前的势（道）。

安乐哲和郝大维都是美国当代哲学家，其译本堪称哲理类翻译解读的典范。他们的译本把"道"翻译为"way-making"（铸造永远不断向前的势），"德"翻译为"特性"，因而很自然地就把老子这句话翻译成上文，即"势成就特性"，"特性"唯独跟从"势"。这样的翻译，无论其意蕴，还是其逻辑性，哲学味都很浓，但是与原文内涵比起来，又似乎相差甚远。

阿迪斯（Stephen Addiss）和拉姆巴都（Stanley Lombardo）的译文：

Great Te appears Flowing from Tao.

回译汉语：

大德的出现归因于道。

阿迪斯和拉姆巴都皆为美国大学人文学科教授，长期从事语言教学和翻译工作，因此他们的翻译鲜明地体现出语文类译本的特色。在他们看来，"孔德"即"大德"，"容"即"出现"，"为道是从"即"归因于道"。可见他们译本的特点十分讲究字字对应，然而却流于简单化，甚至想当然，如把"从道"理解为"归因于道"，与原文真意距离较大。

韦恩·达尔（Dr. Wayne W. Dyer）的译文：

The greatest virtue is to follow the Tao and the Tao alone.

回译汉语：

最好的美德就是跟从"道"和"道"自己。

韦恩·戴尔（作家、演说家，被纽约时报誉为最畅销书作者）在翻译《道德经》时，将书名译为《以"道"的智慧生活》①。他的译本每一章节都有自己总结的智慧感言，但基本上与老子原文无关，堪称演义类译本的代表。对于这句，他既理解为"德"从"道"，同时又认为"德"就是"道"。这种认知本身就逻辑混乱，无法厘清"德"与"道"之关系。

对《道德经》的原句，严灵峰的注解是："'大''德'能够包容，只是依'道'而行。"② 陈鼓应的注释："大德的样态，随着道为转移。"③ 而从以上四类译者的翻译可以看出，宗教类译本把"德"从"道"比附为生命顺从上帝的代言逻各斯；哲理类译本按照其自身逻辑认为，事物的特性由创造的势形成，因而特性顺从势；语文类译本字字对应，"德"从"道"就成了"德"的出现归因于"道"；演义类译本，没有逻辑，随意想象，"德"即"道"，又从"道"。

（二）"道生之，德畜之，物形之，势成之"（五十一章）

老子在这一章中，主要通过"道生""德畜""物形""势成"之间的关系，来说明"万物莫不尊道而贵德"，也进而表明了"道"和"德"的"体用"关系。那么老子这样的哲学观点，又如何被西方译者解读的？首先来看看奥斯沃德根据尉礼贤德文本转译的英文：

DAO generates.

---

① Wayne W. Dyer, Living the wisdom of the Tao, Australia/Canada/HongKong/India/South Africa/United Kingdom/United States：Hay House.
② 严灵峰：《老子达解》，华正书局2008年版，第105页。
③ 陈鼓应：《老子今注今译》，商务印书馆2009年版，第159页。

Life nourishes.

Enviroment shapes.

Influences complete.

回译汉语：

道生产，

生命畜养，

环境形成，

影响力完成。

奥斯沃德转译尉礼贤的译文中，"道生"和"德畜"以及后面的两句话均无宾语，这个翻译没有尊重汉语的原文，也不符合译入语的句式结构，然而却符合尉礼贤用《圣经》解读《道德经》的方式——万物皆是由《圣经》所说的上帝创造的，除此之外就根本没有其他的神或人来创造或畜养万物。因此，对于这句"道生之，德畜之"，他是不能接受的，在翻译时就做了舍去宾语的处理，其目的是回避与《圣经》冲突。

安乐哲和郝大维的译文：

Way-making (dao) gives things their life,

And their particular efficacy (de) is what nurtures them.

Events shape them,

And having a function consummates them.

回译汉语：

不断铸造的势（道），给万物以生命，

他们的特殊效能［德］滋养他们，

万物给他们以形状，

并具有一种功能使之完美。

安乐哲和郝大维认为，"势"给万物以生命，而生命的特殊效能给它们滋养。这样一来，安氏和郝氏的"德"出现了不确定性，在第二十一章，"德"是"特性"（character），这一章则又成了"生命的特殊效能"，缺乏对老子之"德"认识的统一性，因而翻译解读时就出现了随意性。

阿迪斯和拉姆巴都的译文：

Tao bears them Te nurses them Events form them Energy completes them.

回译汉语：

"道"生育之"德"护理万物成就之能量完成之。

阿迪斯和拉姆巴都的译文没有标点，几乎与原文字字对应，但他们把"德畜之"译为"德护理之"，再联系前句"道生育之"，就可清楚地看出他们理解的"道"与"德"之间的关系，就如同"母亲生育孩子"和"保姆照看孩子"似的，这种"通俗""简约化"的处理，把"德"化育万物、使之成为自身的本质内涵弄丢了。

韦恩·戴尔的译文：

The Way connects all living beings to their Source.

It springs into existence,

Unconscious, perfect, free;

Takes on a physical body;

Lets circumstances complete it.

回译汉语：

道让所有生物与其起源相连。它得生以后，无意识，完美，自由；呈现物理的身体；让各样的环境成就它。

这里"道生之，德畜之"的本意，在演义类的译本中已经荡然无存，只是变成了"无意识、完美和自由"的"具象"。

老子通过"道生之，德畜之"——道生万物，德畜养、化育万物，阐释了"德"和"道"不可分割的辩证关系，而以上译者在翻译解读时，却没有把这种关系显示出来，或把这种关系支离了、隐晦了。尉礼贤和奥斯沃德通过有意识地略去宾语，使"道"和"德"之间的关系失去了纽带，进而使老子之"道"和"德"从属他们的"上帝"；安氏和郝氏把"德畜之"译为"畜养万物的是万物的特殊效能"，把"道"译为"Way-making"，且在其他章节又用别的词翻译"德"，使读者很难理解《道德经》中有一个核心概念"德"畜养万物，"德"与"道"的联系十分脆弱与模糊；阿迪斯和拉姆巴都以及戴尔的译文，要么对"德"含糊其辞，要么根本不提，就谈不上揭示"德"与"道"之间的关系了。

（三）"含德之厚，比于赤子"（第五十五章）

老子这句话，从本质上描绘了"德"的自然状态，此句严灵峰注解曰："言畜德之厚者，类于婴儿：无求无欲，不犯众物。"① 高明注："老子常以道深德厚之人比作无思无虑的赤子，书中多见。如《道经》第十章②和第二十八章。"③

---

① 严灵峰：《老子达解》，华正书局2008年版，第287、288、282页。
② 帛书《道经》第十章："专气致柔，能婴儿乎"，第二十八："常德不离，复归于婴儿。"
③ 高明：《帛书老子校注》，中华书局1996年版，2007年第5次印刷，第328页。

首先看看奥斯沃德转译尉礼贤的译文：

Whoever holds fast to L ife's completeness is like a newborn infant.

回译汉语：

谁紧紧抓住生命的完整性，谁就像一个新生的婴儿。

由于尉氏和奥氏都把"德"译为"生命"，因而他们把"德厚"译成了"生命的完整性"，"含德之厚"即成了抓住了生命的完整性，不但与老子之"德"大相径庭，而且其"生命"也只是"上帝之生命"。

安乐哲和郝大维的译文：

One who is vital in character（de）
Can be compared with a newborn baby.

回译汉语：

谁最重视性格特征［德］
谁就堪比新生的婴儿。

安氏和郝氏的译文把"性格特征"作为第一要素，认为谁重视了"性格特征"，谁就像婴儿一样。在这里，富有哲学内涵的"德"，被他们具象化了，简单地处理成了"性格特征"。事实上，老子在这里是用"赤子"来比喻"德厚"。

阿迪斯和拉姆巴都的译文：

Be filled with Te, Like a baby.

回译汉语：

被德充满，像个婴儿。

阿氏和郝氏的译文是把"德厚"理解为被"德"所充满，用音译"化"译德。由于其译文非常简洁，所以无从考证其"德满"为什么就可以是"德厚"。实际上"德满"只是"德厚"的一种表现。

韦恩·戴尔的译文：

He who is in harmony with the Tao is like a newborn child.

回译汉语：

与道和谐相处的人像新生儿。

在这里，戴尔的译文和上一句"道生之"一句的译文一样，丝毫没有提到"德"字，把老子哲学一个重要概念"德"丢失了，其翻译的随意性导致了不准确甚至误解。

从以上四类译者对老子"德"之内涵的翻译可以得出，首先，宗教类译本由于把"道"比附为"创生者"的"上帝"，因而在译"德"时不能建立另一至高范畴"德"，他们在译文中总是躲躲闪闪，不得其道，"德者，没得"；其次，哲理类译本代表试图解剖老子之"德"，先把它认为是"特性"，又把它认为是"生命之效能"，使老子之"德"成了"变色龙"；再次，语文类翻译，字斟句酌，"德"字是抓住了，可是哲学内涵却丢了；最后，演义类译本只顾尽情发挥，除"孔德之容"之"德"译为"美德"以外，对其他两句中的

"德",译本视而不见,丝毫没有"德"的影子。总之,各类译本虽然试图在译"德",但受译者各自文化背景的影响,他们译解的只是译者自己之"德",与老子之"德"相去甚远,甚至有本质不同。

三 译者选词译"德"心理历程探析

正确理解老子之"德",是选词翻译"德"的关键,理解的失误必定会造成翻译的失真,甚至谬误丛生。仔细梳理译本在译"德"时的失误,可以发现有的是因为个人的理解能力造成,有的则是主观刻意而为。即使选用的是同一个词,由于译者的解读不同,或者给它一个特定的含义,其表达效果也大不相同。上文通过对四类译本的分析,揭示不同类别译本对老子之"德"翻译解读的得失,下面着重从译者选词用句的内在原因或标准进一步加以剖析,以考察其得失。

根据笔者对所收集到的100多种英译《道德经》的统计,在翻译"德"时选择使用virtue(或以"Virtue"为核心词干)的译本约有38种,约占总数的30%;选择用"Te(De)"之类音译的译本约有42种,约占总数的35%;选择用efficacy、power、energy、intelligence、outflowing operation、integrity、life等词的译本约占总数的20%,还剩下一些不确定或没有选词占总数的15%。由于音译"Te(De)"的处理可以说在字面上遵从和顺从了原文,因而在探析译者的选词用意时,就不对其做深入分析,下面着重对其他译者译"德"时的选词心理历程做一深入分析。

(一)Virtue 译"德"暗藏比附性

"Virtue"在剑桥学术字典中解释为"美德,优点"[①]。根据西方最有权威的韦伯大辞典1828年版解释,"virtue"的词义来源于词根"vir"的意义——拉、伸产生的力量,所以其引申意义主要有:1. 优点;2. 美德;3. 贞操;4. 功效;5. 行为产生的(力)效果。基于

[①] A good moral quality in a person, or the general quality of goodness in a person, Definition of virtue n from the Cambridge Academic Content Dictionary Cambridge University Press.

韦伯大辞典的解释，译者选"virtue"译"德"主要有两种取向：一种取其中"美德"的意义，另一种取其"效力"的意义，总的来说都是要表现"道德之力"。

安乐哲和郝大维认为，传统的译本中把"德"译为"virtue"或"power"，指的就是一种"德性"或者德性的力量。"德"在早期哲学著作中有很强的宇宙论内涵，暗示事物的"显著的个性特质"，通常指人类的特质，正是基于这个意义，在译老子之"德"时，才选择用"virtue"。①

在用"virtue"译"德"的译者中，山姆·哈密尔（Sam Hamill，美国诗人）认为《道德经》中的"德"就是"virtue"，virtue 是从拉丁文衍生过来的，意思是雄健而有力，表达一种伦理道德之力②。

布莱克尼（Blakney）曾经在中国传教，撰写过多卷东方宗教著作，他 1955 年出版的《道德经》译本，名为 The Way of Life（《生活之道》）。他选用"virtue"译"德"，则包含着深深的基督教烙印。他认为老子之"德"在中国古代是一种神秘的力量，体现在某些人身上就会真正产生魔力，在《圣经》中也有与之同等的力，比如《路加福音》8∶43 至 8∶51 所描述的耶稣通过自己的力量救了一个女孩的生命的故事，就说明了这就是神的力量③，而这个力量在《圣经》中的用词就是"virtue"。④ 所以，布莱克尼在翻译老子之"德"时就毫不犹豫地选择"virtue"，因为在他看来，老子之"德"的魔力堪比耶稣之"神力"，老子之"德"就这样被他解读成耶稣之力了。

---

① Roger T. Ames and David L. Hall, *Daodejing "Making this life Significant"*, A philosophical Translation, New York: Ballantine Books, 2003, p. 60.

② Sam Hamill, *Tao Te Ching*, *A New Translation*, shambhala, Boston and London, 2007, p. xv.

③ 《圣经·路加福音》6∶19：原文：众人都想摸他。因为从他身上发出来的能力，医好了他们。英文原文：And the whole multitude sought to touch him; for there went virtue out of him, and healed them all. 这里的 virtue 就是指的这种能力。

④ R. B. Blakney, *The Way of Life*: *Lao Tsu*, The New American Library (Mentor Books 129), New York; /Penguin, New York, 2007 (/1955/198), pp. 44, 45.

老子之"德",得之于"道",把化育万物且内涵德厚、德常、德广等丰富的德之性仅理解为与 virtue 等同,这无疑把老子之"德"简单化、宗教化和伦理化了。选用"virtue"译"德",无论是用它所含的"美德""道德"之类的伦理概念,还是突出它所含的"魔力""神力"之类的宗教意蕴,都只是对老子之"德"的一种比附,其失误也就不言而喻。所以即使西方译者也对此表示质疑,譬如罗伯特·威尔金森(Robert Wilkinson,东方学家,曾翻译过《孙子兵法》)在为韦利(Arthur Waley,英国汉学家、翻译家、东方学家,1889—1966)的译本写的序言中说:"在现代英语中没有任何一个单个的词语能够表达'德'字含义,virtue 所包含的'美德'不是'德'所表达的内容"。① 陈张婉辛(Ellen Marie Chen,纽约圣约翰大学哲学教授)在其《〈道德经〉中"德"之涵义》(The Meaning of Te in Tao Te Ching: An examination of the concept of nature in Chinese Taoism)中认为:virtue 是指后天经过培养和教化而具有的美德,然而在《道德经》第二十八章"常德不离,复归于婴儿"和第五十五章"含德之厚,比于赤子"中的比附"婴儿",显然没有任何这种后天"德"的培养。所以,这儿的"德"丝毫没有 virtue 所含的"道德"或"美德"的意思。②

(二)Power, energy, efficacy 译"德"凸显具体化

当很多的译者发现传统的译本选用 virtue 译"德"不恰当时,就采用"virtue"引申义中"效果""效力"等内涵,直接将其翻译为"power"(力量)、"energy"(能力)或"efficacy"(效力)。选择这类词的主要译者有勒奎恩、罗林文、韦利、安乐哲和郝大维、巴尔福

---

① Arthur Waley, *The Way and It's Power: A study of the Tao Te Ching and Its place in Chinese Thought*, George Allen & Unwin Ltd., London, 1934, 1997, pp. xi, xii.

② Ellen Marie Chen, *The Meaning of De in the Tao Te Ching: An Examination of the Concept of Nature in Chinese Taoism In "Philosophy East and West"*, Published by: University of Hawai'i Press, Vol. 23, No. 4 (Oct., 1973), pp. 457 – 470. 原文名为: The Meaning of Ge in the Tao Te Ching, 笔者认为有误, 故改"Ge"为"De"。

等人。

勒奎恩（美国当代奇幻、科幻作家）认为"Virtue"中包含的"美德""价值"以及引申为妇女的"贞操"都不是老子之"德"的意义，而应该用"power"来译解"德"，因为老子之"德"就是"善（真谛）"，这正是"virtue"已经失去了的内涵。勒奎恩把《道德经》书名翻译为 A Book About the Way and the Power of the Way——《关于"道"和"道"之力量的书》，说明在她看来，老子《道德经》就是一本"力量之书"。①

安乐哲和郝大维用"efficacy"译"德"，是因为他们认为"efficacy"所含"效能、效力"的意思，与老子之"德"最贴近。他们认为老子《道德经》是把政治和宇宙的维度引向一个"有效的能"，而在政治的维度，"德"是一种在统治者和人民之间存在的最恰当的关系，"德"既是人民应得的"仁慈"，也是人民对最好的统治者的"感激"——"德"就是这种"参与者及其效果"（participating agency and its effects）。②

1884年问世的最早的英译本译者巴尔福（Frederic Henry Balfour，英国汉学家、评论家、翻译家，1871—1908），把《道德经》的书名译为《道家文本：伦理性、政治性、思想性》（Taoist Texts: Ethical, Political, and Speculative），把"德"译为"energy（力量）"。与"power""efficacy"相比，"energy"表示的则是更加具体的"能力"。

选用"力量"之类词的译者，虽然都认为"virtue"不能作为翻译老子之"德"的选词，但同时又认为"道"给这个世界带来了影响和驱动力，而体现这个"影响和驱动力"的就是"德"，或者是"德"的作用，即"权威之力"（power）、"自身能量"（energy）或

---

① Le Guin, Ursula K., *Lao Tzu: Tao Te Ching: About the Way and the Power of the Way*, with the collaboration of J. P. Seaton, professor of Chinese, University of North Carolina, Chapel Hill Boston/London: Shambhala, 1998, p. 110.

② Roger T. Ames and David L. Hall, *Daodejing "Making this life Significant"*: A philosophical Translation, New York: Ballantine Books, 2003, pp. 60, 61.

"自我效能"（efficacy）的作用。由此可见，这些译者把老子高度概括的哲学范畴之"德"具体化一种"力量"或"能量"，从而失之简单和具体。

（三）Intelligence, outflowing operation, integrity, life 等词译"德"体现多样性

选择这些词的代表性译者分别有：阿契·J.巴姆（Archie J Bahm）选择"Intelligence"（智慧），理雅各（James Legge）选择"outflowing operation"（向外的力），梅维恒（Victor H. Mair）选择"integrity（完整）"，尉礼贤（Richard Wilhelm）选择"life"（生命）等。这些选词差别较大，没有共通性，不像前两类选词分别有固定的"美德"和"力量"含义。之所以有这么多不定的选词，一方面，由于《道德经》原文本的开放性思维特征，以及"德"在不同语境中似乎表现出不同含义；另一方面，则由于译者认知不同，使"德"在他们脑海表现出的内涵与外延也不固定，如巴姆、理雅各、梅维恒等人翻译时，即使在译文中他们选定了一个词，可是在大脑中仍然觉得其他词汇也合适。

阿契·J.巴姆（美国现代著名的比较哲学家，1907—1966）通过研究中、西和印度哲学思辨的不同特征，颇有见地地揭示了中国哲学中对立面的互补、相反相成的思维特点。他认为老子之"道"就是一种"智慧"，1958年翻译出版《道德经》时，就直接将书名译成《老子〈道德经〉：自然与才智》（*TAO The KING：NATURE AND INTELLIGENCE*）。在这个译本中，他把"德"译成"智慧/智力"（Intelligence），但在评注中他又做了多种解释，既认为"德"是自然之力，又认为"德"是万物内部的行为，"德"是一种控制在极限之内的能力，"德"是一种自我满足的能力，他还认为"德"不只是"power"，而应该是"智慧之力"（intelligent Power），因为那不是"神奇的力量"，而是"智慧的力量"，是不干预、不影响、不改变原

秩序的力量①。因此，不管巴姆对"德"做何种"力"的解释，他的核心是不变的，即这种"力"是"智慧之力"。

"outflowing operation"的意思为"向外的力"或"向外的势"，理雅各（英国维多利亚时期派往中国的传教士，1815—1897）主要用这个词组来翻译《道德经》中的"德"，如他译第五十一章"道生之，德蓄之"为："All things are produced by the Tao, and nourished by its outflowing operation." 回译汉语就是"一切产生于道，滋养于它们向外的力（势）"。而在第一章的注释中，理雅各把"道"和"德"都解释为"力/势（operation）"；对第五十五章"含德之厚，比于赤子"，理雅各译为："He who has in himself abundantly the attributes (of the Tao) is like an infant." 回译汉语："拥有丰富'道'的属性的人就像婴儿。"在这里，理雅各又把"德"翻译为"'道'的属性（the attributes of the Tao）"。很显然，在他心里，"德"是在不同的地方有不同解释的多义词，并没有把"德"作为老子的一个核心哲学范畴来译解。

梅维恒（宾夕法尼亚大学教授、哲学家，1943—）说自己曾用两个月的时间思考如何翻译"德"字，他也曾考虑过把"德"译为"自我"（self）、"特性"（character）、"个性"（personality）、"美德"（virtue）、"上天赋予的能力"（charisma）、"力量"（power）、"内在力量"（inner potency）、"内心的正直"（inner uprightness）、"神力"（从神和神圣的物质中遗传的超自然的神力——man supernatural force inherent in gods and sacred objects）② 等，但最后都被否定了。他认为这些词汇都难以表达老子之"德"的内涵，最后他根据对"德"字词源学的考察和在全文中出现的44次③的不同内涵做总结，将之翻译

---

① Archie J. Bahm, *Tao Teh King, interpreted as Nature and Intelligence* New York: Frederick Ungar Publishing Co, 1958, pp. 86 - 91.

② Mair, Victor H., *Tao Te Ching: The classic book of Integrity and the Way* Lao Tzu Introduction by Huston Smith, New York: Mantanm Books/Quality Paperback Book Club, 1990, pp. xix, 133, 134.

③ 这个数字是梅维恒统计的，笔者统计是43次。

为"integrity（诚实、正直、整体）"。他认为"integrity"既体现宇宙中万物自身及其全部的整体性，又能表达道德范畴中的正直、诚实，可是integrity失掉了通常"virtue"中所包含的褒义的道德范畴，因此颠覆了传统意义上对"德"所包含"道德"和"力量"之意义。①

奥斯沃德（H. G. Ostwald）根据尉礼贤德文译本转译《道德经》时，把"德"译为"life（生命）"。奥斯沃德认为他之所以这样译，是因为受到《圣经·约翰福音》1：4章"生命在他里头，这生命就是人的光（In Him was life, and the life was the light of Man）"的启发。同时他还认为"spirit""nature""essence""power"等都可以翻译"德"，只是由于在《道德经》中其他地方也有这些用词，为了避免引起误会，还是选用"life"。他把《道德经》书名译为"The Book of Meaning and Life（《生命和意义之书》）"，并就为什么如此翻译作了解释：尉礼贤把"道"译为"Sinn"，而"Sinn"的相对意思就是"meaning"，因而，《道德经》就理当被译为 The Book of Meaning and Life。②

以上这些译者在翻译老子之"德"时，不能不说他们做了一番绞尽脑汁的思考，如巴姆和梅维恒都列出10多种义项选词，奥斯沃德除"life"以外也列出4种选词，较早的理雅各译本中也有3种以上的选词。可以说，他们的译解在一定范围内都有一定的合理性，也就是说只是从不同角度、不同层面体会了"德"，却没有全面、完整地抓住老子之"德"根本内涵，结果只能使得他们的译解陷入泛泛化、具体化。

四 结语

综上所述，从众多译者对老子之"德"的翻译解读的历史文化背

---

① Mair, Victor H., *Tao Te Ching: The classic book of Integrity and the Way* Lao Tzu Introduction by Huston Smith, New York: Mantanm Books/Quality Paperback Book Club, 1990, pp. 133 – 135.

② Richard Wilhelm, *Tao Te Ching: The Book of Meaning and Life*, trans. H. G. Oswald, London: Arkan, 1985, pp. 12 – 14.

景及心理历程的分析,可以看出他们在选择译"德"的对应词时,其标准是依据他们对原文"德"的理解程度。用"Virtue"译"德",显然把老子之"德"与"伦理道德"画等号,而且进一步从"美德""品德"和"德性"等方面加以限制;用 Power 等词译"德",主要从"德"的性质方面,比如"上德""下德""德普""德广"等方面,考虑"德"在生活事理方面产生的影响和作用,这种影响如同隐性的力量,因而常被认为是"神秘之力",具象后很容易被联想为上帝对人的无形之力。其他各种选词,则只是从不同的层面揣度"德"的可能意义,译文的保真性大打了折扣。

为什么有如此多的选词可供译"德"?为什么译者能如此自由地选择自认为正确的词汇译"德"?

这其中既有其文化背景的差异、语言的差异、思维习惯的差异,也有译者认知层次的差异等,但有一个原因却耐人寻味,就如韦尔奇在其《道之分歧》一书中所言的一样:"《道德经》翻译是一个举世难题,没有人能够解决它。可是就是这种好奇心,让人们忍不住来尝试解决,每个人都愿意相信自己可以解决……《道德经》是块魔镜,照出的不是它本身的内容,而是译者或读者自身形象。"① 正是译者试图展示自己对《道德经》解读,才使得他们在对老子哲学的核心概念缺乏深入了解、知之甚少的情况下强行翻译。一如这些译者在翻译老子之"道"这个核心概念一样②,没有从深刻的文化内涵去理解,没有从哲学范畴去理解,而是浮在表面,把《道德经》当作镜子,他们的翻译过程成了镜子折射的过程,字里行间流露的只是译者自我化、个性化的《道德经》,而非老子的《道德经》。鉴于此,要使《道德经》在世界文化交流传播中不被误译误传,甚至异化他化,就要求我们用自己的文化内涵、传播话语权,按照老子哲学的本质去还

---

① Holmes Welch, *Taoism: The Parting of the Way*, Boston: Beacon Press, 1966, pp. 7, 13.
② 参见拙作《〈道德经〉首句英译问题研究》,载《宗教学研究》2010 年第 4 期。

原老子的本色。

第三节 "自然"如何翻译

在老子哲学中,"自然"的概念仅次于"道"和"德",是否能正确理解这个概念关系到对整个老子思想的理解。老子《道德经》对"自然"概念的提出以及描述论证只有五个章节,分别是第十七章、第二十三章、第二十五章、第五十一章和第六十四章。根据前文,本节仍将《道德经》译本按照哲理类、宗教类、语文类和演义类的四大类别,从中遴选出代表性译本,具体剖析老子"自然"和"道法自然"概念的西译译法及云变中存在的问题,使专家学者正视传统经典西传中的谬误问题,使西方人能够正确认识、理解与领悟《道德经》。

一 原文中"自然"概念之意义

对于老子之"道法自然",历代注疏家秉持的观点有所不同,大致说来有以下两种:第一种观点认为"自然乃道本身","道法自然"即"道性自然无所法也"。此观点以汉代河上公在《老子道德经河上公章句》卷二《象元第二十五》中的注释:"道性自然,无所法也"为代表,如许抗生引河上公注:"道性自然无所法也。"许抗生的解释:自然并非"道"之外一物,而是指"道"自己而已。"道"为天地最后的根源,无有别物再可效法,所以只能法其自己那个自然而然的存在而已。[1] 持相似观点的有(宋)林希逸、葛长庚,(元)吴澄,[2] 现当代的学者冯友兰、

---

[1] 许抗生:《老子研究》,水牛出版社1999年版,第108、109页。
[2] 林希逸《老子口义》解释"道自本自根……无所法也……故曰法自然";葛长庚《道德宝章》中也解释"道自己如此";吴澄《道德真经注》解释"道之所以大,以其自然,故曰法自然。非道之外别有自然也"。

张岱年、任继愈、陈鼓应等①。

第二种观点认为"道法万物的自然,在方为方,在圆为圆"。以(魏)王弼为代表,"法,谓法则也。人不违地,乃得全安,法地也。地不违天,乃得全载,法天也。天不违道,乃得全覆,法道也。道不违自然,乃得其性,(法自然也)。法自然者,在方而法方,在圆而法圆,于自然无所违也。"② 现代学者王中江的理解:王弼说的"道不违自然",不是说"道纯任自己的自然""道自己如此",而是说"道"纯任"万物的自然"。③

笔者以为第二种观点比较有说服力,一是出于句法结构考虑,原句中四个"法"字,应该并列,词性相同,如果把"道法自然"解释为"道性自然"或"道自然如此",显然忽略了第四个"法"字的作用;二是把"道法自然"解释为"道效法自己"或"道以自己为法",与前面的句式结构仍然冲突;三是在整篇《道德经》中,有出现的其他四处"自然"作为论证。下面依次给出各章关于"自然"的论述:

第十七章:悠兮其贵言。功成事遂,百姓皆谓:"我自然"。

第二十三章:希言自然,故飘风不终朝,骤雨不终日。

第二十五章:人法地,地法天,天法道,道法自然。

第五十一章:道之尊,德之贵,夫莫之爵(命)而常自然。

第六十四章:以辅万物之自然而不敢为也。

---

① 冯友兰认为"道法自然"中的"自然"并不是另外一物,因为老子上文中说"域中有四大":"人""地""天""道",并无"自然"而并称五大,"自然"只是形容"道"生万物的无目的、无意识的程序(见冯友兰,第254页);张岱年认为"道以自己为法"(张岱年,第79页);任继愈翻译为"道效法它自己"(任继愈,第56页);童书业认为老子书里的"自然"是自然而然的意思,"道法自然"是说道的本质是自然的(童书业,第113页)。

② (魏)王弼著,楼宇烈校释:(《老子道德经注》)《王弼集校释》,中华书局1980年版,第65页。

③ 王中江:《道与事物的自然:老子"道法自然"实义考论》,《中国哲学》2010年第3期。

"自然"与"道"之关系通过第 25 章"人法地,地法天,天法道,道法自然"表达出来,如果以大小来论,人小,地大;地小,天大;天小,道大。以此类推,则"自然"比"道"大。然而这是不能继续类推下去的,因为"自然"不是一个大小的概念,而是万物存在方式和运行方式,抑或说一切之存在和不存在。"道法自然"也即是指法万物不存在和存在之运行方式。

"自然"在《老子》其他章节是如何论证的呢?首先第十七章:"功成事遂,百姓皆谓:我自然"。蒋锡昌注:"自然"即"自成"或"自是"[1];王弼注:"居无为之事,行不言之教,不以行立物,故功成事遂,而百姓不知其所以然也",此即"帝力何有与我"也。[2] 所以当事情做完了,任务完成了,百姓认为这是自然而然的,没有他为的因素掺和,也不需要看重谁或感激谁。

"道家的自然即万物之本然与全然,是没有被解构的、没有任何自我否定或外来否定的浑然圆融状态"。[3] "自然"作为老子哲学的核心范畴也贯穿人类生活的各个方面。这里的"功成事遂"代表人类生活之一事,也是万物历经的一个侧面,用来说明老子"自然"在万物化生过程中的社会状态。

其次第二十三章:"希言自然,故飘风不终朝,骤雨不终日。""希言自然",陈鼓应注:"言"指"声教法令","多言"(第五章)指"政令烦苛多"不合于自然,"希言"指"少声教法令之治"合于自然[4]。而"飘风不终朝,骤雨不终日"是通过自然界的现象来说明如何合于"自然"。表面的意思:狂风飘不了一个早晨,暴雨下不了一整天,天地使然,天地尚不能久,何况人呢?比喻以暴政号令天

---

[1] 蒋锡昌:《老子校诂》,成都古籍书店复制 1988 年版,第 112、113 页。
[2] 高明:《帛书老子校注》,中华书局 1996 年版,第 309 页。此外"帝力何有与我"见古《击壤歌》:"日出而作,日入而息,凿井而饮,耕田而食,帝力何有与我哉!"
[3] 姜生、汤伟侠:《中国道教科学技术史》(汉魏两晋卷),科学出版社 2002 年版,第 13 页。
[4] 陈鼓应:《老子注译及评介》,中华书局 1984 年版,第 157 页。

下，以繁重赋税劳役天下是不能长久的，这是自然的。此章通过狂风暴雨的秉性来说明自然之理，也说明了人之道法天地之道，道法自然，即道法万物发展变化的自然之理。

再次第六十四章："是以圣人无为故无败，无执故无失。民之从事，常于其几成而败之，慎终如始，则无败事矣……以辅万物之自然而不敢为也。"有注释家认为，"以辅万物之自然而不敢为也"以及之前21字不属于本章①。笔者以为，此句不但属于本章，而且概括了本章意义。本章"合抱之木，生于毫末；九层之台，起于累土；千里之行，始于足下"说明事物发展的渐进性之理，不可操之过急；同时"其安易持，其未兆易谋。其脆易泮，其微易散。为之于未有，治之于未乱"说明有为之局限；再者"慎终如始，则无败事矣"，反之，则"民之从事，常于其几成而败之"，说明事物在发展渐进的过程中仍然要遵从此理；所以"为者败之，执者失之"。那么如何才能达到"圣人无为故无败，无执故无失"，只有在整个事件或事物的发展行程中"辅万物之自然而不敢为也"。此章通过自然现象"合抱之木，……千里之行，始于足下"，以及人间之事理"民之从事，常于其几成而败之"，从正反两个方面说明"辅万物之自然"的重要，并通过"其安易持，其未兆易谋。其脆易泮，其微易散。为之于未有，治之于未乱"，点明了有为之时机和无为之天理，总结得出如何才能"辅万物之自然"，从而达到道法"自然"之最高境界。这里的"自然"不仅指"规律"，还指"过程""本然"，以及存在、发展、运行及其消亡的时间、条件等现象和本质。所以说此章理据清晰、论证充实，从具体事例演示了"道法自然"之重要性、必要性和可操作性。

最后看第51章："道之尊，德之贵，夫莫之爵（命）而常自然。"成玄英认为："世上尊荣必须品秩，所以非久，而道德尊贵无关爵命，'常自然'。此之谓道德所以尊贵，非为世俗所封之品秩爵位，

---

① 见陈鼓应《老子注译及评介》，中华书局1984年版，第310页。

她以虚静无为，任万物之本能，按照自然规律而发展。此之尊贵也非世俗品秩、爵位所能比也。"① 蒋锡昌按："道之所以尊，德之所以贵，即在于不命令或干预万物，而任其自化自成也。"② 依此两解，道尊德贵在于不命令干预，顺任万物自化自成，则为常自然。虽然老子把"道"描述为形而上的本体，然其仍然法形而下的万物之自然，即自在自成自化。可见老子之道与自然之玄妙、深刻以及恒常、至大，顺应万物，又超越万物之精神。

老子《道德经》总共在5章中出现"自然"，然观其论述可知，第25章中"自然"作为一个独立的概念与"人""地""天"一起共同建立与"道"之关系，表面上看似乎出现了一个让人难以理解的概念，即高于至大无极、至小无隙的既无所不包、又无所不在的"道"，或者说在"道"之上还存在一个名为"自然"的概念，这与老子对"道"的描述出现了悖论。在这种情形下也给诠释者出了个难题，到底如何阐述这个比"道"还大的"自然"呢，于是出现了经过诠释者调和的另一条道：即认为"自然"就是"道"本身，"道"的本质，"道法自然"即道无所法也，既使法，也是效法道本身这样牵强的注解。然而，如果我们仔细研究其他四章对"自然"的阐述就会豁然开朗，即道法万物自然之理：自生、自化、自成和自灭，顺应万物即为"法自然"。这也是"道之尊，德之贵""夫莫之爵而常自然"的根本原因所在。

对于原文中仅次于"道"和"德"的重要范畴"自然"，如果不能理解恰当和透彻，势必在翻译中影响对所在章节甚至老子全篇的思想的理解。通过以上分析，可以明确的是：1. 老子之"自然"绝非现代汉语字典中解释的作为名词使用的"大自然"（nature）；2. 作为老子"自然"的内涵虽然有时包含自然界的法则和规律，但绝不仅仅如此；3. 作为第25章中的"道法自然"也不能仅仅理解为"自身"

---

① 高明：《帛书老子校注》，中华书局1996年版（2007年第5次印刷），第71页。
② 蒋锡昌：《老子校诂》，成都古籍书店复制1988年版，第317页。

"自己",从而变成了道无以效法而"法自己"。从以上各章的分析,笔者认为把"道法自然"理解为"道法万物之自然"更合理,万物之自然即万物的自在、自生、自化和自灭。

二 各类译本如何解读和阐释"自然"

由于对原文本解读的不同,自然会影响到译本的不同。译本之间的差异也会因为译者受到不同的注疏影响而不同,但除此之外,译者的学术背景和时代背景不同也会给译本造成不同程度的影响。

(一)宗教类解读译本对"道法自然"的解读

宗教类译本的译者大多数是传教士、神父,由于他们浓厚的宗教背景,《道德经》多会被他们认为是中国道教的经典而比附《圣经》宗教观念。另外,也正是由于他们的宗教背景及其与西方哲学无法割舍的联系,从而使他们的解读和翻译在去除宗教比附外,仍体现出哲学的智慧,有其价值所在。

首先看麦都斯对"道法自然"的译文:

Man's standard is the earth. Earth's standard is the Heaven. Heaven's standard is the Tao. The Tao's standard is Spontaneity.

回译汉语:人的标准是地,地的标准是天(上帝),天的标准是道,道的标准是自发性。

乍一看,这个译文基本上和上文卡鲁斯的译文相同,那么我们就来比较一下。卡鲁斯的译文:

Man's standard is the earth. The earth's standard is heaven. Heaven's standard is Reason. Reason's standard is intrinsic.

回译汉语:人的标准是地,地的标准是天,天的标准是道(理),

第四章　《道德经》核心概念的翻译云变问题　/　233

道（理）的标准是其内在的本质。

仔细比较，就可发现他们之间的差异。第一句麦氏和卡氏的译文完全相同；第二句的不同在于麦都斯把"地"（**Earth**）作为与"人""天""道"并行的范畴，没有像卡鲁斯那样只把"地"（The earth）作为人们生活的地球来解释。此外还有一个不同在于卡鲁斯的"天"（**the Heauen**）没有特指，即是一般人们心中的天，而麦都斯就别有用心，他的"天"（heauen）用大写而且加冠词the，特指他心中的"天"（上帝）；第三句和第四句的不同之处在于对原文中的"道"的不同翻译，卡鲁斯译为"原因"，麦都斯用音译并加冠词"the Tao"，另外麦都斯还把卡鲁斯译为"固有的本质"的"自然"换成了"自发性"。

看似相似的译文，经过麦都斯的表达，已经与卡鲁斯的译文有了本质上的区别。有着20年在中国传教经历的麦都斯先是揪出了卡鲁斯对"道"翻译的错误，并改进；然后，把原本与宗教毫无关联的"人"、"地"和"天"，通过魔术般的手法建立了牢固的联系。这一点还可以从他译文下方的注释中获得充分证据。麦都斯注释中说君王是域中四大，并受一种看不见的权威支配，君主只有能代表这种权威才称得上大，而在神圣的王国里，他是最小的。① 可见麦都斯为什么要定位"人""地""天"的地位，他的目的是要指出他们的力量来自天国里独一无二的上帝的神威。这正应了德国学者卜松山在其文中所说的："他们的目的是从'道家的帽子'里变出个'基督教小兔子'来。"

噢穆拉（Richard S. Omura）的译文：

Man follows the mind.
The mind follows the spirit.

---

① C. Spurgeon Medhurst, *Tao-Teh-King, A Short Study in Comparative Religion*, Chicago: Theosophical Society, 1905, note 5, p. 44.

The spirit follows the Tao.
The Tao is.

回译汉语：

人顺从心智，心智顺从精神，精神顺从道，道就是。

噢穆拉把老子所谓"域中四大"中的"地"和"天"，换成了"心智"和"精神"。噢穆拉认为他的译本是基于"地球书"① 而对《道德经》的重新阐释。他在译本的前言中认为"《地球书》与《老子》中的真理非常相似"，并且说："这是不同时代以不同的形式传递给我们的相同信息。"他还认为："《地球书》着重复杂的宇宙和科学的逻辑，而《道德经》则更是一般的、简单的、神秘莫测的。"② 从这个介绍中，即可知噢穆拉在解读《道德经》时已经加上了自己浓厚的宗教背景。

（二）哲学类译本对"道法自然"的解读

首先看各类译本对第二十五章"人法地，地法天，天法道，道法自然"的解读：

美国哲学家巴姆的译文：

Man devotes himself to satisfying his desires, fulfilling his purposes, realizing his ideals, or achieving his goals. But goals are derived from aims. And all aiming is Nature's aiming, and is Nature's way of being itself.

---

① 又名《新纪元第五启示录》，这是一本讨论上帝、基督、科学、宇宙、宗教、历史和命运的书，起源于1924—1955年美国伊利诺伊州，芝加哥。在所有讨论的话题中，主要是生命的起源和意义，讨论上帝和人的关系，展示详尽的基督观念。

② Richard S. Omura, *The Tao of God: A restatement of Lao Tsu's Tao Te Ching based on the teachings of The Urantia Book*, New York/Shanghai, Writers Club Press, 2000, pp. v – vii.

回译汉语：

人致力于满足欲望，指向目的，实现理想，或者达到目标。可是目标来自目的，目的是道的目的，也是道本身存在的目的。

这个翻译与原文显然相差很大，对于"人法地，地法天"的翻译不知所云，巴姆似乎根本没有分清人、地、天的概念。然而依此，加之，巴姆在译文中把老子之"道"翻译为"自然"（Nature），可以看出巴姆对"道法自然"的理解——老子之道即"自然"不但混淆了老子哲学的两个重要概念，也让读者甚至他本人都难以弄明白这"自然"究竟为何物。

再看看美国宗教哲学家卡鲁斯的译文：

Man's standard is the earth. The earth's standard is heaven. Heaven's standard is Reason. Reason's standard is intrinsic.

回译汉语：

人的标准是地，地的标准是天，天的标准是道，道的标准是其固有的本质。

卡鲁斯把道译为原因，把自然译为其固有的本质。这样的理解有些靠近上文分析的中国历代注疏家的理解，即老子之道没有什么可以效法，如果效法就是效法自己的本质。即把人、地、天、道作为域中四大，自然只是道的本质，而不是一个独立的范畴。

再来看看号称哲学性解读《道德经》的哲学家安乐哲和郝大维的译文：

Human beings emulate the earth,
The earth emulates the heavens,
The heavens emulate way-making,
And way-making emulates what is spontaneously so (*ziran*).

回译语语：

人类效仿地，地效仿天，天效仿道，道效仿自然而然的一切。

安乐哲和郝大维译本中把道译为"way-making"，意思是"铸造永远不断向前的势"。他们认为"势"，具有"流动性"和"延续性"的特质，因此他们这个道不是僵化的名称，而是动态的"势"。建立在此意义基础上的"道法自然"，就是道效仿所谓自然而然的"所是"。安乐哲和郝大维的这个译文更靠近老子"自然"的原意，安乐哲之所以对老子"自然"有其独到的理解，是建立在其深厚的学术研究和东西方哲学比较的基础之上的。安乐哲的学术背景和研究领域，主要是中西比较哲学，学术贡献主要是中国哲学经典翻译和中西比较哲学研究两大部分，并主编《东西方哲学》和《国际中国书评》。他的译文无疑对《道德经》的忠实传播起到不可估量的作用。

总的来看，西方在哲学解读老子"自然"方面，出现三个特点，第一，哲学家只关注自己文化背景中的哲学概念，对异域哲学概念难以理解，在翻译过程中出现误译误解；第二，由于对核心范畴不恰当的理解，影响其他连带的范畴理解和翻译；第三，以哲学解读哲学，在深度比较和研究的基础上，有望找到一条双向文化沟通的渠道。

(三) 语文类译本对"道法自然"的解读

语文类译本多对原文本字斟句酌，往往能译出原文的字面意思，但却在整体的贯通和析思明理方面不如哲理类译本。

首先看拉法格的译文：

Earth gives the rule for people
Heaven gives the rule for Earth
Tao gives the rule for Heaven
the rule for Tao: things as they are.

回译汉语：

地给人以法则，天给地以法则，道给天以法则，道的法则：万物自在。

实际上，译者在"法"字的选词上非常用心，结果找到了"给……以法则"，这样"人法地"就成了"地给人以法则"。以此类推，"地法天"就成了"天给地以法则"，"天法道"为"道给天以法则"，最后，"道法自然"，译者调整为"道的法则：万物自成。"

再看斯达的译文：

Mankind depends on the laws of the Earth
Earth depends on the laws of Heaven
Heaven depends on the laws of Tao
But Tao depends on itself alone
Supremely free, self-so, it rests in its own nature

回译汉语：

人类依靠地的法则，地依靠天的法则，天依靠道的法则，而道则依靠自身：至上的自由、自己，依赖于自己的本性。

斯达把"法"译为"依……之法",即"人类依地之法,地依天之法,天依道之法",然后转折,"道只依自己",并加解释。斯达把"自然"理解为自身、自由、自我、自性。

韩禄伯的译文:

Man models himself on the Earth;
The Earth models itself on Heaven;
Heaven models itself on the Way;
And the Way models itself on that which is so on its own.

回译汉语:

人效法地;地效法天;天效法道(the Way);道(the Way)效法自身,即构成自己的一切。

韩禄伯也是在"法"字选词上非常努力,他选用了"效法",即"以……为榜样",他的译文意思是:人以地为榜样,地以天为榜样,天以道为榜样,道以构成自身所是的为榜样。

从以上三个译文来看,三人对"法"字的理解和表达有所不同,依此,也可以看出语文类译本字斟句酌的特点。其次对"道法自然"的理解,拉法格理解的"道法自然"是道法事物本然,更靠近原文;斯达的"自然"是道自身,道的至上的自由、自身、自性;韩禄伯的"自然"即是构成道的一切自身。斯达和韩禄伯接受了以河上公为代表的观点,即道无所效法,只是法自身。

(四)演义类如何解读"道法自然"

宾纳的解读:

Man rounding the way of earth,

Earth rounding the way of heaven,

Heaven rounding the way of life

Till the circle is full.

回译汉语：

  人环绕着地的轨道，地环绕着天的轨道，天环绕着生命之道，直到这个圆圈合实。

  在这一章的右上角，宾纳用汉语"圆圈"二字作为小标题。宾纳不懂汉语，对《道德经》的领悟来自他与江亢虎合作翻译的《唐诗三百首》，因而他自认为自己已经领悟了《道德经》的精华。这类脱离原文的译本一个显著特点，就是无法找到原文的对应词，如"法"字，以至于翻译时丢掉了核心概念，译者还很难察觉。在宾纳的译文中，"道法自然"就已经完全丢失了，所谓的领会了精神实质，就是他自圆其说地为配合"环绕"（rounding）这个词而凑合成的最后一句："直到这个圆圈合实。"

  再看看阿苏拉·勒奎恩（UrsulaK Le Guin）的解读：

People follow earth,

Earth follows heaven,

Heaven follows the Way,

The Way follows what is.

回译汉语：

  人随着地，地随着天，天随着道（the Way），道随着所是。

勒奎恩和宾纳一样宣称自己不识汉语，但不同的是，勒奎恩凭借着卡鲁斯译本中的字对字的汉英对照，再加上通过对众多译本的释读搞清楚原文汉字的真实含义，然后做出自己的译文。所以勒奎恩的译文比宾纳的译文更靠近原文，在她的译文中能够找到原文的对应字或词。勒奎恩是现代科幻小说的大师，长于语言文字的表达，短于深刻哲理的揭示。她的行文无拘无束，既不要灌输宗教的思想，也不要利用西方的哲学概念表达东方哲学的范畴。她的译文特点，首先是大而化之，如对"人""地""天"的翻译，没有注意到老子的"人"指"人类"的总称，而不是"普通的单个"的"人"；其次无拘无束，如对"自然"的翻译，她没有紧扣字眼，这一点在她译文后的注释中说得非常清楚。她在译文的注释中说："我把'自然'译为'所是'（what is），而本来我试图把它翻译为'道法自身'（The Way follows itself），但我觉得这样就失去了这句话要表达的意义。这还提醒我不要把道看成绝对的权威，道本身也是追随者，尽管道先于万物，但道仍然尊崇事物的本然。"[①]

比较宾纳和勒奎恩对第二十五章的解读，宾纳的译文丢失了核心概念"自然"，勒奎恩对"道法自然"的解读似乎更得其要领。

从以上各类译本对"道法自然"的解读看，各类译本都既有靠近原文的解读，也有脱离原文，甚至歪曲原文的发挥，但是从总体来看，宗教类译文附会性较多；哲学类译文显得大相径庭或是不着边际，或是理解深刻；语文类译本忠实于原文字面的理解，但难以揭示其深刻的哲理内涵；演义类翻译形式及用词自由，但容易漫思浮想、脱离原文，也有恰当抓住要领的理解。老子在这一章中明确了"道"与"自然"的关系，道是本源，是形而上的描述，但他却不是绝对的，通过"人法地，地法天，天法道，道法自然"的描述，揭示了

[①] Ursula K. Le Guin, *Lao Tzu: Tao Te Ching: About the Way and the Power of the Way*, with the collaboration of J. P. Seaton, professor of Chinese, University of North Carolina, Chapel Hill Boston/London Shambhala, 1998, pp. 34, 35.

"人""地""天""道""自然"的关系，让至上之道归于自然。而自然又不是一个具体的个体，它是本然，是"自身"（itself）"本性"（by nature）"事物本然"（things as they are）"自然"（being natural）"所是"（what is），老子之"道"法万物之自生、自在、自性、自化、自灭等的一切过程。

（五）四类典型译本对老子"自然"状态论证的阐释

《道德经》第二十五章明确了道与自然的关系，自然是万物的自然，道法自然，即道法万物的自然，而不是"道法自身"这种无效的表达。那么老子又是如何在其文中论证这个观点的呢？笔者认为在其他4章中，老子分别论证和阐释了自然的这形式特征和状态。那么，四类典型译本又是如何翻译解读的？

（1）4类译本对第十七章"（悠兮其贵言）功成事遂，百姓皆谓：'我自然'"的翻译解读

麦都斯的译文：

They valued their words, accomplished their purposes, settled their affairs, and the people all said: "We are spontaneous."

回译汉语：

他们珍惜话语，达到了目的，完成了事件，人们都说："我们不需要感谢谁。"

麦都斯在译文的下面讲述了伊甸园人的遭遇，在未有意识之前，人们没有各种情感，因而对母亲抚养孩子没有任何感激之情，所以这里译者用"We are spontaneous"隐含基督教的前意识状态。实际上译者有意无意地把自己的基督教背景，渗透到理解老子之自然当中。

巴姆对第17章的译文：

When the work is done, and as he wanted it done, he will be happy if the followers say: "This is just the way we wanted it."

回译汉语：

当工作按照自己的方式完成后，他会很高兴地听到他的追随者们说："这就是我们需要的方式啊。"

巴姆按照自己的理解，翻译时加上了"自己的方式"和"追随者的方式"，认为这两种方式可以重合而成为"自然"。

韦利的译文：

That when his task is accomplished, his work done,
Throughout the country every one says: "It happened of its own accord".

回译汉语：

任务完成，事情做完，全国家的人都说："那是自然发生的事。"

可以说韦利找到了恰当的词来翻译，文句也简洁直接。

宾纳的译文：

When his work is done, his aim fulfilled,
They will all say, "We did this ourselves."

回译汉语：

当工作完成，目的达到了，他们都说："这是我们自己做的。"

宾纳的译文是为了和前文"悠兮其贵言"连贯——前文的译文是："But of a good leader, who talks little"（回译汉语：一个好领导少说话）。出于这种连贯考虑，宾纳实际上错过了对"我自然"的真正理解。

从以上各家对17章的翻译，除了巴姆把"自然"误解为不同人的方式相合、麦都斯不恰当的比附，以及宾纳的漏译外，语文类和宗教类的译文都证明了老子自然的一种状态，靠近原文。

（2）4类译本对第十三章"希言自然，故飘风不终朝，骤雨不终日"的翻译解读：

麦都斯的译文：

Few words are natural.

A whirlwind does not outlast the morning; a deluge does not outlast the day. Who produces these? — The Heaven-Earth.

回译汉语：

少说话是自然的。狂风不能持续一个上午；暴雨洪水不能持续一天。谁产生这一切？——天地。

麦都斯随后的解释是：根据信徒詹姆斯的解释，管不住自己舌头的人是没有宗教心的表现，自然界把有序而安静发展的一面展示给人类，就是让人类模仿，狂风和暴雨不能持久，而人的多话不虔诚是其肤浅性的结果。[①]

[①] C. Spurgeon Medhurst: *Tao-Teh-King, A Short Study in Comparative Religion*, Chicago: Theosophical Society, 1905, p.42.

经过麦都斯的解释，他对原文的理解和表达就非常清楚了，他理解的"自然"即是一种符合其"宗教心"的要求。

巴姆的译文：

Things which act naturally do not need to be told how to act. The wind and rain begin without being ordered and quit without being commanded.

回译汉语：

按照自然方式而行的事物，不必被告知如何行事；何时刮风和下雨没有人告诉天，何时停止也没有人去命令。

巴姆的译文把"自然"翻译为一种"自然方式"——一种当事人的方式和他的追随者想要的方式，即"自然规律"，没有人为指令。符合哲学类译本对老子"自然"的解读。

韦利的译文：

To be always talks is against nature.
For the same reason a hurricane never lasts a whole morning, Nor a rainstorm all day.

回译汉语：

总是说话违背自然。同样的原因，狂风不能持续一个早晨，暴雨不能持续一整天。

按韦利的理解总是说话就像总是刮风和总是下雨一样，都是违背自然规律、不能长久的。这里证明"少言"是符合自然规律的，也就是说这儿的"自然"，韦利理解为"自然规律"，"总是说话"其实是不断发号施令，是不符合自然规律的。

勒奎恩的译文：

Nature doesn't make long speeches.
A whirlwind doesn't last all morning.
A cloudburst doesn't last all day.

回译汉语：

自然不做长久的演讲，狂风不刮一个上午，暴雨不下一整天（天地都不继续，人们也就没必要继续了）。

勒奎恩把自然理解为"自然界"，而狂风和暴雨乃自然界的现象。

以上4家对第二十三章"希言自然"的理解各不相同，麦都斯理解为自然的性征，巴姆理解为彼此方式的契合，韦利从反面来印证，勒奎恩则理解成了"自然界"，差异较大。

（3）对第五十一章"道生之，德蓄之……道之尊，德之贵，夫莫之爵（命）而常自然"的翻译解读

中文注疏家蒋锡昌认为：道之尊，德之贵在于其"生而不有，为而不恃"，故常自然；成玄英认为："道之尊，德之贵"是万物油然而生，非为执行某个命令，故恒常久远，常自然。这两种理解义理相通。

麦都斯的译文：

What the Tao produces and its energy nourishes, nature forms and natural forces establish. On this account there is nothing that does not honor the Tao and reverence its energy. This honor and reverence are spontaneous, not the result of a mandate.

回译汉语：

道所生的，德来蓄养……因此万物没有不尊道而贵德的。这种尊和贵是自然而然产生，不是命令的结果。

麦都斯的译文基本上符合后一种成玄英的注疏，他把"自然"译为"油然而生"（spontaneous），即这种尊道贵德是油然而生的，非命令迫使。表面上看麦都斯的译文符合《道德经》的原意，然而看他随后的解释，就暴露了麦都斯把《道德经》的思想比附基督教。麦都斯引用 Professor Drummond 对此章的评述来表达他自己想要的思想：你能确信我们称之为物质世界真是物质世界？现代科学的主流观点认为那不是的，"自然界"是一个误称；这个世界是一个精神的世界，物质只是用来证明这个精神的世界。① 这个解释说明麦都斯又把老子的"道尊德贵的常自然"附会了世界基督的尊贵性。

安乐哲和郝大维的译文：

It is for the reason that all things (*wanwu*) honor way-making
And esteem efficacy (*de*).
As for the honor directed at way-making
And the esteem directed at efficacy,
It is really something that just happens spontaneously (*ziran*)
Without anyone having ennobled them.

---

① C. Spurgeon Medhurst, *Tao-Teh-King, A Short Study in Comparative Religion*, Chicago: Theosophical Society, 1905, p. 87.

回译汉语：

就是由于这个原因，万物尊道而贵德。至于荣誉给予道，尊敬给予德，这真正是自然而然地发生的，没有任何人强迫使然。

安乐哲和郝大维的译文把"自然"译为"没有爵命，道尊德贵是自然而然地发生的"，也符合第二种成玄英的注释。

韩禄伯的译文：

As for their veneration of the Way and their honoring of Virtue—
No one rewards them for it; it's constantly so on its own.

回译汉语：

至于万物尊道而贵德，万物并没因此而得到奖励，只是恒常自然之事。

韩禄伯的理解万物尊道而贵德是万物自然如此。这个译法接近第一种注释家蒋锡昌的观点，这儿的自然如此是指万物自然尊道贵德。

勒奎恩的译文：

Respect for the Tao and the treasuring of goodness are not demanded of them, they do it naturally.

回译汉语：

尊道贵德并没有谁要求万物那样做，而是自然形成。

这个翻译也符合第一种蒋锡昌的注释观点。

三　结语

通过分析4类译者对第25章"人法地，地法天，天法道，道法自然"的翻译，成功之处已在各个部分分析谈到。总体而言，对"道法自然"有两种倾向，一种倾向于"道无以效法""道法自身"，另一种倾向于道法万物自生、自成、自化的自然之态。这两种理解在中文注疏中都有，应该说这是译本的成功之处。但对整个句子，翻译中也存在以下几点问题：1. 对"自然"范畴的漏译，分别出现在宗教类、哲学类和演义类译本之中。如宗教类噢穆拉的译本中，把"天""地""人""自然"的概念全部替换，这样的译文已经看不出原文的模型了。2. 抓字面意思，对内涵揭示不够。分别出现在各类译本中，语文类译本更突出，如把"自然"翻译成"自然地""自己""自身""自我"等。3. 各类译本出现的不同问题，如宗教类译本出现牵强的比附，语文类译本出现不能揭示核心概念的哲学内涵，哲学类译本容易自说自话，没能把老子哲学的精髓揭示出来，演义类译本存在容易跑题、脱离原文现象。

另外，第十七章、第二十三章和第五十一章中对"自然"的三种状态的解读，[①] 由于这三章分别介绍了老子"自然"概念在大千世界和人类社会的具体体现，因而比第二十五章中只出现了老子"自然"的哲学范畴容易体会和理解，但是译文并没有因原文的理解较简单而问题较少。总体来看主要体现在这几个方面：1. 对第十七章的解读仍然出现漏译、比附和误解的现象，比如宾纳的漏译、麦都斯的宗教比附和巴姆的误解。语文类译本也有问题，对第十七章的具体内容，语文类译文只注意细节，在字词理解和选词上很精细，但很难解释本

[①] 参见《道德经》三章原文：第十七章：悠兮其贵言。功成事遂，百姓皆谓："我自然"；第二十三章：希言自然，故飘风不终朝　骤雨不终日；第五十一章：道之尊，德之贵，夫莫之爵（命）而常自然。

质。2. 对第二十三章的理解，4家各不相同，主要问题出现在对原文"希言自然"与后面一句"故飘风不终朝　骤雨不终日"关系的处理，麦都斯为了宗教的比附，理解为上帝不喜欢那些多说话的人，老子称少说话就是自然，后面一句话用天地的狂风和暴雨也不能持久来说明少言是符合自然的观点。而巴姆的理解是事情的发展不需要言说，就像狂风和暴雨不需要谁命令一样自然。韦利的译文是正话反说，然而他把老子的"自然"理解为自然规律或自然界。勒奎恩的问题也是把"自然"译成了"自然界"。3. 对第五十一章"自然"理解出现了两个倾向，一是道尊德贵，本身因其生而不有为而不恃常"自然"；二是万物尊道贵德，并没有受人命令而常"自然"。总体来看4类译本都分属这两个倾向，这是成功所在，问题在于其中仍然把自然翻译为"大自然"。

第四节　"无为"如何翻译

如何理解老子《道德经》，虽不能强求一个标准，但对它的翻译却必须建立在深度的理解基础之上，以准确、明了为最低的翻译标准，同时向着翻译的最高境界——信、达、雅方向努力。对原文的理解，既不能脱离原文本，又不能拘泥于文字表层意义。在《道德经》中，虽然老子将自己的思想付诸文字，但实际上只是勉强为之的权宜之计，文字与思想之间的巨大差距很难弥合。对此，老子也反复做了阐释，如《道德经·二十五章》："吾不知其名，强字之曰道，强为之名曰大。"又如《道德经·五十六章》："知者不言，言者不知。"笔者无意深刻探索语言符号与思想之间的差距，只求在翻译《道德经》时，务必在理解原文本的基础上更加靠近原文。具体到老子哲学的核心概念"无为"，如果仅看表面，其文字的意义即是"不为、不做"，以此翻译成英语，即是"doing nothing""non-action""without doing"等，这就大大脱离了老子"无为"思想的真谛与根本，而大多数英文译者正是这样理解翻译的。因此,有必要从老子"无为"概念的本义入手,着重探讨考辨其英译内涵的变异,进而说明在跨文化传播中,如何全面、准确、客观地对待异质文化。

一 老子"无为"概念本义求其真

要明晰"无为"的含义,需先清楚"无"字之本义。许慎《说文解字》对"无"的解释是:"无,亡也。"从文字语言学来说,字义总是发展变化着的,"无"字也如此。根据庞朴先生考证,"无"有三层含义:一曰"亡",有而后无;二曰"舞",似无实有;三曰"无",与"有"相对的一种状态,表现为"纯无"①。这是"无"字在字面意义的渊源。那么在老子那里,他又赋予了什么样的内涵?看一下《道德经·第一章》:"无,名天地之始;有,名万物之母。"由此看来,老子之"无"既与"有"相对,又非实质上的"纯无",二者之间存在紧密的联系。

依照"无"字的渊源和老子之"无"的特别内涵,进一步探讨老子哲学中"无为"这一核心范畴,可以分为以下三个层次。

(一)"先有为后无为"

这里"无"取"亡"之意,有而后无。这顺应了万物自身发展的规律——为之在未有,治之在未乱。如《道德经·第六十四章》这样写道:"其安易持,其未兆易谋。其脆易泮,其微易散。为之于未有,治之于未乱。"这里老子强调要把握事物发展中的量变与渐变的时机,对其中的每一环节、每个过程,无论是"始"还是"终",都要遵循其发展规律,顺势而为、不妄为,为之有度不逾矩。这样就会达到"为之于未有,治之于未乱"的境界。

(二)"似无为而实有为"

这里"无"取"似无实有"之意,它既包括无形的观念、意识

---

① 庞朴:《说無》,载刘贻群编《庞朴文集》第 4 卷《一分为三》,山东大学出版社 2005 年版,第 57—70 页。

的形成，也包括在认识上对事物未来发展的预测、把握和控制，所以此处"无为"指通过作用于人的思想、意识这种看不见的"为"，而达到有形"为"的目的和效果。如《道德经·第六十八章》："善为士者，不武；善战者，不怒；善胜敌者，不与；善用人者，为之下。"这里老子讲的用兵之道，与《孙子兵法》所说的"不战而屈人之兵"有异曲同工之妙，强调的都是通过谋略、谋势等策略方法达到理想的效果，而不是靠面对面的、直接的交锋达到目的。又如《道德经·第三章》："不尚贤，使民不争；不贵难得之货，使民不为盗；不见可欲，使民心不乱……使夫智者不敢为也。为无为，则无不治。"它揭示了老子强调治国要通过思想意识教化、引导工作在先，从源头上在民众"争"强之心、"盗"贼之心和动"乱"之心未形成之前，就从意识领域这个源头加以引导与掌控，直至断其根源，而不是等到木已成舟、事已成型之时再用高压措施、暴力行动去施政，那样是无济于事、徒劳无益的。通过这种"似无为实有为"的行动，最终实现看似没有采取任何措施，而达到即使通过看得见的武力等强行的工作也很难达到的效果，这种在意识形态领域的作为是潜移默化的，甚至是无形的，然而却实实在在地为了、做了，符合"无"之"似无实有"之内涵。

（三）"无为而无不为"

这是老子"无为"之最终结果和最高境界，"无"乃"视之不见名曰夷，听之不闻名曰希，搏之不得名曰微"之"无"，它近似于"有之为有，待无以生；事而为事，由无以成"[1]，又恰似《道德经·四十一章》所描述的"大音希声，大象无形，道隐无名"，却能"矩以之方，规以之圆。圆方则形而此无形，白黑得名而此无名也"[2]。

---

[1]（晋）张湛：《列子注》引何晏《道论》，载《诸子集成·第三册》，中华书局1954年版，第3页。

[2]（晋）张湛：《列子注》引何晏《道论》，载《诸子集成·第三册》，中华书局1954年版，第3页。

所谓"无为而无不为",则如王弼所言,似"四象形而物无所主焉,则大象畅矣;五音声而心无所适焉,则大音至矣"。① "大象""大音",正是无。这样的"无"显然正是老子所尚的那个"无",看似无为,实则"无为而无不为"。

老子"无为"的哲学内涵虽在形式上可分为三层,而本质上是一体。如果可以用"一体三用"来描述上述关系的话,那么"三用"则可认为是"无为"范畴的三个特点,这三个特点互为依存,共同构成"无为"这一范畴核心。因此,从根本上说,老子的"无为"思想不是"不作为",而是依照《道德经·第二十五章》中所阐述的,以"人法地,地法天,天法道,道法自然"为基准,顺应万物自身发展规律这一核心逻辑而为,具体方法如老子分别在第六十四章和第六十三章中所阐述的那样:"其安易持,其未兆易谋。其脆易泮,其微易散。为之于未有,治之于未乱","图难于其易,为大于其细"。在这里老子不但明确了其"无为而为"的观念,而且把如何为、何时为,都做了深刻阐述。

二 译本"无为"概念考辨

据统计,在《道德经》五千言中,共有11章14处出现"无为",它们分别是第二章"是以圣人处无为之事,行不言之教";第三章"为无为,则无不治";第十章"爱国治民,能无为乎";第二十九章和第六十四章"是以圣人无为,故无败;无执,故无失";第三十七章"道常无为而无不为。侯王若能守之,万物将自化";第三十八章"上德无为而无以为;下德无为而有以为。上仁为之而无以为;上义为之而有以为";第四十三章"天下之至柔,驰骋天下之至坚。无有入无间,吾是以知无为之有益。不言之教,无为之益,天下希及之";

---

① (魏)王弼:《老子指归略例》,载《云笈七签》一卷,第3页,中华书局2003年版,张君房编。(据近人王维诚考证《云笈七签》中《老君指归略例》为王弼《老子指归略例》的佚文。)

第四十八章"损之又损，以至于无为，无为而无不为"；第五十七章"故圣人云，我无为而民自化"；第六十三章"为无为，事无事，味无味"。

为了准确考辨西译文本对老子"无为"的理解和翻译情况，本文根据老子"无为"的哲学内涵，结合句式特征，选择三个富有代表性的句子重点加以阐释，其中包括以"道"为主体的"道常无为而无不为"（第三十七章），以"圣人"为主体的"圣人处无为之事"（第二章），以及泛指无主体的"损之又损以至于无为"（第四十八章），看各家在翻译过程中对"无为"是如何领悟、选词与构句的，进而如何表达其对"无为"的认知。

下面首先根据笔者收集到的西译文本，选择不同时期的具有代表性的译者译本对这三句的英译作一列表，以便于比较和分析，也便于读者明了：

（一）"道之无为"非"道之不为"

在"道常无为而无不为"一句中，主体是"道"，老子着重通过"无为"和"无不为"的关系来阐明"道"的状态——"无为而无不为"。

布莱克尼（R. B. Blakney）把这句译为"道总是保持静止状态，也就是在休息，可却把一切事都做了"（The Way is always still, at rest, And yet does everything that's done.）；穆勒（Hans-Georg Moeller）把此句译为"道常无名"，显然译者是根据"道"的"无名"性来理解"道"的状态，认为"道恒无名"即是"道常无为而无不为"，把两者混为一谈；奥斯沃德（H. G. Oswald）译为"道恒常什么行为都没有，但一切都做了"；哈米尔（Sam Hamill）译为"道什么都没做，却什么都做了"；沃德（Hermon ould）译为"道总是不动，可是却没有什么没做的"；拉法格（Michael Lafargue）译为"道总是什么都不做，但什么都做了"；巴勒（Patrick M. Byrne）译为"道永远是不做的，却什么都做了"；阿迪斯和拉姆巴多（Stephen Adiss and Stanley

译者及译本时间	译本名称	道常无为而无不为（37章）	圣人处无为之事（2章）	损之又损以至于无为（48章）
Hans-Georg Moeller 2007	Dao De Jing A Complete Translation and Commentary	The Dao is constantly without name.	Therefore the sage resides with the task of nonaction.	To decrease and to decrease even more so that "doing nothing" is reached.
H. G. Oswald 2006	The Book of Meaning and Life	Tao is eternal without doing, and yet nothing remains not done.	He dwells in effectiveness without action.	He decreases and decreases until at last he arrives at non-action.
R. B. Blakney 1955, 1983, 2007	The Way of Life	The Way is always still, at rest, And yet does everything that's done.	Indeed the Wise Man's office is to work by being still;	Loss upon loss until At last comes rest.
Sam Hamill 2005, 2007	Tao Te Ching A New Translation	Tao does nothing but leaves nothing undone	That is why the sage can act without effort	Lose, lose again, until you are emptied.
Hermon ould 1946	The Way of Acceptance	The Tao is eternally inactive; Yet nothing is left undone.	Therefore the sage, the self-controlled man, dwells in actionless activity, poised between contraries	Shedding more and more, Until he attains Non-action.
Michael Lafargue 1992	The Tao of the Tao Te Ching	Tao invariably Does Nothing, and nothing remains not done.	And so the Wise Person: Settles into his job of Not Doing	Doing nothing, nothing will remain not done.
Patrick M. Byrne 2002	The Way of Virtue	Tao is forever not-doing, Yet there is nothing un-done	Therefore, the sage conducts his affairs without action	To decrease, and again decrease, Until wu-wei is attained,

续表

译者及译本时间	译本名称	道常无为而无不为（37章）	圣人处无为之事（2章）	损之又损以至于无为（48章）
Stephen Adiss and Stanley Lombardo 1993	Lao-Tzu Tao Te Ching	Tao endures without a name, Yet nothing is left undone.	Therefore the Sage is devoted to non-action,	Non-doing—and nothing not done.
Robert G. Henrics 2000	Te-Tao Ching Based on Ma-Wang-tui Text	The Way constantly takes no action.	Therefore the Sage abides in affairs that entail no action,	They decrease and decrease, Until they reach the point where they do nothing at all.
Heysinger 1903	The Light of China	The Tao eternally non-acts, and so It does nothing and yet there is nothing left to do.	And so the sage, in his affairs, does not on doing dwell,	And as the work lessens and lessens there comes a condition of nothing doing,
Walter Gorn-Old, 1904	The Simple Way Laotze: The Old Boy	Tao remains quiescent, and yet leaves nothing undone.	He acts without effort	Do you continually curtail your effort till there be nothing left of it?
James Legge 1894	The Tao Te Ching of Lao Tzu	The Tao in its regular course does nothing (for the sake of doing it), and so there is nothing which it does not do.	Therefore the sage manages affairs without doing anything,	He diminishes it and again diminishes it, till he arrives at doing nothing (on purpose).

Lombardo)译为"道容忍无名,但是什么都做了";韩禄伯(Robert G. Henrics)译为"道常常不采取任何行动";理雅各(James Legge)译为:"道常态下什么都不做(为的是做),所以没什么没有做的。"

分析以上译者的译文,译者基本上把"道常无为而无不为"理解为"道"在休息、不作为、不做任何事,却什么都做了。这些译者只从原句的字面意思上去翻译,结果不但造成译文生硬,而且逻辑不畅。原句是对"无为"内涵高度凝练的概括,可以说是包含了"先有为后无为""似无为实有为""无为而无不为"之"无为"的最高境界,而译者们仅从字面上把它解读为"不做""不为""休息"等,并又强调"一切都达到了目的",无法体现和译得老子"无为"之辨证内涵。

(二)"圣人之无为"非"闲人之不为"

再看各译者对第二章之"圣人处无为之事"的翻译。这句的主体是"圣人",穆勒译为"圣人居处的任务就是不做事";奥斯沃德译为"圣人不行动却居处有效";布莱克尼译为"圣人的办公室里,一动不动就是工作";哈米尔译为"圣人可以毫不费力地做事";沃德译为"圣人,即可以自我控制的人,能在对立面之间保持不作为";拉法格译为"圣人习惯于不做事";巴勒译为"圣人对自己的事务不采取任何行动";阿迪斯、拉姆巴多译为"圣人致力于不做任何行为";韩禄伯译为"圣人坚持处理事务不采取任何行动";海星格译为"圣人不沉湎于自己的事务";沃尔特译为"他的行为毫不费力";理雅各译为"圣人处理事务就是不为"。

根据译本对"圣人"的描述,以上各译文大致可以分为三类,第一类,圣人的"无为"就是不做事,如穆勒、奥斯沃德、拉法格、巴勒、阿迪斯、韩禄伯、理雅各;第二类,圣人的"无为"就是在办公室里静止不动地、丝毫不用努力地工作,如译者布莱克尼、沃尔特和哈米尔;第三类,即海星格的另类译法,他认为圣人不能沉湎于自己个人的事物,言外之意,可能应该多为别人工作。很明显,后两类对

"无为"的翻译似乎是以"为"为主,但仔细研读也未尽然:"不努力工作"近似于"不为",而把"无为"翻译为"不为自己工作",又是译者自己的特别发挥,与原文的真正内涵相去甚远。这样看来,大多数译者都把"无为"理解为"不作为",什么也别做,那么结合该句主体是圣人来看,如果按译者的理解与表达,圣人成功治理天下的法宝就是"什么都不做",那么这样的圣人与"闲人"有何区别?译者思维中"不做任何事情"的圣人,理应称作"闲人"才是。如果老子之"圣人"可以看作"闲人",那么则与老子《道德经》中很多章节相抵触,如第八十一章中:"天之道,利而不害;圣人之道,为而不争。"这里老子充分肯定"圣人"之"为"是"为而不争",而非"闲人"之"不为"。

(三)泛指"无为"与"有为"之间非"点"与"度"的连接

各译者对《道德经》第四十八章:"损之又损,以至于无为"的翻译,其中"损"分别译为:"减少"(decrease)(穆勒、奥斯沃德、韩禄伯)、"失"(loss)(布莱克尼、哈米尔、赫曼)、"剥离"(shedding)(沃德),拉法格译为"什么都不做"。对于原句"损之又损以至于无为",巴勒译作"减少了再减少,直到获得无为";韩禄伯译为"他们减之又减直到到达一个不用做任何事的(平衡)点";海星格译为"工作减少再减少,就会达到一种什么也不做的状况";老沃尔特译为"你是不是再逐渐减少努力,直到一点都不剩";理雅各译为"他减少再减少,直到(有意识的)抵达什么都不做的点";而阿迪斯的译法与拉法格如出一辙,都省略了"损之又损"这一部分,而译作"什么都不做,却什么都做了"。

从以上译者的译文中可以看出,它们分属两种对无主体"无为"的理解取向:一种以海星格、韩禄伯、理雅各和沃尔特为代表,他们理解为:减少了再减少,或者剥离了再剥离,直到抵达一个节点,在那里可以什么都不做。这几位译者显然认为损之又损、减之再减的目的即是达到从"有为"到"无为"状况的节点,而一旦到达这个节点或度,就可以什么都不做。另一种取向以穆勒、奥斯沃德为代表。穆勒认为减之再减以便于到达无为;奥斯沃德译为圣人减少再减少直到到达无为。第一种"点"和"度"强调量变与质变的过渡,第二种虽然没有强调过渡的"点",也还是可以看到从量的积累、到质的转化,只有通过"损之又损"这个量变,才可以顺利地实现从"有为"到"无为"的转化。这两种观点与老子"无为"的哲学内涵是背道而驰,因为在老子《道德经》里,从来没有把他的"无为"思想与"为""有为"割裂开来,自然"有"也就没有从"有为"到"无为"的那个"点"与"度"的连接。

三 "无为"内涵英译云变异探析

(一)从英译选词造句看"无为"内涵的变异

根据笔者收集到的百余种英译《道德经》文本,各译者对"无为"的翻译选词按照词性可划分为名词词组:Non-action, non-action, No action, non-acts, Actionless 等;动词词组:Does Nothing, take no action, do nothing, Does not on doing dwell, be emptied 等;动名词短语:Non-doing, nothing doing, Not Doing, not-doing, Doing nothing 等;介词短语 Without action, without doing, Without effort 等;及其他类别:remains quiescent, curtail your effort till there be nothing left of it 等。

总的来看,不管选用何种词性或短语,译者大多选用的词义为"不做任何事情",如 without effort(不做任何努力);remains quiescent(保持不动),在译文的语境里也是"不作为"的意思。布莱克尼把"损之又损以至于无为"翻译为"curtail your effort till there be nothing left of it"(减之又减,直到什么都不剩下),此处"什么都不剩下"意指"无为",最终落脚点仍然在"不为"方面,这与哈米尔的译文"be emptied(被清空)"意义所指相近。从译者对"无为"翻译的这些选词来看,他们基本上都是根据汉语"无为"的字面意思来选用词的,未能真正理解老子"无为"之真意——"无为而无不为",也就很难译出在老子原文中体现的"无为"是一种"为"的思辨内涵。止于文字表面的理解,把"无为"译作"不为",显然是望文生义,使得"无为"英译后哲学内涵发生了很大的甚至根本的变异。如果说仅从这些译本的选词来说明其变异,只是一种翻译学的分析的话,那么根据译者对"无为"的理解与阐释,来说明他们认知中的变异,则更能体现译者语言表达背后的思想逻辑。

(二) 从译者阐释看"无为"内涵被肢解

对具有深刻哲学内涵的"无为"的理解,西方译者很少,既不能从老子哲学的整体加以掌握理解,也很难从中华文化的大背景加以考察认知,这就使他们对"无为"的翻译解读或似是而非,或面目全非,翻译中出现的失真与变异就在所难免。如在理雅各那里,他理解的重心不在"为"和"不为"的区别,而在于"无为"或"有为"是否出自一定的目的。他认为老子"无为"(taking no action)不带任何目的,带有目的的努力必将以失败而告终(All efforts made with a purpose are sure to fail)[1]。他坚持"无为"是要剥去"目的"的"无为",这充分体现在他对《道德经·第四十八章》"损之又损,以至于无为,无为而无不为"的翻译中。

理雅各此句译文:

He diminishes it and again diminishes it, till he arrives at doing nothing (on purpose).

回译汉语:

他损之又损,最终达到做一切事情都不带目的。

---

[1] James Legge, *Tao Teh King*, *Sacred Books of the East*, Vol. XXXIX. Oxford University Press, London, 1891, p. 72.

从"有无目的性"的角度理解老子的"无为",可以视为老子"无为"思想中内涵的一个侧面,但绝不是全部。可是问题是,理氏的理解是不管"有为"还是"不为",都不应该带有目的,这才合乎老子"法自然""顺万物"的思想。因此,他认为"无为"范畴的意义不在于其本身,而只在于其主体有无"目的"——即"无目的论"。这样的理解可谓失之毫厘,谬之千里。

韩禄伯在理解"无为"的意义时,并非在意其主体有无目的性,而在于其主体是否炫耀自己。韩禄伯虽然把"无为"译为"nonaction"(不行动)"without action"(没有行动),但在其译本介绍中对"无为"则有明确的阐释:"无为"是发自内心、真诚地做事,不是不做事,更不是为了炫耀。换句话说:自然地说,真诚地做,不是为了在别人面前显摆,就是"无为"①——即"无炫耀论"。

巴勒认为"无为(without action)"是圣人坚持不强行,圣人的工作与事物的本性相和谐,表面上看起来什么都没做,实际上一直在做②。在其译本前言中,巴勒提到"无"是"without","为"是"to do, cause, make, effect",而"无为"就是一种不努力的状态——即"无强迫论",所以他又认为"effortlessly"是最好的翻译选词③。又如穆勒认为"无为"(non-action),是主体圣人在实际过程中不参与、不承担任何责任,圣人犹如一个转动的轮子的轴心,任凭其周围的转叶围绕着他转动,这种被动就是为了围绕其周围转动的主动④。巴勒

---

① Robert G Henrics, *Lao-Tzu: Te Tao Ching*, London: Bodley Head, 1990, p. xxvi, 原文: The important Taoist term wu-wei (non-action,) literally "without action" in one sense stands for spontaneity and genuineness; it does not mean literally to do nothing, but rather "to act without acting," to spontaneously say and do what is genuinely felt rather than putting on a show for others ("acting").

② Byrne, Patrick Michael, *Dao De Jing*, Santa Fe, New Mexico: Sun Books, Sun Publishing, 1991, note 1, p. 14.

③ Byrne, Patrick Michael, *Dao De Jing*, Santa Fe, New Mexico: Sun Books, Sun Publishing, 1991, p. 6.

④ Hans-Georg Moeller, *Dao De Jing: A Complete Translation and Commentary based on his German translation of the Mawangdui silk manuscripts version*, 2007, pp. 5, 6.

认为"无为"就是圣人不强行，穆勒认为"无为"如转动的轮子的轴心，可以说这两种看法都从某一个角度摸解"无为"的真实含义，但摸到的都只是部分感觉。

再如布莱克尼认为"为无为，则无不治"中的"为无为"，按字面意思"do without doing"或者"do without action"都不能翻译原意，真正的意思是依顺自然。世界创生以后，万物生长和消亡没有经过任何努力。准确地说，"无为"是人的组成部分，人就是要静、被动，以便于"道""最终的现实""宇宙的存在"通过人来起作用，没有引导，也没有阻碍。用西方人熟悉的说法，让你心里的上帝成为你的上帝（to let God be God in you），就会永远地获得成功。[①] 这是布莱克尼理解的"无为"，即让上帝占据人的心，让上帝指挥人去行动，人所能做的就是保持静、接受，则无往而不至。

以上例句各译者的分析摸索，译者强调"无为"的无目的性、无炫耀特点，或者认为是无须努力、犹如转动的轮子的轴心，或者比喻如人们心中的神性，都只触摸到"无为"这头大象的部分，而不得全貌。老子所言的"无为"是一种"顺势而为""顺应事物发展规律而为"，是对万事万物发展规律的一种宏观把握，既不能停留在有无目的上，更不能停留在是否炫耀、显现上做文章。如果仅仅把它认为与有无目的、是否炫耀有关，甚至从表象理解为"不努力""不作为"，不但大大降低了其哲学内涵的层次与价值，而且是片面的，甚至是错误的。

四 结语

毋庸置疑，大多数译者尽管也曾认真思考、反复揣摩老子的"无为"本意，希望以此靠近老子"无为"之内涵（这一点可从他们译本的前言后序中得知），但最终还是只能触及其中的某个部分或某个

[①] R. B. Blakney— The Way of Life, *Lao Tsu—The New American Library* (*Mentor Books 129*), New York; /Penguin, New York, 1955/83, p. 45.

点,未能全面地、辩证地、客观地领略到老子"无为"的全貌,其情其景适如盲人摸象。应该说拥有不同文化背景和知识结构的译者,其所复原之"象"也因此而形态各异。尤其应当引起注意的是,"无为"作为一个内涵广阔的哲学概念,其含义当然远非静态的文字所能表达。"无为"的真正意义动态而鲜活地呈现于《道德经》原文本所描述的具体事物的发展过程中,任何固态、僵化、表层的理解都会造成一定的理解偏差。因此,笔者认为对于老子核心概念"无为"只能采取音译,使之成为像"道"一样在西文字典中专门立项的一个东方哲学概念。

在《道德经》西译传播史上,除了文字差异、文化差异、思维习惯差异等客观因素容易造成云变异外,译者的主观因素起着至关重要的作用,这些主观因素主要包括其深刻的西方文化前见、宗教(基督教)观念、主导话语权等。西方文化前见使译者始终戴着高高在上的"有色眼镜"审视其他文化,认为包括中国传统文化在内的其他非西方文化都不是主流文化,充其量只是西方文化的附庸;深刻的基督教观念使译者,特别是早期的译者始终带着"上帝的眼光"审视《道德经》,甚至把它和道教一起作为基督教的附庸,认为老子所讲的"道"就是"上帝";近代以来西方社会的主导话语权,使《道德经》在西译传播中始终扮演着被动的角色,任西方社会"装扮把玩",剥夺了包括《道德经》在内的中国传统经典在西方翻译传播的对等权(参见拙文①)。因此,在对待《道德经》英译或西译的问题上,不仅要探讨其差异性、变异性,还应分析其原因,在此基础上,才能有意识地不断加以修正,使之向原文本无限靠近。

---

① 章媛:《论早期西传〈道德经〉的基督特性及谬误》,《社会科学家》2011年第1期;《〈道德经〉前期西传异化探析》,《淮北师范大学学报》2011年第1期。

第 五 章

《道德经》翻译与接受中的云变问题及解决途径

《道德经》的西传翻译和接受，直接关系到西方对老子哲学思想的正确认识、领会、学习和运用，甚至关系到西方对中国传统文化的价值认同以及双方在文化思想领域的平等交流与对话。因此，对《道德经》西传与接受中的云变问题，不但要客观分析与看待，更要高度重视，深入思考，并着力加以解决。根据前文宏观上对《道德经》西传与接受中的译本分析、背景阐释、源流探讨，以及微观上对核心概念的译解得失考辨，本章试从《道德经》西传翻译、西传接受、西传效果三个方面，对其翻译与接受中的云变问题，进行梳理与归纳；在此基础上，力求探索出一条合理可行之路，以期对解决诸问题有所助益。

一 《道德经》西传翻译之云变问题

作为中国古代经典，《道德经》在西传与翻译中之云变既存在一般性的语言翻译学上的共性问题，如翻译策略问题、翻译标准"信、达、雅"问题、文化内涵差异的表述等问题，又有作为哲学专著翻译学术上的特殊性问题。对于共性问题，一般的翻译学论著讨论较多，不再赘述，在此只就其中的特殊性问题作一梳理，主要体现在以下几个方面：

第一，对老子哲学思想的正确认识问题。道家文化在中国古代是和儒家、释家文化共同影响中国精神的三大传统文化之一。老子作为道家文化的代表人物，其倡导的思想主张与哲学内涵全部浓缩在五千言中，《道德经》一书可谓博大精深。即使是拥有一定中国传统文化功底的中国人，如果不借助工具书和前人的研究成果，也很难做到对《道德经》所包含的哲学思想的全面领会与正确把握；与此相对，西方译者中有一些并未对中国文化做深入、系统地学习研究，更有甚者不识汉字，仅凭别人翻译的本子和自己读后的感悟，就"大胆"地对《道德经》进行翻译解读。

当然，不可否认的是，这些译者中的大部分都具有了一定的中文功底和中国传统文化的知识储备。比如，早期译者中有一些传教士，他们虽然没有接受过系统、正规的汉语学习与训练，但长时间在中国学习工作生活，使得他们能够克服语言障碍，从事《道德经》的翻译；再比如《道德经》的一些哲理类译者，他们可以说是学者型的，不但中文功底好，而且对中国哲学、中国文化都有一定的研究，如本文第三章第二节论述到的安乐哲和郝大维等几位译者。但是，克服了语言障碍，不等于理解了老子的哲学思想；对中国哲学与文化有了深入研究，不等于就把握了其中的要领与本质。事实也是如此，无论是早期的基督类译解，还是后来的哲理类、语文类、演义类译解，他们对老子哲学思想认识要么缺乏全面性与客观性，要么缺乏整体性与深刻性，致使他们中有的人把老子之"无为"译为"不为"，把老子之"道"译为"道路"，把老子之"德"译为伦理化的"道德"，把老子之"自然"译为"大自然"，等等，译本揭示的内涵仍然呈现出支离破碎或"盲人摸象"的状态。究其根源，西方译本虽然众多、新译迭出，而译意终不及质，乃其共有与固有的文化背景制约所致。

第二，对老子之"道""道家"与道教的认知问题。毋庸置疑，"道教"与道家有着千丝万缕的联系，但不能因此将二者混为一谈，认为老子之核心思想观念的"道"，就是道教的思想宗旨。从本质上来说，老子之"道"是中国传统"道家文化"的灵魂与根本，尽管后来庄子对"道"有了进一步的发挥与阐释，但在本源上仍与老子之"道"一脉相承。道教则是东汉顺帝时期，张道陵在五斗米教的基础上，吸纳了老子"道"的观念，同时继承了先秦时期修炼神仙的经验和成果而创立；后来经过发展，逐渐形成了包括道教宇宙观、道教人生观、道教哲学、道教神学、道功道术、斋醮仪范、医学养生、阴阳风水等在内的丰富庞杂的道教文化。在道教文化中，老子被神化为太上老君，而《道德经》则被奉为道教经典，浓浓地抹上了宗教色彩。因此，明清时期，不太了解中国传统文化的西方传教士在翻译传播《道德经》时，很自然就与道教联系在一起，甚至认为"道家"就是"道教"，对此，英文、法文、德文、西班牙文翻译文本中，二者就选用同一个词来翻译"道家"和"道教"即是明证。这种认知上的谬误，严重地从文化传播的源头上遮障了西方对《道德经》的正确理解，根据宗教理念的共通性去认知老子及其《道德经》就会成为一种必然之势、潜在趋势。神化老子、教义化《道德经》的哲学思想，在早期的翻译中甚为突出，其影响至今犹存。

第三，翻译的动机与目的问题。纵观《道德经》在西方的翻译历史，有一条很清晰的脉络，就是"附会"。正如德国学者卜松山指出："往往是那些受过神学教育的诠释者在努力对《道德经》作符合上下文精神的理解时，尽管矢口否认，但仍然无法消除如下的疑虑："他的目的或许还是想用魔术的手法，从'道家帽子'里变出个'基督教小兔子'来。"① 从"道家帽子"化变出"基督教小兔子"，卜松山的点评可谓既俏皮又深刻，一语中的地把西方的一些"附会"性翻译、目的性异解传播揭示得入木三分。

受西方对中国进行政治、军事入侵的影响，早期翻译的目的实质

---

① ［德］卜松山：《时代精神的玩偶——对西方接受道家思想的评述》，赵妙根译，哲学研究，1998，第 7 页。其中双引号里的名词："道家帽子"（Daoist hat）、"基督教小兔子"（Christian rabbit）来自 Thomas Merton：The Way of Chuang Tzu, New York, 1965, p. 10。

上可以说从文化上为这种入侵和渗透服务,于是出现了如美国学者哈迪所指出的"18—19世纪的基督比附翻译期"。哈迪所说的第二个时期是从1915年开始,这个时期既是基督比附期的延续,也是另一种"比附"的开始,即假借老子的哲学主张,医治两次世界大战给西方带来的创伤,极力把老子和道家文化、道教观念嫁接到西方文化中。第三个时期是从20世纪70年代晚期开始,哈迪认为这个时期是西方注重原文本的解读时期。的确,这个时期西方对《道德经》的译解出现了理性的回归,非常注重对其中哲理思想及其本质的探讨,但由于受其自身文化背景的局限和影响,他们所译解的仍然是西方文化或者自我观点的折射,尽管其中亦不乏一些观点新颖、立论"有据"的译解。

二 《道德经》西传接受之云变问题

跨文化传播的接受云变问题,既受人类发展历史的大环境影响,又受不同时期、不同区域的特定因素影响。在《道德经》几百年的西传历史中,单向性、单一性一直占主流地位,西传译者和研究者虽有华人,但其数量和影响力微乎其微,这就难免使西方受众在接受《道德经》时,会根据自身的喜好和需要,自觉不自觉地加以取舍,所以西传中的背景问题、异化问题、功利问题等,成了西传接受的突出问题。

第一,西传接受云变中的历史背景问题。跨文化传播的受众在整个文化传播中起着非常重要的作用。传播初期,译者主要针对的受众是准基督徒,他们希望从中国古代文化经典里找到基督的踪影,所以读者群除了中国待发展的基督徒外,就是西方宗教界的人士。在不明真相的西方受众的眼里,《道德经》俨然成为可以诠释《圣经》的另类宗教。而回顾这一时期《道德经》西传接受的历史背景,不难发现,这个时期正是西方列强以坚船利炮为基础,实施"思想文化殖民东方"的时期,西方的文化价值观占着主导地位,强有力地引导西方受众按照他们的主流价值观理解《道德经》。第二次世界大战以后，西方对《道德经》的接受，虽然在反思自己的文化和价值观的同时，开始比较深入地探讨《道德经》的核心内涵和价值作用，对老子哲学中的一些主张与观念也能客观地认同与接受，完全基督化地解读《道德经》很难令人——哪怕是西方自己的受众所信服，但是这种认同与接受还是基于他们改造自己社会的历史背景，基于他们把老子的思想"嫁接"到西方社会中去。例如 20 世纪五六十年代美国出现的"嬉皮士"和"垮掉的一代"，他们也十分崇尚老子的"无为"思想和"自然"观念，但是，他们只不过借此希望追求自己的"无政府主义"价值主张和自由散漫的工作生活方式。以至于美国学者迈克尔·比林顿得出这样的结论"西方文化在二十世纪误入了歧途，而这是与中国的道家思想有关的；误入歧途的西方文化反过来又输入了中国，损害了中国的道德和科学传统"；他甚至还指出：人们普遍认为，自从摇滚乐—性解放—吸毒为代表的 20 世纪 60 年代反文化现象后，西方文化的没落是与禅宗、道教和其他各种各样的'中国神秘主义'搅在一起的"[①]。迈克尔·比林顿关于道家文化造成西方误入歧途的结论虽然毫无说服力，但反过来却说明了一些西方人是根据自己的文化特征和历史需要来解读《道德经》的。

第二，西传接受云变中的异化、他化问题。异化、他化问题即云变问题，是《道德经》西传翻译中最为严重的问题，无论是从老子的核心概念，还是对《道德经》整体领会，西方的受众都存在或多或少的异化、他化现象——这点前文相关章节已有详尽论述，在此不赘。西传中的西方译者和研究者，他们既是传播者，又是受众，他们若能做到客观公正地理解和译解《道德经》，将在西传接受中有着重大的影响。但是恰恰相反，无论是传教士译者，还是较为学术性地解读的哲学类译者，他们更多是以自身文化为背景、为核心来翻译理解《道

[①] ［美］迈克尔·比林顿：《对二十世纪科学的道家式扭曲》第一部分，曹跃明译，《战略与管理》，1995 年版。

德经》，前者曾直接将老子异化为耶稣，将《道德经》异化为《圣经》，后者则更多地把译解《道德经》作为阐释自己学术和文化观点的桥梁。对此，德国传教士尉礼贤已有评述："现在欧洲流行的很多来自东方的东西，源于其根本性的误解。"①

第三，西传接受云变中的功利问题。跨文化交流传播的目的，是为了促进交流的双方和整个人类文化的共同进步发展，所以，在传播、接受过程中，必须使异域、异质文化充分发挥它们的作用。但这种作用的发挥，是建立在对异域文化或异质文化的正确、客观理解基础上的，并不是断章取义、改头换面地为己所用，否则，为了达到一己之目的，去利用异域文化和异质文化，只能是"功利主义"。长期以来，西方对《道德经》的接受，始终伴随着这种功利主义思想：宗教类译者把它作为传播西方价值观念和基督精神的手段；哲学类译者把它作为阐释自己哲学观点的"一粒棋子"；语文类译者谈不上正确的理解与领会，只是在研究方法上与西方学术前沿相结合，加以新的尝试；演义类译者则是根据自己的一些感悟，对老子之"道"肆意发挥，并将其运用到方方面面，如"小熊维尼之道""爱情之道""养生之道"等。

三 《道德经》西传效果问题

《道德经》西传效果问题，实际上就它的翻译传播给西方，乃至整个世界文化传播带来的影响和作用，包括西方人自身的变化，以及西方人如何看《道德经》，如何看中国文化和中国人的问题。表面上看，《道德经》的西传只是翻译问题，而实际上它是传播学所涉及的原文本文化和目标语文化的撞击，译者的个人认知、翻译动机和读者知识需求、渴求真知之间的矛盾，原文本的清新雅致、深邃独特和译

---

① Fang Weigui, *Das Chinabild in der deutschen Literatur*, 1871–1933: *ein Beitrag zur komparatistischen*, Imagologie, Frankfurt/M, 1992, p. 312, 德文转译英文："Much from the East that is now fashionable in Europe owes its popularity to a fundamental misunderstanding"

文世界的五彩斑斓、鱼目混珠之间的对抗。

总体来看，《道德经》传播的效果问题不是仅仅来自译本是否忠实传播原文本的问题，其中还涉及传播学中的一系列问题。根据马莱兹克在《大众传播心理学》[①]一书中阐述的大众传播过程系统模式理论，大众传播是各种社会影响力交互作用的"场"，影响和制约传播效果的因素包括传播者、受传者和介质三种因素。对于《道德经》的传播效果，其中主要的影响因素是："传播者"就是译者和相关研究者，"受传者"就是西方受众，而"介质"则包括"软硬"两个方面，"软"的方面就是指西传接受者所处的各种社会历史环境，"硬"的方面是指各种译本、研究论著、电子文本等。根据笔者收藏数百种西译本和荷兰学者沃尔夫教授的相关研究，这些译者和研究者总体来看，95%以上都是有深刻西方文化背景的西方人，约3%是生活在西方的华人，还有约2%是生活在中国的中国人。这个数字说明，传播中的双方已变成了一方，而介质也完全属于西方。这样一来，就《道德经》的西传而言，影响和制约传播效果的因素就都存在并取决于西方，作为跨文化传播原文化的持有者的声音，鲜有参与的机会和发声的表现，《道德经》的跨文化西传成了被动地被另一方认识和理解的对象。因此，《道德经》西传中跨文化传播主体作用的中外双方，被单一的西方译传者和被接受者影响，并成完全取而代之之势，这样，其西传和接受过程中对文本的理解、认同、取舍背后所反映的实际，大多成为接受方自身的价值观、人生观和道德观。显而易见，这三种因素影响下的传播效果并不尽如人意，造成了《道德经》与老子的哲学思想在西传中被严重遮障，乃至产生大量云变问题。

当然，对《道德经》的西传效果还应一分为二地辩证分析，既要看到以上消极的方面，也要肯定它在西传中，对促进西方社会对老子哲学思想的认识与理解、中华文化与西方文化的交流、中国文明对西

---

① Denis McQuail and Sven Windahl, *Communication models for the study of mass communications*, London and New York: Longman, 1981, p.40.

方乃至世界文明的影响与发展的积极作用,概而言之,可从以下几点来认识:

第一,西方对老子哲学的领会认识总体上处于迂回前进之中。通过前文各章的阐释,可以清晰地看到,西方对《道德经》的西传接受是沿着基督附会—假借利用—义理探寻—阐释发挥的线索发展的。尽管西方在探求领会《道德经》的本质内涵和文化价值上,由于受自身历史文化的局限,发生这样那样的偏差,但早期一味以基督附会的方式译解《道德经》的行为,现在已不为大多数西方受众接受,而探寻其内涵与本质的译著、论著则渐成为《道德经》西传的主流,这不得不说是西方翻译传播《道德经》的进步。

第二,越来越多的译本与研究性论著的涌现,加快了《道德经》西传的步伐,客观上起到了提升《道德经》影响力与传播力的作用。根据荷兰尼梅根大学教授沃尔夫《西方道教研究目录》的统计,《道德经》的在1816—1988年的译本有252种,涉及17种语言文字;1989—1992年又新增译本180种,总数达到432种(其中包括《老子》与《庄子》合译本);1993—2010年,又新增译本211种,总数达到643种,涉及31种语言文字;而至当下,根据笔者的粗略统计,译本的总数接近800种。这其中西译或者西方学者研究性道家文本专著有110部,在此基础上的论文、评述和研究专著达1541部[1]。所有这些,相互影响、相互作用,使《道德经》在西方人群中的受众越来越多,影响也越来越广泛、深远。如前文所论及的威廉·马丁就成果丰富,他将《道德经》阐释演义成《父母之〈道德经〉:对现代父母的古老赠言》《恋人之〈道德经〉:对现代恋人的古老赠言》《路与践行:利用老子的智慧唤醒(人类的)精神生活》《圣人之〈道德经〉:

---

[1] 这个统计是根据 Knut Walf, *Westliche Taoismus-Bibliographie* (*WTB*), Verlag DIE BLAUE EULE, Essen, Germany, 2010, Sechste verbesserto und erweiterte Auflage(《西方道教目录》第六版,DIE BLAUE EULE 出版社 2010 年版)和丁巍等:《老学典籍考:二千五百年来世界老学文献总目》研究报告,国家社会科学基金项目,97BTQ004 的统计相互参证得出。

对暮年之人的古老赠言》《奉献爱心者的〈道德经〉：体恤关怀你所爱的人和你自己》等 13 种"版本"的《道德经》。"《道德经》的开放性内涵＋西方文化中的发散性、功用性思维演绎模式"，注定将使《道德经》在西方的传播再掀高潮。

第三，西方多元化的解读在一定程度上丰富和发展了"老子文化"。《道德经》内涵丰富、哲理深邃，把老子"道"的思想、"无为"的观念、"德"的内涵等，运用到国家治理、军事方略及日常的工作与生活之中，古已有之。在西方，受其惯有的开放性思维影响，老子的哲学思想、价值观念更是被发挥、演绎到各个方面。尽管其中亦存在一己之见，甚至偏见曲解，但他们从另一文化视野看老子、从不同的角度与层面解读《道德经》仍不失新意，只要我们本着客观认真的态度，去伪存真、去粗存精，对我们深入研究老子及其《道德经》的哲学思想、价值观念，就不无启发作用。

第四，西方从对《道德经》的喜爱，到通过各种途径传播，包括"创造性"的误解，上升到对中华文化酷爱，客观上促进了中西文化的交流传播，也有益于促进世界文化的共同发展进步。中华文化具有广博性、绵延性、深厚性、传承性和包容性等特征，西方社会在接受传播《道德经》的过程中，除道家文化外，还会接触到儒家等其他流派的文化，进而对中华文化形成较广泛、全面的认识，这样就从一个"点"，带动并促进了整个"面"的跨文化交流传播，从不同侧面促使整个人类文化的交流、传播和共同发展。

四 《道德经》翻译、接受问题解决途径的思考

《道德经》的翻译、传播、接受问题，表面上看来是包括译者、研究者在内的，单方面的西方受众的理解问题，事实上是不同文化之间传播及交流撞击而产生的问题，其背后关系到政治、经济、文化、历史等诸多因素。美国社会学家约翰·赖利和玛蒂尔达·赖利夫妇 1959 年在《大众传播与社会系统》（*Mass Communication and the Social*

System)① 一文中，从社会学的角度提出了传播中的结构模式，认为从事传播的双方实际上是两个系统，这两个系统不是孤立的，而是分属于不同的群体系统，这些群体系统的运行又是在更大的社会结构和总体社会关系系统中进行，与社会的政治、经济、文化、意识形态的大环境保持着相互作用的关系。因此，要解决《道德经》西传云变的种种问题，必须结合东西方的不同文化特征，从跨文化传播的角度、全球的视野、战略的高度加以研究解决。

第一，对于翻译中出现的一般性的语言转换问题，要通过理论与实践研究相结合的方法加以解决，特别是针对《道德经》一书中的特定概念和语言特征，可以采取核心概念以音译为主，同时辅之以权威、系统的解释等的翻译方法；对文化内涵丰富的语言词汇，要广泛研究目标语中相应词汇，找出最佳的对应词汇。

第二，提高中国语系在翻译中的话语权地位，以"以我为主"的态度与精神主动译解传播《道德经》，将《道德经》的传播切实变成东西双方在文化交流上的一种"双向互动"，最终改变西方单一的"以我为主"乃至以功利为目的的主动译介、吸收的"一头热"现象。

第三，加大《道德经》乃至整个中国文化相关研究成果向西方输出的力度。只有我们向西方输出的文化产品越多，才能最终由量变产生质变，使西方更加全面、深刻地领会包括《道德经》在内的中国传统文化，中国文化走出去的路子也就越走越宽广，文化自信就越传播越有底气。

第四，加大对西方翻译、传播《道德经》的成果的介绍与研究总结，使国内学者尽量明晰与重视《道德经》西传中的问题，做到知彼知己，从而拿出行之有效的解决办法。

第五，营造积极良好的国内国际舆论环境，通过参加或举办国际

---

① John W. Rilley, JR., Matilda White Riley, *Mass Communication and the Social System*, Selected application of Socioplogy, pp. 537 – 578.

会议，通过论坛演讲或在国际刊物发表论著，以有理有据的方式阐释西方对包括《道德经》在内的中国文化的误译、误解、误传问题，既引起西方的重视与反思，又赢得国际舆论和学术界的支持，以促进问题的解决。

  根据姜生的研究，道家思想本身揭示了人类认识的不确定性，"道即意味着不确定性"，一切认识都不可能达到真正的绝对真理。①又按"传播的不确定性"理论，任何传播过程在实质上都是不确定的。② 这种"认识的不确定性 + 传播的不确定性"形成的双重不确定性，导致道家思想在翻译上出现种种问题，不但是必然的，而且是可以理解的。但是思想的传真乃是翻译家永恒愿望和最高使命，让《道德经》在世界文化交流传播中不被误译误传、甚至异化他化，使老子思想原质相传不发生云变，此乃翻译家永远的梦想，也是翻译传播的最高境界。

---

  ① Jiang Sheng, *Daoism and the Uncertainty Principle*, IN: Perspectives on Science and Spirituality, edited by Pranab Das, West Conshohocken/Pennsylvania: Templeton Foundation Press, 2009, pp. 69 – 92.

  ② 吴景星、姜飞:《"传—受"博弈过程的本土化诠释——中国道家"可传而不可受"思想对传播研究的启示》,《新闻与传播研究》2009 年第 4 期。

参考文献

中文专著（以汉语拼音字母顺序）

《东方圣书系列：道教经籍》，牛津大学出版社1891年版。

陈鼓应：《老子》，外文出版社1999年版。

陈鼓应：《老子注释及评介》，中华书局1984年版。

陈鼓应注译：《老子今注今译》，商务印书馆2009年版。

戴维：《帛书老子校释》，岳麓书社1998年版。

丁巍等编著：《老学典籍考：二千五百年来世界老学文献总目》研究报告（国家社会科学基金项目，项目编号：97BTQ004）。

高明：《帛书老子校注》，中华书局1996年版。

高秀昌：《易通老子》，九州出版社2007年版。

黄鸣奋：《英语世界中国古典文学之传播》，学林出版社1997年版。

姜生、汤伟侠编：《中国道教科学技术史》（汉魏两晋卷），科学出版社2002年版。

蒋锡昌：《老子校诂》，成都古籍书店1988年版。

李艳：《20世纪〈老子〉的英语译介及其在美国文学中的接受变异研究》，湖北人民出版社2009年版。

刘意青：《〈圣经〉的文学阐释：理论与实践》，北京大学出版社2004年版。

刘立群：《超越西方思想：哲学研究核心领域新探》第2版，社会科学文献出版社2008年版。

刘笑敢：《老子古今：五种对勘与析评引论》，中国社会科学出版社 2006 年版。

刘笑敢：《老子》，东大图书股份有限公司 1997 年版。

（宋）林希逸：《老子鬳斋口义》，华东师范大学出版社 2010 年版。

马祖毅：《中国翻译史》，湖北教育出版社 1999 年版。

马祖毅，任荣珍：《汉籍外译史》，湖北教育出版社 1997 年版。

钱穆：《庄老通辨》，生活·读书·新知三联书店 2002 年版。

谭载喜：《西方翻译简史》增订版，商务印书馆 2004 年版。

汪榕培、李正栓主编：《典籍英译研究》（第一辑），河北大学出版社 2005 年版。

汪榕培：《比较与翻译》，上海外语教育出版社 1997 年版。

（魏）王弼著，楼宇烈校释：《王弼集校释》，中华书局 1980 年版。

王宏志：《重释"信、达、雅"：20 世纪中国翻译研究》，清华大学出版社 2007 年版。

王力：《老子研究》，天津市古籍书店影印 1989 年版。

辛红娟：《道德经在英语世界：文本行旅与世界想像》，上海译文出版社 2008 年版。

许抗生：《帛书老子注释与研究》，浙江人民出版社 1985 年版。

许抗生：《老子研究》，水牛出版社 1999 年版。

许明龙主编：《中西文化交流先驱——从利玛窦到郎世宁》，东方出版社 1993 年版。

许渊冲：《汉英对照老子道德经》，高等教育出版社 2003 年版。

许渊冲：《中诗英韵探胜》，北京大学出版社 1992 年版。

谢天振等：《中西翻译简史》，外语教学与研究出版社 2009 年版。

颜昌峣：《管子校释》，岳麓书社 1996 年版。

严灵峰：《老子达解》，华正书局 1983 年版。

杨兴顺著：《中国古代哲学家老子及其学说》，杨起译，科学出版社 1959 年版。

叶维廉：《道家美学及西方文化》，北京大学出版社 2002 年版。

（宋）张君房编：《云笈七签》，中华书局 2003 年版。

张隆溪：《道与逻各斯》，四川人民出版社 1998 年版。

张松如：《老子校读》，吉林吉林人民出版社 1981 年版。

（晋）张湛：《列子注》，中华书局 1954 年版。

赵敦华：《西方哲学简史》，北京大学出版社 2001 年版。

赵稀方：《翻译与新时期话语实践》，中国社会科学出版社 2003 年版。

赵毅衡：《诗神远游——中国如何改变了美国现代诗》，上海译文出版社 2003 年版。

中文期刊论文（以汉语拼音字母顺序）

[匈牙利] F. 杜克义：《评杨兴顺"中国古代哲学家老子及其学说"》，《哲学译丛》1957 年第 6 期。

安乐哲、郝大维：《〈道德经〉与关联性的宇宙论——一种诠释性的语脉》，《求实学刊》2003 年第 30 卷第 2 期。

安乐哲、彭国翔：《终极性的转化：古典道家的死亡观》，《中国哲学史》2004 年 2 月第 2 期。

安乐哲、郝大维、彭国翔：《〈道德经〉与关联性的宇宙论——一种诠释性的语脉》，《求是学刊》2003 年第 2 期。

安乐哲：《通变：一条开辟中西方比较哲学新方向的道路》，《中国图书评论》总目 2008 年。

安乐哲：《我的哲学之路》，《东方论坛》（青岛大学学报）2006 年第 6 期。

安乐哲、郝大维、彭国翔：《〈中庸〉新论：哲学与宗教性的诠释》，《中国哲学史》2002 年第 3 期。

巴新生：《试论先秦"德"的起源与流变》，《中国史研究》1997 年第 3 期。

班荣学、梁婧:《从英译〈道德经〉看典籍翻译中的文化传真》,《西北大学学报》(哲学社会科学版) 2008 年第 7 期。

陈耀庭:《国际道教研究概况》载卿希泰主编《中国道教》第 4 卷,附录二;丁贻庄等撰稿,《世界宗教研究》2011 年第 2 期。

崔长青:《〈道德经〉英译本初探》,《国际关系学院学报》1997 年第 3 期。

杜青钢:《〈老子在法国〉》,《海外文讯》第 55—57 页/《汉学研究》第 4 集,《阎纯德主编》,北京《中华书局》2000 年版。

郭燕:《〈道德经〉核心概念"道"的英译的分析》,《西昌学院学报》(社会科学版) 2009 年第 6 期。

胡治洪、丁四新:《辨异观同论中西——安乐哲教授访谈录》,《中国哲学史》2006 年第 11 期。

姜生:《论宗教源于人类自我意识》,《世界宗教研究》2011 年第 2 期。

姜生:《汉画孔子见老子与汉代道教仪式》,《文史哲》2011 年第 2 期。

姜生:《曹操与原始道教》,《历史研究》2011 年第 1 期。

姜生:《道教与中国古代的寄生虫学》,《四川大学学报》(哲学社会科学版) 2010 年第 4 期。

陆全:《隐喻的文化意象翻译——以〈老子道德经〉(八章) 辜正坤译本为例》,《社科纵横》2011 年第 2 期。

李文潮:《龙华民及其〈论中国宗教的几个问题〉》,《汉语基督教学术论评》2006 年第 6 期。

吕大吉、魏琪:《试论宗教与哲学的关系》,《世界宗教研究》2005 年第 2 期。

庞朴:《说无》,刘贻群编《庞朴文集》第 4 卷《一分为三》,《山东大学出版社》2005 年版。

卿希泰、姜生:《〈道德经〉首章研究》,《中国道教》,1998 年第

1 期。

思维至:《说德》,《人文杂志》1982 年第 6 期。

童新蒙:《"道"的翻译和跨文化理解》,《西南农业大学学报》(社会科学版) 2009 年第 6 期。

王崇:《模因论视角下〈道德经〉翻译中的文化意象传递》,《重庆交通大学学报》(社科版) 2011 年第 8 期。

王剑凡:《〈道德经〉早期英译与基督教意识形态》,《中外文学》2001 年第 8 期。

王剑凡:《中心与边缘——初探〈道德经〉早期英译概况》,《中外文学》2001 年第 30 卷第 3 期,或载范文美主编《翻译与再思:可译与不可译之间》,书林出版有限公司 2000 年版,第 161—186 页。

王中江:《道与事物的自然:老子"道法自然"实义考论》,《中国哲学》2010 年第 3 期。

吴景星、姜飞:《"传—受"博弈过程的本土化诠释——中国道家"可传而不可受"思想对传播研究的启示》,《新闻与传播研究》2009 年第 4 期。

辛红娟、高圣兵:《追寻老子的踪迹——〈道德经〉英语译本的历时描述》,《南京农业人学学报》(社会科学版) 2008 年第 8 期。

徐冰:《冰山模型与〈道德经〉的英译》,《辽宁行政学院学报》2009 年第 3 期。

杨华:《〈道德经〉英译本的本土文化流失》,《株洲师范高等专科学校学报》2006 年第 11 卷第 4 期。

杨慧林:《怎一个"道"字了得——〈道德经〉之"道"的翻译个案》,《中华文化研究》2009 年秋之卷。

杨洁清:《译"道"之道——基于语料库的〈道德经〉"道"字翻译研究》,《周口师范学院学报》2011 年第 28 卷第 3 期。

杨云编译:《翻译〈道德经〉的科幻作家阿苏拉·勒奎恩》,《图书馆与阅读》2007 年第 5 期。

袁玉立：《先秦儒家德性传统的核心价值》，《孔子研究》2005 年第 3 期。

张娟芳：《历史解释学与老子的原始意义——读迈克尔·拉法格：重新发现〈道德经〉原意：关于历史解释学》，《西北大学学报》（哲学社会科学版）2007 年第 5 期。

张起钧：《老子道德经的英文译本及其翻译的途径》，《辅仁大学文学院人文学报》1970 年 9 月第 1 期。

张起钧：《老子道德经的英文译本及其翻译的途径》，《台湾辅仁大学文学院人文学报》1970 年第 1 期。

赵丽莎：《斯坦纳阐释翻译理论下〈道德经〉英译中译者主体性的体现——亚瑟·威利译本与辜正坤译本对比分析》，《科技信息外语论坛》2009 年第 29 期。

中文译著（以汉语拼音字母顺序）

［德］卜松山：《与中国作跨文化对话》，刘慧儒、张国刚等译，中华书局 2000 年版。

［法］费赖之：《在华耶稣会士列传及书目》，冯承钧译，中华书局 1995 年版。

［美］安乐哲、郝大维：《道不远人：比较哲学视域中的〈老子〉》，何金俐译，学苑出版社 2004 年版。

［美］本杰明·史华兹：《古代中国的思想世界》，程钢译，江苏人民出版社 2004 年版。

［美］A. J. 巴姆：《比较哲学与比较宗教》，巴姆比较哲学研究室编译，四川人民出版社 1996 年版。

［美］艾兰著：《〈水之道与德之端〉：中国早期哲学思想的本喻》，张海晏译，上海人民出版 2002 年版。

［美］安乐哲著：《和而不同：比较哲学与中西会通》，温海明译，北京大学出版社 2002 年版。

［意大利］利玛窦：《天主实义》，收于（明）李之藻编，《天学初函》，学生书局1966年版。

［美］Lawrence Venuti：《译者的隐形：翻译史论》，张景华、白立平、蒋骁华主译，外语教学与研究出版社2009年版。

西文专著（以英语字母顺序）

A. C. Graham, *Disputers of the Tao, Philosophical Argument in Ancient China*, LaSalle, Ill: Open Court, 1989.

Mayk Csikszentmihalyi, Philip J. Ivanhoe, *Religious and Philosophical Aspects of the Laozi*, State University of New York Press, 1999.

Herrymon Maurer, *TAO, The Way of the Ways*, England: Wild wood House, 1982.

Ray Grigg, *The Tao of Sailing, A Bamboo Way of Life*, U. S. A.: Humanics New Age, 1990.

Arthur Waley, *Tao Te Ching (The Way and its Power)*, with an introduction by Robert Wilkinson, Wordsworth Editions Limited, 1997.

Arthur Waley, *Lao Tzu: Tao Te Ching*, with an Introduction by Robert Wilkinson, Wordsworth Classics of World Literature, 1997.

Arthur Waley, *The Way and It's Power: A study of the Tao Te Ching and Its place in Chinese Thought*, London: George Allen & Unwin Ltd., 1934.

Bodde, Derk, *Essay on Chinese Civilization*, Philadelphia: University of Pennsylvania Press, 1982; Boston: Shambhala, 2003

C. Spurgeon Medhurst, *Tao-Teh-King, A Short Study in Comparative Religion*, Chicago: Theosophical Society, 1905.

Carl Henrik Andreas Bjerregaard, *The Inner Life and the Tao-Teh-King*, London & New York: Theosophical Publishing House, 1911.

Chad Hansen, *A Taoist Theory of Chinese Thought: A Philosophical Inter-

pretation, Oxford University Press, 2000.

Chang Chung-yuan, *Creativity and Taosim: A study of Chinese Philosophy*, Art and Poetry. New York: The Junlian Press, Inc. , 1996.

Charles Henry Mackintosh, *Tao of Lao Tzu*, Chicago: Theosophical Press; Weaton Illinois, 1986/London: A Quest Book, Theosophical Publishing House, 1926.

Chu Ta-Kao, *Tao Te Ching*, Printed in Great Britain, London and Aylesbury, 1970.

Creel, Herrlee G. , Sinism, *A study of the Evolution of the Chinese Worldview*, Chicago: Open Court Press 1929/The Origins of Statecraft on Ancient China Vol. I. Chicago: University of Chicago Press.

D. E. Mungello, *Curious Land: Jesuit Accommodation and the Origins of Sinology*, Hawaii: University of Hawaii Press, 1985.

D. R. Munoz, *An investigation of English translations of the Tao Te Ching text*, presented to the taculty of the Graduate School, California Institute of Integral Studies, 1992.

Derek Bryce & Leon Wieger, *Tao Te Ching LaoTzu*, With Summaries of the writings attributed to Huai-Nan-Tzu, Kuan-Yin-Tzu and Tung-ku-Ching, Chinese to French by Leon Wieger.

Edward W. Said, *Orientalism*, Washington: Post Book world, 1979.

Engene A Nide, The Theory and Practice of translation, Shanghai: Shanghai Foreign language Education Press, 2001.

Erin Baswick, Translators and Intercultural Communication: Translations and Renderings of the Tao Te Ching as Cultural Transfer, Journal of the Chinese Language Teachers Association of Canada, 2011.

Frederic Henry Balfour, *Taoist Texts: Ethical, Political, and Speculative*, London, Shanghai: first published in1884, Republished in 2008 by forgotten Books, French-English Derek Bryce, 1999.

Fritjof Capra, *The Tao of physics: an exploration of the parallels between modern physics and Eastern Mysticisms*, Bantam New Age Books, 1975.

G. G. Alexander, *Lao-tsze, The Great Thinker with a Translation of His thoughts on Nature and Manifestation of God*. Rockport: Element Inc. , 1994.

Hans-Georg Möller, *Laotse: Tao Te King: Nach den Seidentexten von Mawangdui*, trans. Frankfurt am Main: Fischer-Taschenbuch-Verl. , 1995.

Hans-Georg Moeller, *Dao De Jing: A Complete Translation and Commentary based on his German translation of the Mawangdui silk manuscripts version*, 2007.

Hans-Georg Moeller, *The philosophy of the DaoDeJing*, Columbia University Press, 2006.

Hermon Ould, *The Way of Acceptance*, London: Andrew Dakers Ltd. 1946.

Holmes Welch: Taoism, *The Parting of the Way*, Boston: Beacon Press, 1966.

Hsu, Cho-yun, *Ancient China in Transition: An analysis of Social Mobility*, 722 – 222 B. C. Stanford, Calif. : Stanford University Press, 1965.

J. J. Clarke, *The Tao of the West: Western transformations of Taoist thought*, London: Routledge, 2000.

J. J. Clarke, Oriental Enlightenment—The encounter between Asian and Western Thought London: Routledge, 1997.

James Legge, *Tao Teh King*, Sacred Books of the East, Vol. XXXIX. Oxford University Press, London, 1891.

James Legge, *The Texts of Taoism* published in The Sacred Books of the East edited by F. Max Mulle, Vol. XXXIX, 1891.

Jean Pierre Guillaume Pauthier, *Le Tao-te-king, ou Le Livre révéré de la raison suprême et de la vertu by Laozi*, Paris, 1838.

Jonathan Star, *Tao Te Ching: the Definitive Edition*, New York: Jeremy P. Tarcher/Penguin, 2003.

Julia M. Hardy, *The Dao of the West: The Orientalist Critique and Western Interpretations of Daoism*, Pacific World: Portions of this article are from Julia M. Hardy, Daoism in America (New York: Columbia University Press, forthcoming) and appear with the permission of the publisher.

Knut Walf, *Westliche Taoismus-Bibliographie (WTB)*, Verlag DIE BLAUE EULE, Essen, Germany, 2010, Sechste verbesserto und erweiterte Auflage. (《西方道教目录》第六版, DIE BLAUE EULE 出版社, 2010 年)

Lafargue, Michael, *Tao and Method: A reasoned approach to the Tao-te-ching interpretation*, SUNY Press, 1994.

Lafargue, Michael, *The Tao of the Tao Te Ching: A Translation and Commentary*, Albany: State University of New York Press/SUNY Press, 1992.

Li Chengyang, *The Tao encounters the West*, Albany: State University of New York, 1999.

Ling Yutang, *The wisdom of Laotse* [translation]. London: Michael Joseph, 1958.

Liou Kia-hway, *Tao-Tö King*, Paris: Gallimard, 1967/2002.

Victor H. Mair, *Tao Te Ching: The classic book of Integrity and the Way*, Lao Tzu, 1990.

McQuail D & Windahl, S. , *Communication Models*, Longman, London & New York, 1981.

Patrick Michael Byrne, *Dao De Jing*, Santa Fe, New Mexico: Sun Books, Sun Publishing, 1991.

Paul Carus, *Lao tze's Tao-Teh-King*. Chicago: Open Court Publishing Co. , 1898.

R. B. Blakney, *The Way of Life*, Lao Tsu, The New American Library (Mentor Books 129), New York; /Penguin, New York, 2007 (/1955/198).

R. L. Wing, *The Tao of Power*, LaoTzu's Classic Guide to leadership, Influence, and Excellence, *A new Translation of the Tao Te Ching*, first published in USA by Doubleday & Company, Inc., 1986.

R. B. Blakney, *Tao Te Ching*, *The Way of Life*, with a new afterword by John Lynn, Signet Classics, 2007.

Richard S. Omura, *The Tao of God: A restatement Based on The Urantia Book*, San Jose/New York/Shanghai: Writers Club Press, 2000.

Robert G Henrics, *Lao-Tzu: Te Tao Ching*, London: Bodley Head, 1990.

Roger T. Ames and David L. Hall, *A Philosophical Translation: Dao De Jing, Making This Life Significant*, New York: Ballantine Books, 2003.

Stephen Adiss & Stanley Lombardo, *Lao-Tzu Tao Te Ching*, Indianapolis: Hackett Publishing Company, 1993.

Thomas Cleary, *The Taoist Classics*, The Colleted Transaltion of Thomas Cleary, 1992b.

Uksulak. Le Guin, *Lao Tzu Tao Te Ching: A book about the way and the power of the way*, A new English version, Boston & London: Shambhala, 1986.

Venuti, Lawrence, *The Translator's Invisibility, A History of Translation*, London & NewYork: Routledge, 1995.

Welch, Holmes, *Taoism: The Parting of the Way*, Boston: Beacon Press, 1957.

Wilhelm, Richard, *Tao Te Ching: The Book of Meaning and Life*, trans. H. G. Oswald, London: Arkan, 1985.

Witter Bynner, *The way of Life*, *According to Laotzu*, An American Version published by the Berkley Publishing Group, 1994.

Witter Bynner, *The Way of Life According to Lao Tsu*, John Day, New York.: An American Version, Capricorn Books, New York, 1944. 1972/A Perigee Book in 1986/1994.

西文论文（以英语字母顺序）

Damian J. Bebell & Shannon M. Fera, "Comparison and Analysis of Selected English Interpretations of the Tao Te Ching", *Asian Philosophy*, Vol. 10, No. 2, 2000

Ellen Marie Chen, "The Meaning of De in the Tao Te Ching: An Examination of the Concept of Nature in Chinese Taoism", *Philosophy East and West*, Vol. 23, No. 4 (Oct., 1973), Published by: University of Hawai'i Press.

Florian C. Reiter, "Some Considerations about the Reception of the 'Tao-te ching'", in Germany and China, *Oriens*, Vol. 35 (1996) Brill.

Hana Dushek and Ariana Muresan, "The Skopos of Lao-tzu: The Tao Te Ching Lost and Found in Translation", *Journal of the Chinese Language Teachers Association of Canada*, 2011, 5.

Jiang Sheng, "Daoism and the Uncertainty Principle", *Perspectives on Science and Spirituality*, edited by Pranab Das, West Conshohocken/Pennsylvania: Templeton Foundation Press, 2009.

Jiang Sheng, "Early Religious Taoism and the Re-understanding of History of the Han through the Three Kindoms", *Social Science in China*, Smmer, 2002.

John Berthrong, "Tao and Method: A Reasoned Approach to the Tao Te Ching", Reviewed book: By Michael LaFargue, State University of New York Press, 1994, Journal of the American Academy of Religion,

Vol. 65, No. 2 (Summer, 1997), pp. 494 – 496, Published by Oxford University Press.

Julia M. Hardy, "Influential Western Interpretations of the Tao-te-ching", edited by Livia Kohn & Michael LaFargue, *State University of New York Press*, 1998.

Lafargue, Michael, "Rediscovering the Original Meaning of the Tao Te Ching", *Lao—tzu and the Tao-te-ching*, Edited by Kohn, Livia& LaFargue, Michae, *State University of New York Press*, 1998.

Livia Kohn, "Book Review of 'Tao Te Ching'", translated by Stephen Addiss and Stanley Lombardo, /Laotse, "Tao Te King: Nach den Seidentexten von Mawangdui" trans. By Hans-Georg Möller, Frankfurt am Main: Fischer-Taschenbuch-Verl. , 1995, *Philosophy East and West* 47 no. 3, 1997, 7 p. 441, Honolulu, University Press of Hawaiil, Albany: SUNY Press, 1998.

Michael LaFargue and Julian Pas, "On Translating the Tao-te-ching", Edited by Livia Kohn & Michael LaFargue in "Lao-Tzu and the Tao-te-ching", *State University of New York Press*, 1998.

Oliver Grasmueck, "Dao's Way to the West", Past and Present Reception of Daoism in Western Europe and Germany, University of Tuebingen, Paper presented at "Daoism and the Contemporary World. An International Conference on Daoist Studies", Boston University, June 5 – 7, 2003, Panel: Daoism in the West, Saturday June 7, 2003.

Robert G Henrics, Book Review of Tao Te Ching, Chinese Classics. Translated by D. C. LAU. Hong Kong: Chinese University Press, 1982. The Journal of Asian Studies, Vol. 44, No. 1 (Nov. , 1984), pp. 177 – 180 Published by: Association for Asian Studies.

Russel Kirkland, "The Taoism of the Western Imagination and the Taoism of China: De-colonializing the Exotic Teachings of the East", Lecture,

University of Tennessee, Knoxville, TN, Oct. 20, 1997.

Wilhelm Schiffer, "Lao-Tse: La Gnosis Taoista Del Tao Te Ching", Reviewed work (s) by Carmelo Elorduy, Source: Monumenta Nipponica, Vol. 17, No. 1/4 (1962) Published by: Sophia University.

后　　记

　　拙作终于付梓，感慨万千，感谢亦万千，在此略抒。

　　回想数载之前，虽已定题立项，但在调研梳理过程中，越发感到课题范围之广、研究难度之大远超所料。如今笔墨将歇，细细回味，是执着开拓的信念，是师友亲朋的关爱，助我坚持到最后。

　　首先，导师姜生先生的指导教诲对拙作的诞生不可或缺，使我不胜感激。课题中所需的各类翻译版本、研究论文大多在国外，国内难得一见，为课题研究、文章撰写带来极大困难。幸而，我的导师、四川大学二级教授姜生先生，藏书中的多语种《道德经》译本给了我极大的帮助。先生博学广识，研究领域不但涉及哲学、考古学、医学、科学史等，对《道德经》的翻译研究更有许多独到见解，以其跨学科的研究方法和视野，一步步引导我走向哲学、历史学、宗教学、翻译学、跨文化传播学等多学科结合的研究路径，聚焦探讨《道德经》的西译问题。在此，我想说，没有先生的谆谆教诲、耳提面谕，就没有本课题的成功和拙作面世！只是学生才疏学浅，尚不能领会先生宏旨，有负先生对我的指导和期望。我将用毕生的努力，去弥补这一缺憾。

　　其次，诚挚感谢国内外诸多师长、专家和学者的指导与建议。初撰期间，在参加国际老子与《道德经》研究学术会议上，很荣幸拜会北京大学陈鼓应教授、许抗生教授、北京师范大学郑万耕教授、中国社科院哲学所陈静研究员、日本知名学者池田之久先生、比利时鲁汶大学戴卡琳教授、美国特瑞萨教授、德国斯多夫教授、捷克费勒教授、阿尔巴尼亚哈耶蒂丁教授、葡萄牙卡洛斯教授等，并在会后得到了他们热心指导，尤其是陈鼓应先生和许抗生先生的耳提面谕。在北京大学召开的亚洲哲学大会上拜识王博教授、杜维明教授、德国卜松山教授等，在夏威夷大学召开的国际哲学大会拜会安乐哲教授、伯格教授、王蓉蓉教授等，他们不吝赐教，给了我很多启发。此外，在美国访学期间得到了我的导师倪培民教授、特瑞萨教授、戈林教授等的悉心教诲，得到正值在哈佛大学做研究的韩吉绍教授的帮助……他们的亲切指导，让我受益匪浅。

再次，《道德经》译本搜集历时良久，极为不易，尤其得益于亲朋好友的鼎力相助。收集之路不但遍布中国大陆、香港和台湾地区，还遍布英国、美国、德国、俄罗斯、西班牙、葡萄牙、新加坡等海外国家。这其中有我许多同学朋友的热情付出：在新加坡的翟巍巍好友辛勤奔波，找到并复印了最原始的《道德经》英译本，助我在《道德经》西译本资料收集中"初战告捷"；在台湾的陈昭吟师姐为我找到了难得的收藏在台湾的早期译文和研究论文，为我的写作开拓了思路；在英国的闺蜜兼同学陈玲玲，不辞辛劳从伦敦为我背回满满一箱的《道德经》译本，还有目前在英国读博的高爽同学帮我影印的译本，极大丰富了我的资料收集；去美国访学的好友王玉兰教授，千方百计地搜求并带回了我最需要的数种《道德经》译本。此外，还得到国外译者戈林、斯达、汉森及译本版本编辑者沃尔夫和邰谧侠等的热情关注——或来信交流，甚至亲自收集译本寄来……来自朋友的真切关爱，是暖融融的温馨，更是沉甸甸的真情。在此，我要向他们致以深深的感谢！

拙作调研、写作期间，还有幸得到诸多师友的无私帮助和指导，在此一并表示由衷感谢！衷心感谢中国社科院葛焕礼研究员、山东大学宇汝松教授、谭景玉教授、李森教授和安徽大学陆建华教授、安徽省社科院哲学所李季林所长等众多专家学者的关心与指导；衷心感谢河南省社科院丁巍研究员、高秀昌研究员、崔大华研究员，在我调研时所给予的帮助。对于所有在我研究、撰写过程中给予帮助、关心和支持的专家学者和朋友，恕不一一署名，一并致以最衷心的感谢！

来自同学的无私帮助，是一份珍贵的记忆。在撰写阶段烦恼时，山东大学副教授朱磊博士给我鼓励；资料收集及文稿修改要特别感谢现在齐鲁书社从事编辑的向群博士，无论何时何地，只要有需要，她就随时帮助，这是一份多么难得而珍贵的同学情谊。此外，李虹博士、张鲁君博士、魏磊博士、冯渝杰博士，在写作过程中都为我提供了无私的帮助，在此致以诚挚的感谢！

师友的帮助指点，使我的研究得以顺畅、得以提升，而来自亲人们的默默奉献，凝聚成激励我不断前行的力量源泉。

《道德经》虽只有五千言，但古今海外对它的著述研究和翻译解读，可谓汗牛充栋。如何确定拙作架构和章节具体内容，如何对诸多译者和译本展开研究，如何进行跨文化、多元化的核心概念翻译研究等，我的夫君安徽日报高级编辑、曾师从国内著名文献学和传统文化研究专家刘乃和教授的张尚稳先生，都与我悉心交流、共同探讨。作为特殊的"第一读者"，从构思到着墨，从研读到审读，无不凝结他的汗水与思考。

父母体谅女儿写作之艰，虽已年过古稀，却毅然帮我操持家务，让我无后顾之忧；女儿孝顺懂事，勤奋自律，独立上进，在拙作撰写期间，凭借优异成绩获得美国和英国交换生奖学金，并成功被牛津大学录取，这是我最大的骄傲和自豪、最踏实的心安和动力。没有家人的支持与帮助，我很难完成课题的研究和拙作的定稿，"军功章"他们当然有当之无愧的一半。

研究的光阴漫漫何其长；回望人生，转瞬即逝难再回。此刻，放下凝重急切的笔，竟未感到太多的辛苦和负担，因为流淌在心田的，更多是感恩和梦想。

2021 年 5 月于合肥匡河之畔